高等院校"十三五"工商管理规划教材

U0681466

市场调查
——理论、分析方法与实践案例

冯利英 额尔敦陶克涛 巩红禹 编著

MARKET RESEARCH:

THEORY,

METHOD AND PRACTICE CASES

经济管理出版社
ECONOMY & MANAGEMENT PUBLISHING HOUSE

图书在版编目（CIP）数据

市场调查——理论、分析方法与实践案例/冯利英等编著. —北京：经济管理出版社，2016.4
（2019.1重印）
ISBN 978-7-5096-4319-8

Ⅰ.①市…　Ⅱ.①冯…　Ⅲ.①市场调查　Ⅳ.①F713.52

中国版本图书馆 CIP 数据核字（2016）第 063298 号

组稿编辑：王光艳
责任编辑：许　兵
责任印制：黄章平
责任校对：赵天宇

出版发行：经济管理出版社
　　　　　（北京市海淀区北蜂窝 8 号中雅大厦 A 座 11 层 100038）
网　　址：www. E-mp. com. cn
电　　话：（010）51915602
印　　刷：玉田县昊达印刷有限公司
经　　销：新华书店
开　　本：710mm×1000mm/16
印　　张：20.25
字　　数：341 千字
版　　次：2017 年 1 月第 1 版　　2019年1月第2次印刷
书　　号：ISBN 978-7-5096-4319-8
定　　价：68.00 元

前言

　　随着市场调查应用越来越广泛，行业不断发展壮大，对市场研究服务的需求越来越强烈。相应地，学习和掌握市场状况、揭示市场变化规律方法的需要也就越来越迫切。作为统计学者，有责任对市场理论、研究方法及出色调查案例进行分析总结，并传播和推广，这也是我们编写本书的目的。多年来，内蒙古财经大学统计学专业作为内蒙古自治区最早设立的统计专业，一直秉承教书育人宗旨，为国家和地方经济发展做出了卓越的贡献。统计学专业自身伴随市场经济体制的建立也在不断发展，我们的市场调查理论研究也恰是在这一过程中日臻完善，编写本书也是我们研究成果的体现。

　　在许多市场调查项目中，调查方案不够科学，采集到的数据欠缺、质量较低或者达不到调查目的。同时我们也注意到，在市场调查方面，就整体而言，同国外相比还有不小的差距，这也从侧面反映出，在市场调查理论的推广方面我们还有许多工作要做。

　　《市场调查——理论、分析方法与实践案例》全书共分为三篇。第一篇是调查理论，包括市场调查总论、市场调查的相关问题、市场调查的组织及常用方法、抽样调查技术、问卷调查法，共计五章；第二篇是市场分析方法，包括市场分析概论、市场分析统计方法、市场分析相关方法、市场调查报告的撰写，共计四章；第三篇为实践案例，共计四章。

在本书的编写过程中，作者注重在系统介绍市场调查理论、分析方法的同时突出两个特色：

第一，市场调查理论体系完整，阐述力求全面精练。市场调查理论包括市场调查含义，市场调查的组织实施、问卷设计，市场调查报告的撰写等。市场分析包括统计分析方法及市场环境、市场景气、顾客满意度分析。这些内容涵盖了市场调查理论的完整体系。

第二，理论与实践案例相结合。市场调查注重实践，实践案例是市场调查方法及市场分析方法的具体应用载体。

本书由内蒙古财经大学冯利英、额尔敦陶克涛、巩红禹执笔并编写，全书经巩红禹博士认真校订，并提出不少宝贵意见。统计学专业研究生程海宽、田玉俐进行了书稿的规范、文字编辑工作。市场调查案例由内蒙古财经大学本科生、研究生共同完成，全部选自大学生市场调查大赛获奖作品，经王春枝副教授、巩红禹博士、刘佳老师指导并提供。寇靖羚、王惠、白珊、姜颖、高鹏飞同学完成第十章；范琳、兰雨洁、张丽姝同学完成第十一章；梁猛、张丽霞、高娃、孙淑清同学完成第十二章；王建宁、范乐乐、娜仁图雅同学完成第十三章。

在本书的编写过程中，尽管在结构和内容安排上经过了反复的斟酌与详尽的修改，但由于学术水平和教学经验所限，书中错误及选材结构安排不当在所难免，恳请各方面专家及参考使用本书的师生不吝批评指正，为本书再版时修改完善提供宝贵意见。

另外，本书写作过程中参考了有关专家编写的教材、专著以及学术论作，并且在出版过程中得到了内蒙古财经大学的大力资助，经济管理出版社王光艳编辑也给予了大力支持，在此一并表示诚挚的谢意。

本书可以作为统计学、经济管理和财经研究等专业学生学习市场调查的教材，也可以作为市场研究人员、营销人员、经营管理人员的工具书。希望本书对推动市场调查研究发展起到积极作用。

编者著

2016 年 1 月 30 日

目录

第二篇 市场分析方法篇

第三篇 实践案例篇

第一篇 调查理论篇

当今世界，科技发展迅速，新发明、新创造、新技术和新产品层出不穷，日新月异。在市场经济环境下，通过市场调查，可以得到有助于我们及时了解市场经济动态和科技信息的资料，为企业提供最新的市场情报和技术生产情报。本篇全面系统阐述市场调查的含义及相关理论。

| 第一章 |

市场调查总论

本章讨论市场调查含义、功能及其特点，常见的市场调查类型及市场调查中的总体、样本等常见术语，为后续系统论述市场调查的相关理论奠定基础。

第一节　市场调查含义、作用和特点

所谓"调"是指计算、度量的意思；所谓"查"是指寻检、查究、查核、考察之意。调查主要是通过对客观事物的考察、查核和计算、度量来了解客观事实真相的一种感性认识活动。

市场调查（Market Research），是指按照市场研究的任务，采用科学的方法，有计划、有组织地向调查单位收集、记录、整理有关市场营销信息和统计资料的工作过程。在市场研究中，市场调查的目的是通过对一系列资料、情报、信息的判断、收集、筛选、解释、传递、分类和分析，来了解现有的和潜在的市场，并以此为依据做出经营决策，从而达到进入市场、占有市场并取得预期效果，在市场研究中，亦称为市场调查。

一、关于市场

市场是企业活动的出发点和归宿点，是检验企业经营绩效的唯一场所。企业与市场是相伴而生、相互依存的。如何认识市场、适应市场、驾驭市场，使企业活动与社会需求有机地结合，是企业营销活动的核心与关键。市场营销在一般意义上可理解为与市场有关的人类活动，因此，首先要了解市场及其相关概念。

市场（Market）由那些具有特定的需要或欲望，而且愿意并能通过交换来满足这种需要或欲望的全部潜在顾客所构成。经济学家将市场表述为卖主和买主的集合，从营销者的角度来看，卖主构成行业，买主构成市场。市场是企业开展营销活动的前提和舞台，要进行市场调查研究，首先必须弄清什么是市场。随着商品经济的发展，市场这个概念的内涵也不断充实和发展。目前对市场较为普遍的理解主要有以下几点：

其一，市场是商品交换的场所。商品交换活动一般都要在一定的空间范围内进行，市场首先表现为买卖双方聚在一起进行商品交换的地点或场所。这是人们对市场最初的认识，虽不全面但仍有现实意义。

其二，市场是商品的需求量。从市场营销者的立场来看，市场是指具有特定需要和欲望，愿意并能够通过交换来满足这种需要或欲望的全部顾客。顾客是市场的中心，而供给者都是同行的竞争者，只能形成行业，而不能构成市场。

人口、购买欲望和购买能力这三个相互制约的因素，结合起来才能构成现实的市场，并决定着市场的规模与容量。人们常说的"某某市场很大"，并不都是指交易场所的面积宽大，而是指该商品的现实需求和潜在需求的数量很大。这样理解市场，对开展市场调查有直接的指导意义。

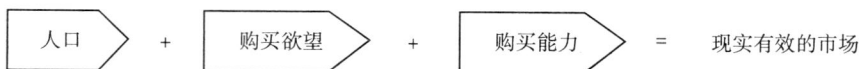

人口 ＞ ＋ 购买欲望 ＞ ＋ 购买能力 ＞ ＝ 现实有效的市场

图 1-1　有效市场的组成

其三，市场是商品供求双方相互作用的总和。如人们经常使用的"买方市场"或"卖方市场"的说法，就是反映商品供求双方交易力量的不同状况。在买方市场条件下，市场调查的重点应放在买方；反之，则应放在卖方。

其四，市场是商品交换关系的总和。在市场上，一切商品都要经历"商品—货币—商品"的循环过程。一种形态是由商品转化为货币，另一种形态则是由货币转化为商品，这种互相联系、不可分割的商品买卖过程，就形成了社会整体市场。

二、市场调查

随着市场经济的发展，我国经济不可避免地要被卷入世界经济一体化的潮流。我国经济的发展要在这股潮流中把握正确的航向，提高国际竞争力，就必须要遵循市场经济的规律，及时、准确地掌握国内外市场环境、行业状况、竞争对手等多方面的情况，制定发展目标，确定经营战略和策略，因此，就需要进行市场调查。对市场调查的定义方式有多种，主要分为狭义市场调查和广义市场调查。

(一) 狭义市场调查

狭义市场调查，是针对顾客行为所做的市场调查。市场是企业经营的起点，是商品流通的桥梁。竞争不仅表现在价格上，而且更多地转向开发新产品、提高产品质量、提供完备的服务、改进促销方式和完善销售渠道等方面。此外，随着人们生活水平的提高，消费心理也在变化，企业产品不仅仅要满足消费者的量感，更要满足消费者的质感。哪个企业信息掌握得迅速、准确、可靠，产品更新换代快，生产计划安排得当，适销对路，哪个企业就能在竞争中取胜。因此，企业不得不投入人力、物力进行专门的市场调查。

市场调查，简称市调，市场调查就是了解市场情况，认识市场现状、历史和未来，对企业来说，还包括调查了解同行业其他企业的生产和经营情况。狭义的市场调查也可以理解为以科学的方法和手段收集消费者对产品的购买情况，主要针对顾客所做的调查，包括对商品购买、消费动机等购买活动的调查。近年来，"市场调查"的意义更加宽泛，它不仅以市场为对象，而且以市场营销（Marketing）的每一阶段，包括市场运营所有的功能、作用为调查研究的对象。

(二) 广义市场调查

广义市场调查，除了顾客行为之外还包括市场营销过程的每一阶段，即包括一切有关市场营销活动的调查、分析与研究。用科学的方法收集产品从生产者转移到消费者的一切与市场销售有关的资料，包括从认识市场到制定营销决策的全过程。广义市场调查将调查范围从消费和流通领域拓展到生产领域，包括产前调查、产中调查和产后调查。

根据美国市场营销协会的解释，广义市场调查包括市场分析、销售分析、消费者研究、广告研究等内容。如产品分析，从商品的使用和消费角度对产品的形态、大小重量、美观、色彩、价格等进行分析，同时对销售的途径、市场营销的方法、销售组织、销售人员培训、广告作用、促销活动等问题进行分析。从实际来看，由于现代市场组织复杂，活动频繁，单一的调查或研究工作已不足以概括其意。

市场营销活动是一种双向信息流通，即从营销组织流向市场，从市场流向营销组织。而市场调查是实现市场信息流向经营组织的必要途径，确保这种双向信息流通是有效开展营销活动的关键因素之一。大量实践证明，成功企业都拥有了极具价值的有关市场的背景知识，比如与主要顾客保持密切的联系，关注竞争者的活动。在进一步调查的基础上，就可以做出有关市场营销活动的特定决策。

可见，市场调查是统计调查方法在研究、寻找市场规律过程中的具体应用。市场研究的任务是一种借助于信息把消费者、顾客以及公共部门和市场联系起来的特定活动，这些信息用以识别和界定市场营销的机会和问题，产生、改进和评价营销活动，监控营销绩效，增进对营销过程的理解。从市场营销角度讲，市场调查就是按照统计的研究任务，运用科学的统计调查方法，有计划、有组织地向市场收集资料的过程；其基本任务是通过具体的调查，取得反映市场总体数量以数字资料为主的全部或部分的信息。实践中，既要针对顾客行为进行市场调查，又要进行包括市场营销过程每一阶段的市场调查。

三、市场调查的作用

市场调查是市场营销活动的起点，它是通过一定的科学方法对市场的了解和把握，在调查活动中收集、整理、分析市场信息，掌握市场发展变化的规律和趋势，为企业进行市场预测和决策提供可靠的数据和资料，从而帮助企业确立正确的发展战略。市场营销的重点在于识别和满足顾客的需求。营销经理为了确定顾客需求，实施以满足顾客需求为目的的营销策略与计划，需要有关顾客、竞争对手以及市场上其他有关方面的信息。

市场情况是在不断变化之中，无论是在国民经济宏观管理中，还是在企业微观经营中，都要时刻掌握市场信息和市场动向，否则将会造成决策失误，最终导致国民经济的无序发展或企业经营亏损直至破产。因此，从某种意义上说，能否搞好市场调查，是关系国民经济能否健康发展或企业生死存亡的大问题。

第一，搞好市场调查，能及时探明需求变化的特点，掌握市场供求之间的平衡情况，为编制生产和经营计划，制定科学的经营决策提供依据。

在任何领域，科学决策的基础都是具备有效的信息并且充分利用信息。这既适用于包括财务、生产、人事、营销等部门的企业经营，也适用于非营利组织。所有做市场营销决策需要的信息和获得信息的方法都可被视为市场调查的内容，但它所提供的通常是有关市场核心问题的信息。

随着经济发展和科技进步，社会、政治、法律环境不断变化，社会购买力大小及其投向必然发生变化，势必会影响市场容量和商品产销结构。虽然每个企业只占市场销售量的一部分，但必须从宏观考虑，才能搞好微观经营，掌握并合理使用市场调查的资料，才能使商品生产和经营计划的编制比较切合实际。

第二，搞好市场调查，有利于企业改善经营管理，提高企业的经济效益。

在竞争的市场上执行一项决策可能需要很多财力，而且风险性很高，为了制定科学的决策，有必要使决策建立在更严密、更可靠的数据资料基础上。另外，现代市场和市场营销的许多特性，诸如消费者的多样性、国际化以及不断加速的变化步伐、市场不确定性的增长，使凭直觉和经验做出的分析缺乏可靠性。而在过去的几十年间，为增强决策信心和减少某些风险进行的正规的市场调查技术不断发展、走向完善。所以，要使企业提高经济效益，必须进行市场研究，使企业的市场和经营活动符合消费者的需要，使产品适销对路，以扩大市场占有率和提高利润。

第三，搞好市场调查，能够让企业了解消费者对其产品或服务质量的评价、期望和想法。

市场调查给消费者提供了一个表达意见的机会，使他们能够把自己对产品或服务的意见、想法及时反馈给生产企业或供应商，这就要求消费者积极配合。事实上，哪个地区的消费者积极参与市场调查，毫不保留地将自己的意见提供给市场调查机构，哪个地区的消费者就能得到更好的产品和服务。

第四，搞好市场调查，有利于提高企业效率，降低运行成本。

市场调查使企业能与市场紧密相连，并可以对日益复杂的分销渠道进行筛选，确定最有效的分销途径和分销方式，以尽量减少流通环节，缩短运输路线，降低仓储费用，降低销售成本。

第五，搞好市场调查，有利于开发更广阔的市场，使自己的产品成功地进入国内市场、国际市场。

每个地区和国家的市场环境各不相同，对同一产品的供需情况可能有很大的差别，只有真正掌握了各个市场需要什么产品，需要多少以及他们对产品有什么不同的要求，并且使自己的产品能够及时满足这些要求，才有可能使自己的产品在这些市场上畅销。所以，进行广泛的市场调查，是成功地进入更加广泛的国内市场和开发国际市场的前提条件。

市场调查的作用，规范了市场调查要判定的信息需求，并保证了提供"相关、准确、可靠、及时、有效"的信息质量。为此，市场调查研究工作的任务就是要运用科学的方法、适当的手段，系统地收集、整理、分析和报告有关营销信息，以帮助企业、政府和其他机构及时、准确地了解市场机遇，发现市场营销过程中所存在的问题，正确制订、实施和评估市场营销策略和计划。

在现代市场营销观念的指引下，企业要想比竞争者更好地满足市场消费需求，赢得竞争优势，从而取得合理的利润，就必须从研究市场出发，对市场进行各种定性与定量的分析，预测目前和未来市场需求规模的大小。由于收集、存储、交流和分析信息技术的进步，信息技术在营销领域的应用持续增长，市场营销信息系统为企业及时掌握必要和可靠的信息、做出正确的营销决策提供依据，其作用显得越发重要。实践证明，营销职能特别需要详细、准确和最新的情报，市场调查正是不断提供这种情报的营销服务。在深入调查、掌握信息的基础上，科学的预测方法可以帮助营销管理者认识市场的发展规律，制定向新企业、新产品投资以及营销组合策略的决策。

四、市场调查的特点

市场调查是企业或市场调查专业机构组织的专门用于收集、记录和分析与企业市场营销有关的市场信息资料的活动。一般来说，市场调查有如下 7 个明显的特点：

1. 目的性

市场调查是为了找出市场发展变化的规律，向用户提供决策依据。它是一种了解市场特征、掌握市场趋势变动的手段，最终目的是为有关部门和企业进行有关预测和决策提供科学的依据。因而市场调查目标必须明确，具体表现如下：为本企业开发生产新产品提供有力的市场需求信息服务；为本企业产品成功推销服务；为本企业不断改进生产技术或提高业务和管理工作的水平服务；为本企业的发展和在产品营销活动中谋取最大经济效益服务。

2. 实践性

市场调查不是纸上谈兵，更不是闭门苦想就能获取相关市场信息，它离不开实践，具有鲜明的实践性，主要表现如下：

（1）参加调查的工作人员必须深入实践才能收集到具体而全面的调查资料。

（2）参加调查的工作人员不仅仅要承担收集资料的责任，更重要的是还必须综合分析所收集到的各种资料，从中得出富有行动意义的结论，以便为企业管理部门提供决策依据。所有这一系列的市场调查工作的目的都是为了指导企业实践，以便更好地组织产品营销工作。在整个市场调查工作中，调查人员经常要考虑企业实际工作中可能发生的问题，思维时刻不能脱离实践。

（3）企业管理部门或有关人员根据调查工作人员所提供的情况进行决策，所有的一切决定无不与企业的营销活动有直接的关系。

（4）企业管理部门或有关负责人根据市场调查资料做出的决策是否得当，还须经受实践的检验，再通过各种反馈信息，不断修正企业决策。

可见，市场调查活动自始至终都离不开实践。

3. 客观性

市场调查要提供反映真实情况的准确无误的信息。市场调查必须采用科学的方法，不带任何偏见，不受感情因素的影响，对事实、证据的阐述必须排除主观性，进行客观的、合乎逻辑的推断。

4. 系统性

市场调查的每个阶段都要制订系统的计划。系统性，是指市场调查是对市场状况进行的整体研究活动。即市场调查必须针对某一个问题，明确目的，在先行设计、经过认真策划的基础上搜集充分的、有代表性的数据并加以整理、分析和提出调查报告的系统过程。

5. 全过程性

市场调查是信息识别、搜集、分析和传递的过程。市场调查不是单纯的市场信息搜集过程，而是对市场状况进行调查研究的整体活动，即包括调查设计、搜集资料、整理资料、分析资料和提出调查报告等环节在内的一个完整的过程。

6. 不确定性

市场调查所掌握的信息并不一定绝对准确、完整，这是市场调查所应注意的问题。因为市场上的情况是不断变化的，有时在某些条件下是稳定的，但大部分的情况下市场是一直在变的。例如，政府政策在改变、竞争力在改变、供应条件在改变等，所以即使获得的资料完整也可能具有某种不确定性，市场调查也不能确保企业预测和决策一定能成功。

7. 时效性

市场调查应在用户对信息需求的有效时间内完成，并提供给用户。市场调查有一定的时间限制，若不能按期保质保量完成，就会失去其应有的意义。

第二节 市场调查的类型

在现实经济生活中，市场调查的范围非常广泛，加之调查者的目的和出发点不同，市场调查通常呈现出多样性。划分市场调查的类型和提出市场调查的基本要求，有助于企业选择最好的调查途径。按标志的不同选择，市场调查可以有不同的分类。

一、按照调查目的分类

市场调查按照调查目的可分为探索性调查、描述性调查、因果性调查和预测性调查。

1. 探索性调查

探索性调查是为了使问题更明确而进行的小规模调查活动。这种调查特别有助于把一个大而模糊的问题表达为小而准确的子问题，并识别出需要进一步调查的信息。企业在情况不明时，为找出问题的症结，明确进一步调查的内容和重点，需进行非正式的初步调查，收集一些有关的资料进行分析。

探索性调查通常是无结构和不正式的调查，进行探测性调查的目的是为了获得有关调查问题大体性质的背景资料。探测性调查通常在项目开始的阶段进行，主要用来获取背景资料、定义术语与概念、阐明问题和假设、确定调查的优先次序等。

2. 描述性调查

描述性调查是寻求对"谁"、"什么事情"、"什么时候"、"什么地点"这样一些问题的回答。它可以描述不同消费者群体在需要、态度、行为等方面的差异。在已明确所要研究问题的内容与重点后，拟订调查计划，对所需资料进行收集、记录和分析。一般要进行实地调查，收集第一手资料，摸清问题的过去和现状，进行分析研究，寻求解决问题的办法。如某企业产品销量下降，通过调查，查清主要原因是不是产品质量差、售后服务不周到等，可将调查结果进行描述，如实反映情况和问题，以便寻求对策。

描述性调查可以分为横向研究与纵向研究两大类型。所谓横向研究是指仅在一个时间点上对研究总体进行测定；纵向研究则通过对相同样本的重复测定来完成。

3. 因果性调查

因果性调查是调查一个因素的改变是否会引起另一个因素改变的研究活动，目的是识别变量之间的因果关系，其主要目的是解决"为什么"。为了弄清市场变量之间的因果关系，收集有关市场变量的数据资料，运用统计分析和逻辑推理等方法，判明何者是自变量（原因），何者是因变量（结果），以及它们的变动规律。例如，降价一定幅度对销售额上升的影响程度。一般来说，企业营销目标销售额、市场占有率、利润等是因变量，而企业可以控制的产品、分销、定价、促销等可控制因素，以及企业外部的不可控制因素则是自变量。

4. 预测性调查

预测性调查是指为了预测市场供求变化趋势或企业生产经营前景而进行的具有推断性的调查。它所回答的问题是未来市场前景如何，其目的在于掌握未来市场的发展趋势，为市场管理决策和企业营销决策提供依据。例如，消费者购买意向调查、宏观市场运行态势调查、农村秋后旺季市场走势调查、服装需求趋势调查等，都是带预测性的市场调查。

预测性调查可以充分利用描述性调查和因果性调查的现成资料，但预测性调查要求收集的信息要符合预测市场发展趋势的要求，既要有市场的现实信息，更要有市场未来发展变化的信息，如各种新情况、新问题、新动态、新原因等方面的信息。

二、按调查针对的不同产品分类

按调查针对的产品不同可分为消费品市场调查、生产者市场调查和服务市场调查。

1. 消费品市场调查

消费品市场是指商品以满足个人生活需要为目的而形成的市场。商品的购买者和使用者是商品的最终消费者。消费品市场的商品购买者是消费者个人或家庭，市场购销活动对象主要是最终产品——生活资料，该购买活动是经常性的、零星的。由于商品消费的替代性较强，购销活动有一定的弹性。这个市场的购买者一般都缺乏较专门的商品知识，因此服务质量的高低对商品消费量影响很大。消费品市场调查主要是对消费者对商品和服务购买行为进行的调查。

2. 生产者市场调查

生产者市场是指为了满足加工制造等生产性活动需要而形成的市场，按照我国的习惯，通常称为生产资料市场。生产者市场的购买者主要是生产企业或单位，购买的产品多为初级产品和中间产品，或者为生产资料，购销活动具有定期、量大和缺乏一定弹性的特点。这是因为许多生产过程需要特定的原材料，否则不能生产出合格的产品或有一定特征的产品。同时，生产者市场的购买者多具有专门知识，较固定、有主见，不是轻易可以说服的。生产者市场调查是指为了满足加工制造的生产性需要而形成的市场的调查。

3. 服务市场调查

产品可以分为有形和无形，有形的产品可以从产品实物本身看到或在使用过程中体会到其外观是否美丽、内在质量是否可靠、技术含量是否高、包装是否恰当等。而服务市场是指无形的，服务市场调查主要是对第三产业的行业发展、市场竞争、服务项目及质量方面的调查，包括服务内容、项目、形式、覆盖面、时间、手段、措施及效果等方面。

三、按调查对象包括的范围分类

按照调查对象包括的范围分为全面调查和非全面调查。

1. 全面调查

全面调查是对调查对象中所有单位全部进行调查的一种市场调查，其目的在于获得研究总体的全面、系统的总量资料。全面调查一般而言仅限于调查对象有限的情形下使用，当调查对象太多时，全面调查需要花费大量的调查费用。仅当全面调查非常必要时，才进行全面调查。

普查是最常见的一种全面调查，新产品试销的跟踪调查也常用全面调查。

2. 非全面调查

非全面调查是对调查对象中的一部分样本所进行的调查，非全面调查一般按照代表性原则以抽样的方式挑选出被调查单位。非全面调查有更容易实施、费用低廉的优点，因此常见的市场调查多为非全面调查。

四、按照调查是否连续分类

按照调查连续与否分为经常性调查、定期调查和一次性调查。

1. 经常性调查

经常性调查是在选定市场调查的样本之后，组织长时间的、不间断的调查，以收集时间序列的信息资料。经常性调查常用于对销售网点产品销售量的调查。

2. 定期调查

定期调查是在确定市场调查内容后，每隔一定的时期进行一次调查，每次调查间隔的时间大致相等。通过定期调查可以掌握调查对象的发展变化规律和在不同环境下的具体状况。常见的定期调查有月度调查、季度调查与年度调查。

3. 一次性调查

一次性调查是为了某一特定目的，只对调查对象作一次临时性的了解而进行的调查。大多数情况下，企业所进行的调查都是一次性调查。

五、按照调查内容分类

按照调查的内容分为产品调查、顾客调查、销售调查和促销调查等。

1. 产品调查

产品调查包括对新产品设计、开发和试销，对现有产品进行改良，对目标顾客在产品款式、性能、质量、包装等方面的偏好趋势进行预测。定价是产品销售的必要因素，需要对供求形势及影响价格的其他因素变化趋势进行调查。

2. 顾客调查

顾客调查包括对消费心理、消费行为的特征进行调查分析，研究社会、经济、文化等因素对购买决策的影响，这些因素的影响作用到底发生在消费环节、分配环节还是生产领域。还要了解潜在顾客的需求情况，影响需求的各因素变化的情况，消费者的品牌偏好及对本企业产品的满意度等。

3. 销售调查

销售调查包括涉及对企业销售活动进行全面审查，包括对销售量、销售范围、分销渠道等方面的调查，如潜在顾客的需求情况（包括需要什么、需要多少、何时需要等），产品的市场潜量与销售潜量，市场占有率的变化情况，这都是销售调查的内容。销售调查还应该就本企业相对于主要竞争对手的优势、劣势进行评价。

4. 促销调查

促销调查主要是对企业在产品或服务的促销活动中所采用的各种促销方法的有效性进行测试和评价。例如，广告目标、媒体影响力、广告设计及效果；公共关系的主要动作及效果；企业形象的设计和塑造等，都需要有目的地进行调查。

市场调查方法选择的合理与否，会直接影响调查结果。因此，合理选用调查方法是市场调查工作的重要一环。要根据市场调查所研究问题的性质、研究的目的和要求、经费和时间等方面的限制，选择适当的调查方法或调查方法的组合。

一般而言，选择市场调查方法的原则可以归纳如下：在满足研究要求的条件下，费用最省；在满足研究要求的条件下，时间最省；在满足研究要求的条件下，最易于控制和操作；在费用一定的条件下，精度最高。

六、按照调查的空间范围分类

按照调查的空间范围分为国际市场调查、全国性市场调查、区域性市场调查等，此外还可以分为城市市场调查和农村市场调查。

1. 国际市场调查

国际市场调查就是面向国外市场开展调查，其范围根据需要可以是某个国家、某个地区或全球市场，是范围最广泛的调查。随着世界经济全球化、一体化的发展，越来越多的企业走出国门，不仅为国内人民服务，更要为世界人民提供高质量的产品和服务，这就需要开展国际市场调查以了解外国人的特征和消费特点等诸多情况。如海尔集团在打入美国、法国等国外市场之前，都对这些国家的情况进行了大量的调查，知己知彼，方可百战不殆。

2. 全国性市场调查

全国性市场调查是在全国范围开展市场调查，了解不同地区不同消费者之间的差异。

3. 区域性市场调查

区域性市场调查是在某一区域范围开展的市场调查，了解不同区域不同消费者之间的差异。如东北地区就包括了黑龙江省、吉林省、辽宁省。

4. 城市市场调查

城市市场调查主要针对城市消费者的需求特点开展调查，以进一步满足城市市场的要求。

5. 农村市场调查

农村市场调查主要针对广大农村市场的特点，以进一步满足农村市场的要求。

以上从不同角度以不同标志来划分市场调查的各种不同类型，其目的是对各种市场调查问题进行深入分析研究，便于针对不同类型调查的特点，提出不同的调查要求和选择相应的调查方式、方法。上述各种类型的市场调查，有些单独在市场营销管理、科学决策中发挥作用，但在实际工作中往往是相互结合相辅相成的，不同类型的市场调查往往与同类型的市场预测结合起来，共同完成市场研究工作，探索市场未来发展，为科学的经营决策提供依据。

第三节　调查分析中常用的术语

常用术语是构成科学理论知识体系的基本单位，是最基本的科学理论知识。所以，要学习和掌握调查分析理论，我们就必须重视对其中基本概念的理解和掌握。本节主要介绍的常用术语有统计总体和样本、统计标志和统计指标、概念的操作化与测量、统计误差等。

一、统计总体和样本

调查分析中，统计总体与样本这一组术语是贯穿整个调查分析过程的概念。

1. 统计总体

统计总体简称总体，它是由客观存在的、具有某种相同性质的许多个别事物（或个别单位）组成的整体。组成总体的每一个个别事物或个别单位称作总体单位，或称作单位、个体，它是组成总体的元素。

统计总体所包含的个体数量称作总体单位数或总体容量、总体规模，一般用 N 表示。按照总体单位数的有限性可分为有限总体和无限总体。总体具备三个性质：大量性、同质性、变异性。

2. 样本

样本是根据随机原则从总体中抽取的部分单位组成的集合，也称子样。组成样本的单位称作样本单位。样本单位首先是总体单位。样本单位的数量称作样本单位数或者样本容量，一般用 n 表示。若 n < 30，则称样本为小样本，否则，为大样本（即 n ≥ 30）。

二、统计标志和统计指标

统计指标是反映社会经济现象总体某一综合数量特征的社会经济范畴，换言之，统计指标是指反映实际存在的一定社会总体现象的数量概念和具体数值。而指标反映的是总体的数量特征，都能够用数量来表示。统计指标是通过统计标志的综合得到的，因此统计标志是总体指标的来源和基础，统计指标则是统计标志的综合。

1. 统计标志

统计标志也称标志、标识，它是用来表明总体单位在某一方面所具有的共同属性、特征的名称或概念，是统计数据的表现内容之一。

标志可以分为品质标志和数量标志。品质标志是说明总体单位属性一类的名称，如经济类型、性别、文化程度这一类标志，它们表现的具体属性，只能用文字描述而不用数字描述。数量标志是说明总体单位数量特征的名称，如职工人数、工龄、年龄、销售额等这一类标志，它们表现的数量特征只能用数字而不能用文字来表示。

按变异情况的不同，标志可分为不变标志和可变标志。不变标志是指在同一总体中，某一标志在各个单位之间的具体表现都相同。那么这个标志就是不变标志。如在国营工业企业总体中，在经济类型这一标志的表现上，各个企业都相同，经济类型就是一个不变标志。可变标志是指在同一总体中，某一标志在各个单位之间的具体表现不相同而且变化时，这个标志就是可变标志。如企业生产工人就是一个可变标志，它在各企业之间表现可能不同。

统计标志要用一定的形式将其表现出来，如某工人的性别是男、工龄 35 年，这里的"男"和"35 年"都是标志表现。标志表现是总体单位特征的具体体现。标志表现有品质标志表现和数量标志表现之分。品质标志的表现是具体属性，它只能用文字、符号和代码表示，如男性、女性、大学、研究生等，都是品质标志表现。数量标志的表现是具体数量，如年龄调查时填写的 20 岁、30 岁等，都是数量标志表现，通常把具体数值称为标志值。

2. 统计指标

统计指标简称指标，它是用来反映现象总体数量特征的统计概念，也是统计数据的表现内容之一；它的具体表现称作指标表现，也是数据的具体形式。它具有可量性和综合性的特点。指标的基本构成内容包括指标概念和指标数值；在具体应用中可以表述为六个内容——指标名称、指标数值、计量单位、时间界限、空间范围、计算方法。

指标与标志的主要区别：第一，两者说明的对象不同。标志是说明总体单位特征的，而指标是说明总体特征的。第二，两者的表现形式不同。标志有不能用数值表示的品质标志和能用数值表示的数量标志两种，而指标都能用数值表示。指标和标志的主要联系：第一，标志是统计指标的基础，统计指标值常是数量标志值的汇总。第二，统计指标与数量标志之间存在着变换关系。随着研究目的不同，原来的统计总体变换为总体单位时，统计指标也就相应地变换为标志；反之，数量标志也可以转化为统计指标。

在调查研究中，统计指标有不同的分类。按作用和表现形式可分为总量指标、相对指标、平均指标；按所说明的现象内容（或数量特点）可分为数量指标（即总量指标）、质量指标（包括相对指标和平均指标）；按指标的功能可分为描述指标、评价指标、预警指标；按指标的形成基础可分为基本指标和派生指标。

3. 变异和变量

标志在总体各单位间的变化称为变异，该变化可以是属性上的差别，也可以是数量上的差别。如职工的文化程度这一标志在企业职工中表现为大学、高中、初中等种种差别就是变异。变异是普遍存在的，是统计的前提。在统计中，将抽象化的数量标志称为变量，而变量的各种不同的值称为变量值或标志值。

变量可分为确定性变量与随机变量两种。确定性变量是指变量值变化受某种决定性作用的因素影响，致使该变量沿着一定方向呈上升或下降的变动。随机变量则是另一种性质的变量，即影响这种变量的因素很多，作用不同，变量值的大小没有一个确定的方向，带有偶然性。但随机变量所表示的现象有一定的发展变化规律，通过大量观察和试验，可以揭示这种规律性。

按其取值是否连续，可以将变量分为连续型变量和离散型变量两种。连续型变量的取值是连续不断的，即在一个区间内可以取数轴上的任意数值。如电子元件的寿命，人们的年龄等都是连续型变量。离散型变量是另一种情况，其变量的一切可能取值都可按某种顺序——列举出来，各变量值之间都是以整数值断开的，如企业的工人数、产品的产量等。

变量按照是否可以观测分为潜在变量（隐变量）和观测变量。潜在变量是一个构念，是无法直接测量的变量，如人的情商、智商、对工作的满意度等；观测变量又称显性变量，是直接测量的变量，如人的年龄、身高、学习成绩等。

三、概念的操作化与测量

概念的操作化是在社会调查研究准备阶段必须完成的重要工作之一。概念的操作化和各项调查研究指标的确定，为我们有效地观测与度量社会现象提供了前提条件。在此基础上，我们还应进一步确定主要的测量方法、测量的信度和效度。

1. 概念的操作化

要展开市场调查，一个必要的步骤就是要把理论层次上的抽象定义变为经验层次上的可操作定义，而概念的操作化就是指这一过程。与理论定义不同，操作性定义要从实际上说明概念的量度。如温度的操作性定义要说明一个物体的温度是怎样测量的；生活水平的操作性定义也要具体为人均收入、平均摄热量、寿命等这些可以观察、测量的指标。由此可见，理论概念通过操作化才能得到测量。也就是说，操作化是市场调查和市场分析围绕某一研究课题展开的必要前提。

最好的理论定义和操作性定义应该是一一对应的，也就是说，如果改变操作，就要改用新概念。但就其本质来说，操作性定义只是对理论概念的间接测量。因此，操作性定义对于同一个理论概念往往不是唯一的解释。这就引出了效度和信度两个概念。前者要求操作性定义应该精确到足以使所有使用这一量度的人得到同样的结果；后者要求一个操作性定义应尽量拟合和表达理论定义的内容。

有了操作性定义，接下来在市场调查中我们就可以对总体单位的相关标志进行测量了。测量是从研究对象中获取资料或数据的一种观察和登记过程，它是分层次的。自然科学以物理、化学及生物现象的某些特征为对象，这些特征大多由精密的仪器作为测量工具，故测量层次较高。

2. 测量

测量是指运用一定测量工具、按照一定测量规则对现象的特征进行测算或量度并赋予一定数值的过程。其构成要素：①测量工具，主要是调查问卷、各种量表和卡片等。②测量规则，即鉴别、测算或度量现象的规矩和准则。③测量对象，主要是各种现象的属性或特征。④测量数值，即表示测量结果的数值或符号。

测量的作用在于对现象的研究，特别是对个人感受、社会态度、心理状态等主观问题的研究，逐渐从定性研究走向定性与定量相结合的研究，从而达到更真实、更准确地反映调查对象实际情况的目的。把统计学、数学知识和计算机等现代工具引进市场调查领域，大大提高了市场调查的精确化和现代化。

按照测量对象数量化程度由低到高的顺序，测量的层次可分为四个，即定类测量、定序测量、定距测量和定比测量。

（1）定类测量也称类别测量或分类测量，它是对测量对象的性质或类型的测量。

（2）定序测量也称顺序测量或等级测量，它是对测量对象的等级或顺序的测量。

（3）定距测量也称区间测量，它是对测量对象之间的数量差别或间隔距离的测量。定距测量不仅能反映社会现象的类别和顺序，而且能反映社会现象的数量状况，计算出它们之间的距离，因而其数量化程度比定序测量又高一个层次。定距测量的结果一般可用具体数字表示，并可进行加法或减法等数学运算。

（4）定比测量也称比例测量，它是对测量对象之间的比例或比率关系的测量。定比测量的数量化程度比定距测量又高一个层次，其测量结果不仅能进行加减运算，而且能进行乘除运算，并可做各种统计分析。

3. 测量的信度和效度

信度（Reliability）是指测量数据（资料）的可靠性程度，即测量工具能否稳定地测量到它要测量的事项的程度，即信度是对测量的稳定性与一致性而言的。也就是说，信度是指对同一或相似母体反复进行调查或测验，其所得结果相一致的程度。大部分信度指标都用相关系数（r）来表示，即用同一样本所得到的两组资料的相关系数作为测量一致性的指标，称为信度系数。

效度（Validity）是指正确性程度，即测量工具能够测量出其所要测量的东西的程度。效度越高表示测量结果越能显示出所要测量对象的真正特征，效度是任何科学的测量工具必须具备的条件。

信度是指调查结果反映调查对象实际情况的可信程度；效度是指调查结果说明调查所要说明问题的有效程度。可见，信度和效度之间的关系为：信度高，效度未必高；信度低，效度必然低；效度高，信度必然高；效度低，信度未必低。

四、统计误差

测量是一种人为作业，测量的结果常与实际情况有出入而造成测量误差。任何一项统计工作都不可能完全避免误差，关键是误差要得到控制。将调查和统计过程中所得数据（或指标）与实际值之间存在的差别统称为统计误差。

根据产生统计误差的原因不同，统计误差分为登记性误差和代表性误差两大类。所谓登记性误差，是指在调查和统计过程中由于各种主客观因素而引起的技术性、操作性误差以及由责任心缘故而造成的误差等。所谓代表性误差，是指由调查方式本身所决定的统计指标和总体指标之间存在的差数。

由于抽样调查在社会调查研究的特殊地位，就概率抽样所存在的代表性误差而言，习惯上又被称为抽样误差。抽样误差是在遵守随机性原则的条件下，用样本指标代表总体指标不可避免存在的误差，它表示抽样估计的精度。一般抽样误差越小，抽样估计的精度就越高，反之就越低。由于抽样误差是概率抽样固有的、不可避免的误差，它本身又是随机变量，所以可以按数理统计的方法计算，确定其数量界限（平均值）并加以一定控制。进一步学习后我们将了解，抽样误差与总体各单位的差异程度成正比，与样本单位的数目成反比。只有使样本单位达到一定数量，抽样误差才能得到有效控制。

第二章

市场调查的相关问题

　　调查研究是人们认识市场规律的一种自觉性活动，它的工作程序应该根据人的认识规律进行科学安排。为了保证市场研究顺利进行，必须认真做好准备阶段的各项工作，即对调查工作进行通盘考虑和安排，了解调查数据的来源和类型，明确调查研究实践过程中所需的各种条件。

第一节　市场调查的程序

　　一般而言，市场调查过程包含了若干个既相对独立又相互联系的阶段，具体来说，对某问题的调查研究可以分为如图 2-1 所示的几个阶段。

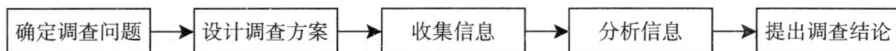

确定调查问题 → 设计调查方案 → 收集信息 → 分析信息 → 提出调查结论

图 2-1　市场调查的一般程序

　　市场调查的过程也是对市场研究问题的确定、收集信息、分析市场运行规律的过程。其内容或步骤一般包括以下内容：

一、确定调查问题

　　市场调查的第一步是确定所要调查的问题及调查工作所要达到的目标，即确定调查问题，也称调查课题，它是调查所要解决的具体问题。只有对市场调查问题有清晰的认识和准确的定义，市场调查项目才能有效地实施。确定市场调查问题应当包括经营管理决策问题和具体的市场调查问题这两个层面的内容。它们之间虽不相同，但密切相关。通常，经营管理问题是指企业决策者在企业经营管理中所面临的问题，主要问题是决策者需要做什么，关心的是决策者可能采取的行动，所以经营管理决策问题是以行动为中心的。例如，"如何进一步扩大市场占有率?"、"是否向市场推出系列产品?"、"是否需要利用广告进行促销?"等。

市场调查问题是以信息为中心的，它要回答"什么信息是所需要的?""如何获取这些信息?"例如，对于"是否需要利用广告进行促销"这个经销决策问题，确定市场调查问题就要考虑广告的方式，消费者接触不同广告方式的频率，消费者对广告的信任程度和偏好，广告对购买行为的具体影响等。

而对于企业管理者来说，必须明确通过市场调查要解决什么问题，并把要解决的问题准确地传达给市场调查的承担者。在任何一个问题上都存在着许多可以进行调查的内容。例如，当某些企业需要了解某种新型化妆品有多大市场时，可以提出如下问题："消费者喜欢什么样的化妆品?"、"消费者使用化妆品的目的是什么?"、"消费者愿意花多少钱去购买化妆品?"、"如果推出一种抗衰老的护肤品，市场会有多大?"、"消费者愿意到什么地方去购买化妆品?"等，调查的侧重点可以多种多样。这就要求企业营销管理者必须善于把握问题，对问题的规定要适当，既不要太宽，也不要太窄。

对所有企业而言，确定调查问题必须符合以下要求：①调查切实可行，即能够通过具体的调查方法进行调查；②可以在短期内完成调查，调查的时间过长，调查的结果也就失去意义；③能够获得客观的资料，并能依据这些调查资料解决提出的问题。

按以上要求设定市场调查问题，是市场调查人员将经营管理的决策问题转化为市场调查问题的过程。例如，近期某企业的产品系列在市场份额中呈逐渐下降趋势，此时，经营管理的决策问题是如何阻止该下降趋势，恢复失去的市场份额。针对这个问题可以有以下几种行动方案：改进现有的产品质量；推出新产品系列；改变营销组合和营销策略；进一步细分市场等。假设经过与决策者交流和向专家咨询等一系列工作，认为不合适的市场细分是失去市场份额的主要原因，于是可以将"针对该系列产品，为进行有效的市场细分提供有关信息"确定为调查的主题。

二、设计调查方案

确定调查问题是整个市场调查过程的第一步，接下来就要精心设计调查方案。调查方案是实施调查项目的蓝图，它应当包括获取信息的详细过程。

统计调查是一项涉及面广、程序步骤多、要求严格的科学工作，一项全国性的统计调查，往往要动员成千上万的人协调工作才能完成。为了顺利完成调查任务，在调查之前需要设计一个调查方案，使统计调查工作有计划、有组织地进行。统计设计是对统计工作的通盘考虑和安排，它是市场研究目的实现的关键环节，其结果表现为各种调查方案。一个完整的统计调查方案包括调查目的、调查对象、调查项目、调查方法以及调查费用的确定等多个方面。

在调查方案的设计中，还包括调查问卷设计和抽样设计。后面章节将分别专门讨论问卷设计和抽样设计的有关问题。

三、收集市场信息

根据企业需要调查的问题和要求，必须找到科学准确的调查资料。这是一个花费最高也最容易出错的阶段，市场调查既要收集二手资料，也要收集一手资料（原始资料）。二手资料又称为次级资料，相对于原始资料而言，是指那些以前收集好的而且通常已经使用过的资料。

在市场调查中，将收集资料的方法按不同的特征加以概括，归纳为以下几种：

1. 自填式

自填式是指被调查者在没有访员协助的情况下完成问卷。把问卷递送给被调查者的方法有很多，如调查员分发、通过邮寄（邮寄调查）、通过网络（网络调查），或把问卷刊登在媒体上（媒体调查）等。由于被调查者在填答问卷时访员并不在场，出现疑问时无人解答，所以这种方法要求问卷结构严谨、有清楚的说明，让被调查者一看就知道如何完成问卷。与其他调查方式相比，自填式问卷应制作详细的填写说明，必要时可在问卷上提供联系电话，以回答被调查者提出的问题。

自填式方法通常要求被调查者具有一定的文化素养。与其他调查方式相比，自填式方法的管理相对容易，比面访调查的费用低，可以进行大样本的调查。被调查者可以选择方便的时间填答问卷，必要时可以参考有关文字记录而不必单纯依靠记忆进行问答。由于填写问卷时访员不在场，因而自填式方法也可以减小被调查者回答敏感性问题的压力。

自填式方法的主要缺点：第一，调查的回答率比较低。因为被调查者在完成问卷方面没有压力，容易把问卷丢失和遗忘。第二，自填式方法不适合结构复杂的问卷。因为许多被调查者不会认真阅读填答指南，所以类似于跳答、转答这样的技术手段不宜出现在自填式问卷中。第三，自填式方法的调查周期比较长。

2. 问答式

问答式是指现场调查中访员按问卷中的问题提问、被调查者回答这种调查方式。实施时又可以有不同的情况，典型的方式有访员和被调查者面对面回答（面访调查）和访员与被调查者通过电话问答（电话调查）。问答式的优点主要表现：可以激励被调查者的参与意识，可以在现场解释被调查的问题，这些都有助于被调查者对调查内容的了解和理解，提高回答率；可以对识字率低的群体实施调查，由于调查问卷是由访员控制的，所以在问卷设计中可以采取更多的技术手段，使调查问题的组合更为科学、合理；可以借助其他调查工具（图片、照片、示卡、实物等）丰富调查内容。问答式方法还有一个优点，它能对数据所花费的时间进行调节，如果数据收集进展太慢，需要加快速度，就可以雇用更多的访员，而这是自填式方法不可能实现的。

问答式方法的缺点：第一，调查的成本比较高（面访和电话调查的成本有所区别，面访的成本高于电话调查）。因为要有访员的培训费用、访员的工资、面访调查中送给被调查者的小礼品和访员的交通费用，电话调查还要有场地租用、设备租用及电话通信费。第二，对调查过程的控制有一定难度。问答式调查的数据质量与访员的工作态度、责任心有直接关系，当大量访员参与调查时，如何保证高质量的现场操作就是一个很重要的问题。第三，对于敏感性问题，被调查者通常不会像自填式方法那样愿意提供答案。

3. 混合式

混合式调查有时也被称为搭车调查，但二者还是有区别的。搭车调查是指将一项调查（次要的）附在另一项调查上（主要的）。例如，在即将开始一项调查任务的同时，又接受另一项调查任务。新项目的调查主题与即将开始的调查项目的主题相似，所以将新项目的调查问卷附加在马上就要进行的问卷中，由此可以节省调查费用。

混合式调查是指将多个调查内容混合在一张问卷中，在这种情况下，混合调查的问卷由不同的部分组成，每个部分处理的主题不同，是不同客户的需求。调查的费用由客户按各部分收集和处理数据多少的比例分摊。这种方式的特点是可以减少调查的相关费用，缺点是面对不同的主题，被调查者会觉得问卷中的问题缺乏逻辑性，而且这样的问卷通常篇幅较大，会使被调查者感到厌烦，不愿意配合。

4. 其他方式

除上面介绍的方法外，还有查阅式、座谈式、观察式和实验式等其他一些调查方式。

在市场信息收集阶段，工作的最终目标是获得较高质量的原始数据。数据采集的整个过程由若干个环节组成，每个环节都有可能发生误差，因此对现场调查需要精心组织与管理，以达到降低误差的目的。

四、整理市场信息

资料的加工整理即数据的处理过程。数据的处理是把调查中采集到的数据转换为适合于汇总制表和数据分析的形式，它是整个调查过程中的一个重要环节。处理的整个过程既有自动完成的，也有手工完成的。通常，对数据处理工作进行周密的计划，对实施质量进行监控就显得非常重要。

数据处理的顺序取决于特定的调查及是否有处理数据的自动化程序。例如，编码可以在数据录入之后进行；数据的审核则可以贯穿于整个过程。下面以纸张式问卷为例，对数据处理的过程做简要说明。

1. 初步审核

是指对回收问卷的完整性和访问质量的审核。通过审核确定哪些问卷可以接受，哪些问卷需要补做或作废。

2. 编码

是对每一个问题的每一种可能答案赋予一个数值代码，即把填写的文字信息转化为可机读形式的数字代码，以便于数据的录入、处理和制表。

3. 录入

将数据录入计算机。在采用计算机辅助调查时，数据的采集过程和录入过程是同时完成的。

4. 再次审核

数据录入后需要进行再次审核，以检查和修改录入的错误（如双机录入的数据核对），检查是否有缺失值和离群值，运用各种规则辨别无效和不一致的数据。审核的目的是保证调查最终得到的数据的一致性和有效性。

5. 插补

插补是解决审核过程中辨别出来的数据缺失、无效和不一致问题。由于数据缺失，数据文件中出现许多"窟窿"，插补就是采用一定的程序，对缺失的数据进行补充和代替。一般的统计软件都有数据插补功能。

6. 权数调整

权数调整（加权）有两个功能。在概率抽样中，需要利用样本单位的入选概率对各个样本单位的观察值进行加权，以获得目标量的无偏估计。加权的另一个功能是处理调查过程中的无回答（通常加权方法用于处理单位无回答）。

7. 创建数据库

经过前面的一系列工作，数据就可以被用于估计和分析了。这时需要确定数据存储格式，生成数据库文件，以便于数据的长久保存和提取使用。

五、分析市场信息

数据分析主要是运用统计分析技术对采集到的原始数据进行运算处理，并由此对研究总体进行定量描述与推断，以揭示事物内部的数量关系与变化规律。数据分析虽然在数据采集之后，但对调查数据如何进行分析的计划早在设计调查方案时就形成了。在进行调查方案的设计时，就需要根据调查项目的性质、特点、所要达到的目标，预先设计好数据分析技术，制订好分析的计划。否则，就会出现所收集的数据资料不符合分析的要求情况。数据分析人员不仅需要熟悉各种统计分析方法，还要熟悉统计分析软件和计算机操作。统计软件有多种，从目前国内的应用情况来看，使用 SPSS、SAS、R 统计软件居多。统计分析的技术方法有许多，在市场调查中经常用到的统计方法主要有描述统计、参数估计、假设检验、相关与回归分析、多元统计分析以及市场分析相关方法等。

六、提出调查结论

对营销调查结果做出准确的解释和结论是营销调查的最后一个步骤。市场调查人员或调查部门应向营销管理部门提交调查结果，即撰写调查报告。

市场调查报告是根据调查资料和分析研究的结果而编写的书面报告。它是市场调查的最终成果，其目的在于为市场预测和决策提供依据。调查报告的基本内容：阐述市场调查的基本情况，调查结论和主要内容的阐述，情况与问题、结果与原因、建议或对策的阐述，等等。

调查报告一般由标题、开头、正文、结尾及附件等要素组成。编写调查报告要注意观点正确，材料恰当，用数据和事实说话，明确中心，突出重点；结构合理，层次分明；表达中肯，语句通畅；等等。

七、信息咨询服务阶段

在向用户提供信息咨询服务时，应注意及时了解用户对信息变化的需求，并根据用户需求的变化，进行新的市场调查，进入下一轮的市场调查。

第二节 设计调查方案

调查方案设计就是根据调查研究的目的，恰当地确定调查客体、调查内容，选择合适的调查方式和方法，确定调查时间，进行经费预算，并制定具体的调查组织计划，也就是对调查工作总任务进行通盘考虑和安排，提出相应的实施方案，制定合理的工作程序，使所有调查人员在调查方案的要求下统一步调、统一标准。

调查方案的设计是整个调查过程的开始，十分重要。在调查方案设计中，需要把已经确定的市场调查问题转化为具体的调查内容，通过调查指标的方式表现出来，并对调查指标做出明确定义，也就是说，调查方案的设计是对事物定性认识到定量认识的连接点。

一、设计调查方案的基本原则

为确保调查方案的质量，我们在设计方案时要遵循其科学性、可行性、有效性的基本原则。

1. 科学性原则

设计调查方案必须遵循科学性原则，这是毋庸置疑的。但是，在市场调查中，违背科学性的案例也是不少的。例如，如何使用调查数据与采集这些数据的方法密切相关。如果希望用调查数据对总体的有关参数进行估计，就要采用概率抽样设计，并有概率抽样实施的具体措施；否则，设计就是不科学、不完善的。再如，确定样本量是方案设计的一项重要内容，样本量的确定方式有多种，有些情况下需要计算，有些情况下可以根据经验或常规人为确定。如果调查结果要说明总体参数的置信区间，样本量的确定就必须有理论依据，即根据方案设计中的具体的抽样方式及对估计的精度要求，采用正确的样本量计算方式。还有，在因果关系的研究中，为了验证事先的假设，有些调查需要采用实验法收集数据。社会经济现象中的调查与实验室里的试验毕竟有很大差异，因为它不可能像实验室中那样能够把其他影响因素完全控制住。但是如果采用实验法，就必须有因素控制设计的具体实施措施，选择的控制因素是合理的，符合假设中的理论框架，这样才能说明调查结果的有效性。

2. 可行性原则

设计调查方案必须依据实际情况，不仅要科学，而且要具有可行性。只有操作性强的调查方案才能真正成为调查工作的行动纲领。例如，进行概率抽样，要具备抽样框。没有合适的抽样框，就难以实施真正的概率抽样。再例如，对调查中的敏感问题，受访者的拒访率通常是比较高的，如果这些敏感性问题不是特别必要，在设计中就可以删去，以便为调查创造一个宽松的环境。如果这些问题十分必要，不能删除，就要从可行性的角度想一些措施，降低问题的敏感性，使调查不会受到影响。再有，前面提到的实验法例子，需要在调查中控制其他影响因素，以便观察研究变量之间的相互关系。如何控制其他影响因素？有没有操作性强的实施措施？如果设计的要求在实施中难以达到，调查的最终目标就无法实现。所以，调查方案各项内容的设计，必须从实际出发，具有可行性。尤其对一些复杂群体、复杂内容的调查，可行性是评价调查方案优劣的重要标准。

3. 有效性原则

方案设计不仅要科学、可行，而且要有效。对于有效性，不同的人可能给出不同的定义。这里的有效性是指在一定的经费约束下，调查结果的精度可以满足研究目的的需要。实质上，这是一个费用和精度的关系问题。在费用相同条件下精度越高或在精度相同条件下费用越少的调查设计是最好的设计。但是，实践中的问题可能要更复杂一些。可以说设计是在费用与精度之间寻求某种平衡，而有效性则是进行这种平衡的依据。所以在方案设计中追求科学、可行的同时，还要考虑到调查的效率。科学、可行、有效侧重于不同的方面，但它们之间又相互联系、相互影响，能够很好地兼顾这些方面的调查方案就是较好的调查方案。

二、调查方案的内容

统计调查是一项涉及面广、程序步骤多、要求严格的科学工作。为了顺利完成调查任务，在调查之前需要设计一个调查方案，使统计调查工作有计划、有组织地进行。一个完整的统计调查方案应该包括以下基本内容：

1. 确定调查目标

调查目标是调查所要达到的具体目的，即通过调查要解决什么问题，解决到什么程度；是一般性地了解情况，还是要验证某些假设，探究因果关系；调查的结果是用于学术研究，还是为某个市场行动提供信息或建议。

只有确定了调查目的，才能确定收集资料的范围和方法，才能有效地组织统计调查工作。调查目的的确定应该具体明确、突出中心，否则，可能产生以下结果：经过调查取得的资料可能是不需要的，或者材料的口径范围不一致，无法进行汇总因而得不到综合结论；真正需要的材料，反而没有收集。这样不仅浪费人力、物力，而且也延误工作。

2. 确定调查对象和调查单位

有了明确的调查目的，就可以确定调查对象和调查单位。调查对象是根据调查的目的而确定被调查的统计总体。统计总体这一概念在统计调查阶段称为调查对象。不能把调查对象理解为被调查的个体；调查单位是构成调查对象的每一个总体单位。总体单位这一概念在统计调查阶段称为调查单位。调查单位是进行调查登记的标志承担者。不要把调查单位理解为从事调查工作的工作部门或单位。在调查方案中，有时还要规定统计资料的填报单位。填报单位也称报告单位，它是填写调查内容、提交调查资料的单位。填报单位与调查单位有可能一致，也有可能不一致。

例如，工业企业进行产品质量检验时，调查单位是工业企业的单个产品，填报单位是工业企业，这时，调查单位与填报单位是不一致的；而在工业普查中，调查单位是每一个工业企业，填报单位也是每一个工业企业，两者完全一致。

3. 确定调查项目和调查表

调查项目是指对调查单位所要调查的内容，是调查单位所承担的基本标志。例如，在人口普查中的调查项目有姓名、性别、年龄、民族、文化程度、职业等。在确定调查项目时应注意以下几点：①调查项目的内容要少而精，所选项目应满足调查目的并且能确实取得资料。②调查项目的含义要明确、具体，切忌模棱两可。③调查项目的设置要考虑项目彼此间的相互联系以及同类调查的纵向衔接。

确定调查项目后，应加以科学分类、排列，设计成各种调查表。调查表是调查项目的表现形式，其作用在于能够条理清晰地表述调查内容，便于登记调查资料。

调查表由表头、表体和表脚三部分组成。表头在调查表的上方，标明调查表的名称、填报单位的名称等。表体是调查表的主体部分，由表格、调查项目等组成。表脚在调查表的下方，包括调查人员或填报人员签名、审核人员签名和填报日期等。

调查表有单一表和一览表两种形式。单一表是在一张调查表上只登记一个调查单位的资料，可以容纳较多的调查内容，且便于分类和整理。一览表是在一张调查表上可以登记很多调查单位的资料，却不能容纳较多的调查内容。

4. 确定调查时间和调查期限

调查时间是指调查资料所属的时间。如果所要调查的是时期现象，调查时间就是资料所反映的时间；如果调查的是时点现象，调查时间就是规定的统一标准时间。在统计调查中，应明确规定调查时间，以满足统计调查的准确性要求。

调查期限是指进行调查工作的起止时间，包括收集资料和报送资料整个工作所需的时间。在统计调查中，应根据任务量的大小以及人力、物力、财力等情况尽可能缩短调查期限，以满足统计调查的及时性要求。

例如，对某市 2009 年批发和零售业商品销售情况进行调查，即对商品销售额、批发总额、零售总额等指标进行调查，这个调查期限是时期，即 2009 年这一年。从 2010 年 1 月 1 日起开始调查，到 2010 年 1 月 31 日截止将资料收集、整理完毕，则调查期限为 1 个月。

5. 确定调查的经费预算

调查的经费预算是调查涉及的重要内容。经费的多少与调查范围、调查规模（样本量大小）、调查方法均有关系。一个市场调查项目的经费预算，通常包括如下几方面的内容：①调查方案设计费。②抽样费用。包括抽样方案设计、构造抽样框和样本的抽选费用。③问卷设计费。④问卷印刷、装订费。⑤调查实施费。包括预调查费、培训费、交通费、调查员和督导的劳务费、礼品费和其他有关费用。⑥数据审核、编码、录入费。⑦数据统计分析费。⑧调查报告撰写费。⑨折旧、耗材费。折旧指固定资产折旧，包括房屋租用费、机器（计算机）及计算软件使用费等；耗材费指纸张、磁盘等各种耗材费用。⑩项目办公费。指项目进行所涉及的各种办公费用，如会议费、专家咨询费等。

6. 确定调查的组织计划

调查的组织计划主要是调查实施过程中的具体工作计划，例如，各工作环节的人员配备与工作目标，调查的质量控制措施，调查员的挑选与培训，等等。

对于规模较大的调查机构，调查的组织计划要体现并处理好以下几种关系：方案设计者、数据采集者、资料汇总处理者以及资料开发利用与分析者的相互关系；调查中的人、财、物各因素的相互关系；调查过程中各环节、各程序、各部门之间的相互关系。这些关系处理得好，人、财、物的安排就能做到科学、合理、平衡和有效。

需要说明的是，上面所列举的调查设计各个方面的内容，并没有穷尽调查涉及的全部。完整的调查设计包括更多的内容，如问卷设计、抽样设计都在调查设计范畴之内。由于问卷设计和抽样设计的特殊性，在第四章和第五章将分别对其进行讨论。另外，上述六方面的内容之间也是相互作用、相互影响的。对于调查中不同的调查项目，调查设计的内容不同次序也不完全一样。设计人员在具体进行市场调查设计时需要灵活地、创造性地加以应用。

三、调查方案的投标

通常地，市场调查是通过具体的市场调查项目表现的。在竞争的环境下，就出现了市场调查项目的招标和投标活动。其内容包括投标问题的背景，招标者、投标者的职责以及投标书的准备。

1. 投标问题的背景

（1）谁是市场调查的实施者。从实际的情况看，市场调查项目的实施者有以下几种类型：

1）公司自己。市场调查项目都有很强的目标性和针对性，例如，要描述某个市场现象，验证某种假设，分析因果关系，为企业采取某个行动或制定决策提供依据等。在一些较大的公司或企业，都有市场部、信息部等业务部门负责信息的采集。调查项目可以由这些公司自己实施。

2）商业调查公司。这是一些专业性的市场调查公司，承接有关市场调查项目。

3）大学及科研单位。在一些大学和科研单位，有类似于市场调查研究所或咨询中心的结构，从事市场调查项目，在满足市场需求的同时，获得一些经济上的收益。当然，大学和科研单位的调查咨询机构与商业调查公司还是有明显区别的。这些从事市场调查的机构，多属于非营利性组织，所以在项目投标以及项目承接的把握标准上与商业调查公司有一些区别。

（2）谁是客户。

1）各类企业。市场调查的需求方主要是各类企业，既有生产企业，也有流通企业和服务性质的企业，它们是最大的客户群。企业对市场调查的需求，与整个经济环境、市场竞争激烈程度及企业高级领导层的意识、观念有密切关系。经济越发展，市场竞争越激烈，领导层的管理理念越现代，对信息重要性的认识越全面、深入，市场调查的需求也就越大。同时，市场调查活动越规范，调查的质量越高、效果越好，对需求方的吸引力也就越大。

2）政府部门。政府部门是市场调查以及各类民意调查的另一类客户，它们希望通过这些调查，掌握市场状况和民情民意，为制定各项政策提供依据。如信息产业部为了解电信服务质量所进行的用户满意度调查，国家经贸委进行的外资企业投资环境调查，等等。各类媒体也经常针对社会"热点"问题进行民意调查。这类调查的性质都是公益性，其社会效益更大。

3）科研学术机构。为科学研究的需要，一些学术单位，如大学和科研所也筹措资金，为一些调查项目立项，从而成为调查项目事实上的客户。

对调查存在需求，就出现了实施调查的机构。在多家调查机构并存条件下，调查项目的委托方（调查项目的客户）就面临着选择。项目委托方要考虑投资的效果，竞标的承接方要通过竞争获得项目，这就是项目招标和投标产生的基本背景。

在一些情况下，项目的委托方和承接方是融为一体的，学术性的调查研究项目多属于这种情况。例如，科研单位立项进行一项调查，然后自己组织队伍实施，或交给下属的有关部门实施，政府部门立项的调查项目也有这种情况。但对于企业的市场调查项目，情况并不总是如此，有些企业虽然有自己的市场调查部门，但由于自身能力不够、自己调查成本高或者为了避免内部因素干扰以及时间关系等原因，也采用招标方式，把项目交给外部人员实施。

2. 双方的职责和冲突

在商洽和实施调查项目的过程中，项目招标方（委托人）和投标方（受托人）负有各自的责任。

（1）委托人的责任。

1）提出对所需信息的要求。在很多情况下，项目的委托方对调查研究的程序不熟悉，他们难以对实施过程中的具体问题提出要求，但他们对所需要的信息是十分清楚的。因而在项目商洽的过程中，他们的作用是说明需要什么样的信息，以及为什么需要这样的信息。也就是说，委托人要提出调查的目的，解释他们希望的数据类型。

2）提供足够的背景材料。若欲对研究的问题进行全面、深入的分析，需要相关的背景材料。当然，委托人也是提供充足背景材料的最终受益者。

3）说明项目完成的时间要求。

4）就经费问题与受托方磋商。

（2）受托人的责任。

1）与委托人进行充分的交流。受托人的工作目标，是高质量地完成所承接的调查项目，为此就需要与委托人充分交流，透彻理解委托人的需求，清楚调查项目所要研究的问题。同时，向委托人准确地描述调查过程、调查结果的有效程度、调查结果所能起到的作用及局限性。

2）回答委托人的咨询。由于委托人不是调查的专业人员，可能不太熟悉调查设计、调查实施中的一些问题。受托人有责任回答关于调查专业问题的咨询，同时应准备好有关调查过程和技术方面的详细资料，一旦委托人有要求就应当提供。

3）对项目的完成时间进行承诺。

4）就经费问题与委托方磋商。

5）为调查结果保密。除非合同上有专门的约定，允许受托人使用调查数据，否则调查结果为委托人享有，受托人在发布、出版或使用调查数据之前，要得到委托人的允许。

（3）双方的冲突。

在调查项目的研究中，虽然项目的委托方和受托方有共同的利益，但也会发生冲突，产生冲突的原因主要有以下几方面：

1）双方都从自己的角度看待问题。由于委托方对调查技术的专业知识缺乏了解，会提出一些不太切合实际的要求，并且抱怨调查费用太高，希望在有限的调查经费内解决所有的信息要求。而受托方过于强调调查中的专业技术问题，更为看重调查过程的本身，对调查结果的实际应用价值关注不够。

2）委托方的不道德行为。委托方在市场调查的伪装下实现其他隐蔽的目的，因此向受托方提出一些不合理的要求，人为制约调查的结果。例如，在一些商品"排行榜"的调查中，就有揭露花钱买排名的报道。在调查结果的公布中，断章取义，对读者造成误导。

3）受委托的不道德行为。受托方对委托方的权益保护不够，甚至违反职业道德，例如在没有获得允许的情况下，将项目委托方的调查结果泄露给第三方。此外也曾出现过这样的案例，B 委托方的项目内容与 A 委托方的项目内容十分相似，在向 B 委托方正常收费的情况下，没有按合同协议实施正常的调查，而是挪用 A 委托方的调查结果。

确实，项目的委托方和受托方都有各自的利益追求，但是对利益的追求要在社会竞争的游戏规则下实现。为了实现调查项目的双赢，项目的双方要增加交流，建立共识，达到相互理解与信任。同时，要防止不道德行为，为市场调查建立良好的环境氛围。

3. 投标的确定

（1）游说活动。调查机构的人员通过不同的游说活动，取得招标书或调查项目的执行权。不同的游说活动：①熟人关系。从熟人、知情人那里获得项目委托方的招标信息，或由与委托方有关系的熟人介绍、推荐，使项目的招标方和投标方建立接洽。②登门游说。调查机构的专业人员进行市场营销、登门宣传，向潜在的客户介绍服务内容，建立信息交流渠道。

（2）招标方主动找上门。在一些市场调查需求大的企业手中，都会有一张他们认为比较好的调查公司的名单，当需求的时候，就会与这些调查公司联系，进行项目的招标活动。一些知名的市场调查公司，由于社会认知度高，已建立起自己的企业形象，招标方主动找上门的机会就更多。

（3）从其他有关渠道得知。当项目委托人需要在大范围内寻找项目受托人时，可以利用多种渠道传播招标信息，这些渠道主要有新闻发布会、互联网、相关宣传媒体，如专业性的报刊。

当获得招标信息后，调查机构就需要进行投标的准备。这当中最重要的是投标书的准备。

4. 投标书的撰写

在不同的场合，投标书可以有不同的名称。在没有竞争对手的单方申请下，可以把投标书视为项目计划书。计划书的主要目的是坚定投资方的立项决心，争取到项目经费。为此，在计划书中就要把该项研究的重要意义讲清、讲透，说明该项调查数据的作用和价值。在竞争的环境下，投标书才是真正意义上的投标书。此时，在投标书中要充分展示对招标内容的理解和思考，展示项目设计与实施计划，展示本公司的技术与经验，以便在与同竞争对手的比较中显示出自己的能力与特点。投标书（或项目计划书）的另一个功能是可以充当项目合同的附件，使得签订合同的双方在一些具体的问题上统一认识，有利于避免或减小项目实施后可能出现的误解。虽然投标书的内容取舍随具体情况有所变化，但一般来说都应包括以下几个方面的内容：

（1）调查目的。说明提出该项目的背景，要研究的问题，研究结果可能带来的社会效益或经济效益。

（2）研究内容。说明调查的主要内容，规定所需要获取的信息，明确调查的范围和对象。

（3）研究方法。简要说明所准备采用的研究方法，该方法的重要特征，与其他方法比较的长处和局限性；将要采取的抽样方案的主要内容和步骤；样本量的大小和可能达到的精度；采集数据的方法；调查过程的质量控制方法；问卷设计方面的有关计划；数据处理和分析的方法；等等。

（4）进度安排和经费预算。列出调查实施过程中每一个步骤的起始时间和结束时间，列出每一项所需的费用和总预算。

（5）项目实施的保证条件。包括项目组的人员构成，已有的技术和经验的积累，本项目实施的其他有利条件等。

在撰写投标书时，需要注意：第一，在论述和论证研究计划的过程中，要能充分展示自身的特点和优势，表明有能力胜任这项研究，因为争取获得项目是投标书的最重要目的。第二，在商业性调查项目的投标书中应当使用商业语言，准确、清楚、简练，不用形容词，不进行文学式的描述；在遣词造句中，避免过多的专业术语，因为高层决策者可能并不熟悉调查领域的专业术语，专业术语的多少也不是评价投标书质量高低的标准，他们评价的标准往往是调查方案论证中的层次、逻辑和方案的可操作性。此外，在准备投标书时，也要注意投标方对投标书的要求，例如对投标书应包括的内容的要求、书写格式要求等。第三，要注意投标书的截止日期，在规定的时间内将完成的投标书上交到指定的地方。

5. 选择项目受托方的依据

在项目投标书的竞争中，投资方如何选择项目受托方呢？对于不同内容的项目，可能会有不同的选择标准，但下面几点是具有共性的通常准则。

（1）与投标方的合作经历。如果投标的调查机构与项目投资方有过良好的合作经历，无疑会使自己在与其他投标的竞争对手的较量中处于十分有利的位置。

（2）投标方的知名度。较高的社会知名度表明了该企业的能力、服务的质量和信誉。通常，知名度高的调查机构，其服务质量都是可以信赖的。

（3）项目的论证。项目论证的好坏是投资方选择受托方的重要依据。

（4）投标方的其他背景。如投标调查机构的技术力量；人员机构、专业特长和学历背景；调查机构的规模；调查机构的发展历史；所拥有的经验积累；等等。

（5）项目报价。项目报价对双方都是一个敏感的问题，也是项目投资方选择项目受托方必须考虑的一个重要因素。但是在招标中，比较价格的同时也要比较质量。有经验的投资人并不一定选择报价最低的，换句话说，最便宜的投标不一定是最好的。

（6）项目能否按要求时间完成。

四、调查方案设计应注意的问题

设计调查方案在遵循基本原则的前提下，方案除了涵盖的基本内容外，还应该注意以下几点：

1. 需要与可能

需要是指对信息内容的需要。显然，人们希望通过一项调查获得尽可能多的信息，希望调查的内容包括方方面面。但是，一个好的市场调查，不仅要描述所关心的问题，更要揭示产生这些问题的主要原因和次要原因，通过一系列具体问题的组合实现揭示事物发展。如果在一项调查中所涉及的内容过多，就不可能对每一个内容的调查都系统和深入。不系统、不深入的信息的价值并不大，所以不要指望在一次调查中解决所有的问题。

可能是指实施调查的能力，它既包括采集有效数据的能力，也包括对数据深入加工的能力。有些信息的需求很明确，但采集这些数据的难度很大，数据质量不能保证；有些模型虽然很好，但调查人员的数据处理技术或计算工具（如相关软件）有局限，对这样一些调查问题，在设计过程中要慎重处理。

2. 精度与费用

精度与费用对调查设计也有重要影响。在描述研究和因果关系研究中，通常是采用抽样调查方法，用样本数据对总体有关参数进行估计。精度是指测量值与真值的接近程度。自然，人们希望估计的精度越高越好，即估计量的误差越小越好。但估计的精度与样本的大小有密切关系，而样本量的大小受调查费用的制约。所以精度与费用之间存在着一种此消彼长的关系。

五、调查方案的可行性研究

可行性研究是通过对方案的主要内容和配套条件，如市场需求、环境影响、资金筹措等，从技术、经济等方面进行调查研究和分析比较的一种综合性的系统分析方法，这一环节对调查结果起到了保障性作用。

1. 可行性研究的方法

（1）逻辑分析法。是指从逻辑的层面对调查方案进行把关，考察其是否符合逻辑和情理。

（2）经验判断法。是指通过组织一些具有丰富市场调查经验的人士，对设计出来的市场调查方案进行初步研究和判断，以说明调查方案的合理性和可行性。

（3）试点调查法。试点调查目的是对调查方案进行实地检验，也可以理解成实战前的演习。运用试点调查方法进行调查方案的可行性研究，还应注意以下几个常见问题：

第一，应选择好调查对象。尽量选择规模小，具有代表性单位作为试点单位。

第二，建立一支精干的调查队伍，这是做好试点工作的先决条件。

第三，调查方法和调查方式应保持适当的灵活性，不应太死板。试点调查工作结束后，应及时做好总结工作，认真分析试点调查的结果，给出影响调查结果的各种主观因素并进行分析。

2. 调查方案的模拟实施

调查方案的模拟实施是只针对那些调查内容很重要，规模又很大的调查项目才采用模拟调查，并不是所有的调查方案都需要进行模拟调查。模拟调查的形式很多，如客户论证会和专家评审会等。

3. 调查方案的总体评价

调查方案的总体评价可以从不同角度来衡量。但是，一般情况下，对调查方案进行评价应包括四个方面的内容：调查方案是否体现调查目的和要求；调查方案是否具有可操作性；调查方案是否科学和完整；调查方案是否质量高、效果好。

第三节　市场调查的实施

市场调查的实施，就是按照所设计的调查方案，向调查对象收集市场信息、采集市场数据的工作过程。一个完整的市场调查活动，大体可以分为三个阶段，即调查的设计、调查的实施和设计的处理。每个阶段任务的完成依赖于调查团队。一个优秀的调查团队应当由各方面的优秀专业人员组成。调查的设计人员负责项目设计中的技术问题，包括抽样设计、问卷设计、加权和估计方法设计、质量控制方法设计、数据质量的评估设计和统计分析方面的设计等。在数据处理阶段，录入人员负责调查数据的录入，统计分析人员负责数据的统计处理并按照设计的要求进行统计分析，完成统计分析报告。在团队组成中，还应有计算机系统管理人员，负责设计和开发计算机系统和程序，以确保统计方面的计算机处理得以有效的实施。

一、调查团队的组织

在调查的具体实施，即数据采集阶段，也需要有一些专业的人员承担这项工作。团队的组织及团队成员所负责的工作，实际上体现着管理体制。由于调查机构规模不同，调查内容不同，可以采用多种管理体制对调查的实施进行管理，下面以项目管理的一般情况为例加以介绍。

1. 项目主管

项目主管负责整个项目的管理，包括协调各部门的关系、起草初步计划、制定预算并监督资源的使用。项目主管需要与高级管理层和客户保持紧密联系，向他们报告调查的进度，应保证严守行业法规或法定的职责，遵守行业政策、标准、指导方针和条例。项目主管的责任是确保调查项目的目标、预算和计划得以执行。

2. 实施主管

实施主管负责项目的具体实施。在不同的场合，如在规模不大的市场调查机构中，或对于不大的调查项目，项目主管也可能就是实施主管。实施主管的主要责任：了解调查项目目的和具体的实施要求，根据调查设计的有关内容和要求挑选调查员，负责督导队伍的管理和调查员的专业培训，负责调查实施中的质量控制。实施主管一方面要与上游的项目主管甚至高层领导沟通，另一方面又要与下游的督导和调查员打交道，这就要求实施主管既要掌握市场调查的基本原理和方法，又要有比较强的组织和应用能力，有丰富的现场操作经验。实施主管的水平，在很大程度上可以反映一个市场调查机构的现场操作水平。

3. 调查督导

调查督导是数据采集过程中的监督人员，负责对调查人员工作过程的检查和调查结果的审核。督导又可以分为调查现场督导和调查技术督导。现场督导负责对调查员日常工作的管理，包括现场监督、回收问卷、对问卷进行复核和其他服务工作。技术督导负责对调查员访问技巧的指导，回答现场调查中有关技术问题的咨询，协助实施主管挑选调查员和职业培训等。在很多情况下，现场督导和技术督导是融为一体的。有时，实施主管也扮演技术督导的角色。

对督导的要求是工作认真、踏实、有责任心，同时具有一定的组织管理能力。此外，还要具有访问经验，对调查技术有一定的了解。在调查机构中，调查员一般是通过社会招聘方式招募的兼职工作人员，所以可以把督导视为调查机构的入门职位。当然，调查督导也可以从出色的调查员中选拔。

二、调查员的管理

为夯实市场调查的基础工作，提高调查员的业务素质和工作积极性，确保源头数据的质量，要全面做好调查员的选拔、培训考核等方面工作。

1. 调查员的选拔

在调查项目的实施中，调查员是一个必不可少的重要因素，然而一般情况下，商业调查机构都不设立常年的调查队伍。因为调查业务具有突发性，在没有业务的时候，调查员都是空闲的，维持成本比较大，而有业务的时候又可能几个调查同时进行，需要较多的调查员。此外，有些调查业务可能涉及多个城市，无论如何一个调查机构都无力在每个城市设立自己的调查队伍。因此调查机构通常都握有一份调查员名单，或掌握一些潜在调查员的资源。调查机构可以根据调查员名单或潜在资源，在需要的时候，招聘调查所需要的调查员。如果需要大量调查员，还可以通过各种招聘广告招聘社会上的各类人士充当临时调查员。调查员的流动性很大，因此调查员的招聘几乎成为调查机构的一项经常性工作。

（1）选拔调查员需要考虑的因素。选拔调查员需要考虑以下几个因素：

第一，要考虑调查的方式和调查对象的人口特征，尽量选择与调查对象相匹配的调查人员。一般来说，调查员与被调查者所具有的共同特征越多，越有利于调查的实施。例如，进行全国性的电话调查，对有不同口音和方言地区的调查，最好招聘该地区或熟悉该地区口音、方言的人员作为调查员，这样不仅可以增加亲切感，还有助于调查速度的提高。对于入户调查，男性调查员的成功率通常不如女性调查员高，因为从被调查者角度来看，陌生男性具有威胁性，不敢轻易放其入户。在这种场合，居委会成员是不错的人选。

第二，调查员的职业道德水平十分重要。应聘人员之所以应聘，在很大程度上是想通过调查活动得到一定的经济收入，这是无可非议的。通常调查员是与调查的工作量（如完成有效问卷的份数）联系在一起的，因此作弊的诱惑力是很强的。有些调查员在现场只是挑容易的问题问，越过复杂的题项，然后冒充被调查者填写，以增加完成问卷的份数。还有些人不按采访地址，将调查问卷交给自己的亲朋好友代答，或索性坐在屋里自己填答。对作弊行为的检测和监控成本都是比较高的。所以一开始就要特别注意调查员的职业道德水平。挑选一位尽管在其他能力方面稍差一些，但却诚实、可以信赖的调查员要远远胜过相反的情况。

第三，调查员的语言交流能力也是一个要素。调查员的任务是与被调查者进行交流，因此应该吐字清楚、注意说话的节奏、能细心聆听别人的讲话、正确领会和解释他人的回应，这些都是一名合格调查员所应具备的素质。兼职调查员的主要来源是在校大学生、街道居委会的积极分子、热心的下岗职工等。

（2）优秀调查员需要具备的素质。在市场调查中，调查人员本身的素质、观念、条件、责任心等都在很大程度上制约着市场调查作业的质量，影响着市场调查结果的准确性和客观性。因此，加强市场调查人员的组织管理，是市场调查公司的一项重要工作。一个优秀的调查员必须具备以下三个方面的素质：

第一，思想品德素质。调查员应该遵纪守法、具有良好的职业道德修养、工作认真细致、谦虚谨慎、平易近人、诚实而有责任感。

第二，业务素质。调查员要清楚以下问题：调查员在市场调查中的作用及其工作好坏对整个市场调查工作的重要性；调查员在调查过程中要保持中立；了解调查计划的相关信息；一定的访谈技巧；提问题的正确程序；记录答案的方法；对被访者的个人信息、商业秘密等要保密。作为一个调查员，还必须具备以下几种能力：阅读能力、表达能力、观察能力、书写能力、独立工作能力、随机应变能力等。

第三，身体素质和心理素质。一个优秀的调查员应该身体健康、开朗、会交流、仪表端庄、口齿清楚、有文化、有经验。

2. 调查员的培训

调查人员的培训是各类市场调查中必要的一环，培训的质量还直接关系到操作实施人员的调查访问成效，并影响调查结果的公正性及其可利用价值。

（1）培训内容。对调查员的培训是调查实施过程中一项重要的工作，它对调查数据的质量起着关键的作用。一个优秀的调查员，也是经过培训、实践、再培训、再实践的过程成长起来的。培训的内容可以分为基础培训和项目培训。

1）基础培训。主要针对新聘用的调查员进行，培训的主要内容包括：①责任心教育。调查员的职责是利用合法的手段，以严谨的态度去采集市场信息，在这里职业道德十分重要。要坚决杜绝弄虚作假和作弊行为，以健康和积极的心态面对访问工作，同时要为受访者和客户保密。②行为规范。按调查项目的要求，规范其行为。例如，严格按照项目要求确定被访者，在需要使用随机表确定受访者时，不要轻易为周围环境（如受访者推脱）所影响；严格按照规范要求进行操作，包括提问、记录答案、使用卡片等；调查中保持中立态度，不能加入自己的观点和意见来影响被访者。③调查技巧的培训。在培训中不仅要告诉调查员怎么做，同时要解释为什么这样做。获得数据可以有不同的途径，通常要求调查员走的是一条比较困难的途径。在这种情况下，必须解释这样做的原因，以及如果不这样做可能带来什么样的后果。

2）项目培训。项目培训面对所有的调查员，其目的在于让调查员了解项目的有关要求和标准做法，使所有调查员都能以统一的口径和标准的做法进行访问。同时进一步明确调查纪律和操作规范。项目培训的内容：①介绍行业背景。市场调查项目会涉及不同的行业，每个行业都有不同的情况和专业知识，而调查员对此未必都基本了解。适当介绍一些行业背景和与调查内容有关的专业知识，有助于调查员理解调查问题的含义，更好理解受访者回答的含义。②讲解问卷内容。向调查员解释调查问卷中每一个问题的含义，以及问题之间的逻辑关系。在问卷讲解中，特别注意对复杂题项的分析，要分析一般情况、可能出现的特殊情况，以及处理特殊情况时应遵循的原则。③其他要求。例如受访者的条件（筛选）；需要完成的样本量和时间进度的要求；介绍所需要的调查工具，如示卡、照片、调查介绍信等。

（2）培训方式。从调查项目主持方（如承接项目的调查机构）的角度来看，培训方式可以有两种。一种是书面培训，采用这种方式的背景通常是调查项目主持方将数据采集的具体工作委托给专门的数据采集机构，对调查员和督导的具体培训由数据采集机构负责，调查项目主持方提供培训材料；另一种是调查项目主持方直接派人进行现场培训。在前一种情况下，数据采集机构也要在项目主持方的指导下，针对特定的调查项目，对调查员进行现场培训。所以，培训方式主要是针对现场培训而言。

现场培训有以下一些方式：①讲授。将接受培训的人员集合在一起，采用讲课的方式进行培训。讲授的内容包括介绍调查项目的背景材料，讲解调查问卷、实施要求，介绍调查技巧。②模拟。在讲授的基础上，通过模拟，锻炼调查员处理可能局面的应变能力。与讲授相比，模拟更强调操作中的实际运用，侧重于应变手法的培训。③试访。在项目正式实施之前，调查员所进行的"热身"，试访后进行总结。实地操作往往给人留下更深的印象。对于内容复杂的调查项目以及新的调查员，试访是必不可少的。④陪访。即督导陪同调查员一起进行访问，实地解决调查员对问卷的理解程度、访谈技巧及操作规范，然后由督导总结访问情况。陪访和试访有时可以同时进行。

（3）访谈基本技巧。访谈是一种面对面的语言交流，掌握访谈技巧可以更好发挥面访的优势，保证调查结果的质量。按访谈的过程，其基本技巧涉及以下几个方面：

第一，接触前的有关事项。调查员在与受访者接触前需要注意一些问题，这些问题处理得好，将有利于调查的进行。①仪表。调查员要注意仪表，着装大方整洁，头发、手指甲干净，所带的袋子（装问卷、礼品及记录工具）不要太大，要给人以朴素、精明、整洁的感觉。②调查时间。调查时间对回答率及调查结果都会产生影响。入户调查最好在周末或平日晚上进行。工作日的白天实施调查，家中无人造成回答率降低，或者待在家中一些特殊群体，如物业人员或退休人员，造成样本有偏。要注意避开吃饭时间，晚上太晚敲门也会引起受访者的反感。③调查地点。调查地点的选择应该按调查设计的要求进行。入户调查应当争取对方允许自己进入户内，坐在桌子边与受访者进行交流。有时对方态度坚决，不允许调查员进入，在这种情况下，调查员也可以在楼道里、院子间进行。拦截式调查的地点变数较大，但注意如果调查是在商场内、音乐厅门口等公共场所进行，事先要与有关方面取得联系，征得他们的同意，这样可以避免不必要的误会。

第二，自我介绍。中国有许多谚语，如"万事开头难"和"好的开始是成功的一半"，都表明了起始工作既困难又重要的思想。自我介绍是调查员与受访者第一次接触的"表白"，是能否顺利实施的关键，在态度上要予以高度的重视，在技巧上要仔细地推敲。

自我介绍的一般要求是话语简单明了、态度友善礼貌。通过自我介绍，表明调查目的，有针对性地回答受访者的疑问，创造一个轻松、愉快的气氛。除良好的形象和礼貌的谈吐外，要注意意思表达准确，语言规范、流利，不用"哼"、"哈"、"哦"等语气助词。自我介绍要简短，把握入户时机，不要在门口耽搁时间，应尽早提出调查的问题。一旦受访者回答问题，他的注意力就会从是否接纳调查员的思考中转移。随着问题的展开，调查员就会很自然地进入户内。

受访者在一开始时对调查的态度，大体可以分为三类：表示可以接受调查、处于犹豫状态、坚决予以拒绝。其中处于犹豫状态的占大多数。犹豫部分的成功率对整体的回答率影响很大。犹豫的原因有几种：对调查员怀疑，怕调查时间长，正忙于其他事情，对调查不感兴趣等。调查员的应变能力可以在此时得到最充分的体现。例如，对于怀疑和有疑问者，及时出示有关证件，消除其怀疑；对担心调查时间长的受访者可以说，"调查只占用几分钟时间，您看如果我们一见面就开始，现在可能已经结束了"；对于那些不感兴趣者，可以强调他们的意见对于反映民意、对于项目的研究起着多么重要的作用，并可以补充说，"对于您的配合，我们将赠送小小的礼品表示感谢"；对于那些正忙于其他事情者，调查员可以强调调查时间的短暂，如果对方的确很忙，可以约定另外时间进行访问。

第三，提问。提问表明调查实施已经开始，这是一个相互交流的过程，调查员要随时注意受访者的理解程度和配合态度，调节自己的节奏，调动受访者的情绪，让受访者能自始至终以感兴趣的态度配合访问。在读问卷中问题的时候，注意用声音和眼神与对方沟通，掌握好提问节奏、快慢有序，用眼神和表情表示对对方回答的关注和鼓励。同时，在提问的过程中也要注意按规定的程序操作，在问题的措辞、提问的方式上不能各行其是，也不能按照自己的理解修改问卷中问题的提法。如果需要出示卡片，一般在问题陈述完以后再出示。出示卡片的方向是使卡片斜向上方45度，正好使受访者的目光能够垂直投射在卡片上。调查员自己不应看卡片，而是记录受访者的回答。因为调查员看卡片会影响受访者的视线，也可能会对受访者造成一定暗示，例如将目光落在自己感兴趣的选项上。

第四，引导。引导不是提出新问题，而是帮助受访者正确回答已经提出的问题。所以引导是提问的补充。在访问中，受访者应当多说，但内容要由调查员控制，这就需要引导。例如，当受访者滔滔不绝而又离题太远的时候，调查员要采取适当的方式将内容引导到所提的问题上。如果受访者一时遗忘了某些情况，调查员可以从不同的角度帮助对方进行回忆，例如询问受访者是否参观过科技馆，调查员可以说明科技馆的位置。受访者一时想不起洗衣机的购买年限（假如这是问卷中的问题），调查员可以利用是搬家前还是搬家后或孩子上学前还是上学后这样有突出标志的日子进行回忆。为了促使受访者进一步合作给出完整的答案，调查员可以做这样的启发，"我不十分的明白您所说的是什么意思，可以再多谈一些吗?"引导的作用在于排除访问过程中的干扰,使访谈按预定计划顺利发展。同时,引导不应带有倾向性,是引导而不是诱导。

第五,追问。追问是更深入的提问,是更具体、更准确、更完整的引导。在访谈过程中当被调查者的回答含糊其辞、模棱两可的时候,或当回答前后矛盾、不能自圆其说的时候,或者受访者的回答过于笼统、很不准确的时候,就需要采用追问这种形式。

追问的技术要求是利用中性的标准追问语,客观、中立,没有诱导。例如常用的标准追问语:还有其他吗?其他理由呢?您指的是什么?您为什么那样认为?您是怎么想的……

追问的方式也有多种,常用的方式——重复提问,即用同样的措辞再一次提问,刺激他们谈出进一步的想法;复述追问,即复述受访者的回答,让其再一次思考回答的是否准确,是否有遗漏;停顿或沉默,即通过停顿、沉默或注视,暗示正在等待受访者提供更详细的答案。

第六,非语言控制。在访谈中,除了通过语言交流外,调查员可以通过双方的表情与动作,即通过非语言交流,达到对访问过程的控制。非语言控制包括表情、目光、动作和姿态。

表情是传达思想感情的一种方法。调查员要做到自始至终使自己的表情有礼貌、谦虚、诚恳、耐心,运用表情创造良好的访谈气氛。例如,用微笑鼓励受访者讲下去,用略微严肃的表情表示这个问题很重要,正在专注地聆听。在整个访谈过程中,如果调查员表情一直很严肃,会使访谈者感到不愉快或紧张。

目光是访问时重要的非语言交流方式。在对方讲话时与其交流目光,是表示在全神贯注地倾听,但如果一直目不转睛地盯着对方,也会使对方感到拘谨和不自在。

动作、姿态同样受到思想感情的支配。微笑、点头表示对受访者回答的感谢和肯定,匆匆记录表示对受访者的重视。在对方讲话时,切忌目光流离。挠头皮、挖耳朵的小动作也会使对方反感。

同时,调查员也应注意观察受访者的表情、目光及动作和姿态,从中捕捉对方的情感信息。例如,通过观察对方的目光,注意其是否对所谈的问题感兴趣;通过观察对方的细微动作,如东张西望、频频看表、注意力不集中、不断打哈欠等,判断对方已经厌倦,要转变话题或加快速度尽早结束访谈。

第七，结束。访谈工作的最后一个环节是做好结束工作。正常的结束是在完成所有调查问题之后。结束前可以先给对方发出访谈快要结束的信号，例如可以问"您还有什么需要补充的吗？"以保证对方把想要说的话说完。结束时，应向被调查者表示感谢，向受访者赠送一个小礼品，并回答受访者关于调查项目的提问，以给对方留下一个好印象。有时，结束是在调查没有全部完成的情况下发生的，如受访者家来了客人，不得不中断访谈。此时，调查员应该同样对对方给予的配合表示感谢，并约定再次访问的时间。离开访问场所之前应注意检查并确认有关的材料（问卷、卡片、文件夹等）没有遗漏。

三、现场调查的质量控制

除了对调查员的管理之外，现场调查的质量控制也是一个必不可少的环节，主要包括督导、复核、调查质量评估、进度控制等工作。

1. 督导

在调查开始前，需要对调查员进行严格的培训，除此之外，在调查实施过程中和调查结束后，还需要对调查员的工作进行检查和监督，以保证调查员按培训中所要求的方法和技术进行访问。现场督导的主要工作如下：

（1）检查已完成的问卷。现场的记录是否规范，字迹是否清晰，是否存在缺失数据，答案之间逻辑关系是否成立。对发现的问题，采取及时的补救措施。对工作质量较差的调查员，需要进行再次培训。

（2）严格的文档管理。对现场操作中每个阶段的实施情况，都要建立必要的文档管理。如问卷收发表、入户接触表、陪访报告、复核记录表。这些文档材料不仅有助于现场督导及时发现问题，有针对性地进行工作，同时有助于项目组对现场操作的质量进行评估。

（3）调查员的报告。随着现场调查活动的展开，调查员应定期提交工作报告，汇报调查工作中的情况，必要时，督导可以将调查员召集在一起进行座谈总结，交流经验和体会，研究处理棘手问题的方法。这些报告所提供的信息，有助于提高现场工作的质量，同时也可以提示问卷中存在的某些问题。这些问题在问卷设计阶段可能没有被意识到，但却是调查员在访问过程中切身体会到的。将这些信息反映到数据处理和数据审核过程中，对整个调查来说也极有价值。这些信息可以为以后问卷设计的改进提供参考。

2. 复核

复核是对调查员完成工作的抽查，即通过对受访者再一次的访问以检查访问工作的真实性。复核这套工作程序本身对调查员的作弊行为就是一个"威慑"，同时也是对调查结果的质量进行一次检查。复核的比例根据现场操作的情况可以有不同，一般为 10%~20%，对存在质量问题的调查员可以增大复核比例。复核的内容包括下述一些方面：

（1）访问情况。向受访者求证调查过程，如是否接受过调查，接受调查的时间和地点是否属实等。有时也要对调查员放弃的样本进行复核，例如访问员声称某一户拒访时，可以由复核人员登门核实是否存在拒访的情况及拒访的原因。有时候调查员为了避免走较远的路，可能伪称某一户居民不在家或拒访，复核员需要确定在调查员所声明的时间内该户居民是否真的不在家。

（2）问卷内容的真实性。调查员的作弊可以有多种手法。其中一种是虽然登门进行了访问，但是为了赶进度，调查中只涉及了问卷中的部分内容，而略去了比较难、费时间的题项，然后回来自己填写。为此，复核人员需要对问卷中的关键问题进行再次询问，核查与调查人员的记录是否一致。

（3）调查员的工作态度。向受访者了解调查员的工作态度，包括现场的表现、是否有礼貌、是否赠送礼品，让受访者对调查员的工作加以评价。

在复核时如果出现了复核结果与调查结果不符合的情况，需要进行具体分析。除调查员作弊外，还可能有一些其他原因造成结果不符。一个原因是受访者记忆误差。由于记忆的原因，受访者向调查员和复核人员提供的答案不一致。另外，接受复核的人并不是当时受访者本人，因而给出的答案也不一致。所以当出现复核结果与调查结果不一致时，处理要慎重。通常的方法是加大对该调查员的复核比例，通过多次复核做进一步的判断。

3. 调查质量评估

对现场调查活动而言，最重要的是收集到高质量的原始数据。但是高质量的原始数据不是凭空产生的，它是一系列具体调查活动的结果。在一项复杂的调查活动中，没有高质量的现场实施，要获得高质量的数据是不可能的。所以高质量的现场实施是高质量现场调查数据的基础和前提。同时也要看到，除了现场实施以外，有些时候，数据质量本身还受到调查人员以外其他因素的影响。所以，调查质量的评估可以包括调查实施过程的质量评估和数据质量的评估。

（1）实施过程的质量评估。实施过程的质量评估包括调查员的工作质量和管理工作的质量。调查员是成功收集数据的关键因素，要确保聘用的调查员具备进行访问的素质和能力。同时还需要有很强的责任心，经过良好的专业技术培训。对调查员工作质量的评估，包括访谈过程的规范性、问卷的填写、工作记录、完成时间等方面。

管理工作的质量可以通过一系列的文档文件反映。这些文件包括培训材料、操作控制文件等。

（2）数据质量的评估。高质量的调查实施过程是高质量数据的前提。但是，良好的调查现场操作也不能保证数据质量就一定是高的。因为数据质量如何还取决于其他一些因素的影响，最重要的是受访者对调查活动的支持与配合。数据的质量直接影响到最终的分析结果。在数据分析之前，对原始数据质量进行评估十分必要。

可以从两个方面对原始的数据质量进行评估。

第一，受访者的配合程度。在调查问卷的尾部，一般要设计几个题项，这些题项由现场的调查员在访问后进行填写，题项的内容主要包括受访者对问卷的理解、受访者的配合程度。受访者的配合程度高，说明受访者在回答问题时比较关注和用心，这有助于提高数据的信度。在调查过程中，受访者不耐烦、不情愿、不认真，通常对数据的信度会带来一定的影响。

第二，问卷回答率。问卷回答率是评价数据质量的一个重要量化指标。回答率低的调查项目，数据质量肯定受影响。在用回答率评价数据质量时要考虑以下几个因素：①采集数据的方式。采集数据有面访、电话调查、邮寄调查等不同方式，不同方式的回答率是不同的。一般而言，面访的回答率较高而邮寄调查的回答率较低。②问卷难度。内容较难、较长的问卷，含有敏感性问题的问卷，回答率通常都会较低。③无回答的类型。调查中的无回答有两种类型，一种是单位无回答，这是指整个问卷是空白的，没有获得受访者的任何信息；另一种是项目无回答，这是指在一份问卷中，有些问题（如容易的、不敏感的）受访者进行了回答，而另一些问题（如难答的、敏感的）受访者没有回答。显然，无回答的不同类型对数据的影响是不同的。单位无回答的负面影响大于项目无回答。严格的质量评估应当分别计算单位无回答率和项目无回答率（或回答率）。

用回答率（无回答率）评估数据质量，要特别注意无回答产生的原因。无回答率虽然相同，但造成这种无回答的原因不同，数据的质量很可能不同。造成无回答的主要原因有拒访、不在家、被迫放弃等。无回答产生的原因不同，对调查结果的影响也不同。例如，在概率抽样中，调查的目的是用样本数据对总体参数进行评估。如果无回答与调查内容有关，由于调查内容敏感而遭到受访者拒绝，这时回答层与无回答层的数量特征往往存在差异。这种无回答既减少了样本量，扩大了估计量方差，同时还造成估计量偏差。如果无回答与某些客观原因、调查内容无关，回答层与无回答层中间的数量差异可能是随机的。这种无回答虽然可能会由于样本量减少而增大估计量方差，但不会带来估计偏差。从这个意义上讲，拒访的无回答对调查结果的影响比较大，由于其他随机因素造成的无回答对调查结果的影响相对比较小。当然也需要注意另一种情况，无回答集中于某个特殊群体，而该群体与其他群体在数量特征上有明显差异，这种无回答也会造成估计偏差。例如，由于工作忙，脱不开身而被迫放弃的受访者可能都是高收入者，若调查的内容是估计平均收入，这部分无回答的比重又很大，则将使估计结果发生系统性偏差。

在回答的问卷中，有些是全部回答（回答了所有调查问题），有些是部分回答，所以可以进一步计算项目无回答率。首先，需要定出重要问题，重要问题是调查实施前确定的，是调查设计最需要得到的信息。在一份调查问卷中，如果重要问题的回答不足 50%，应将该问卷视为无效问卷舍弃，将其归并到"被迫放弃"类中。重要问题回答超 50%才视为有效问卷。项目无回答率的计算公式如下：

项目无回答率＝(有效问卷中重要问题的缺失个数)／(一份问卷中重要问题个数×有效问卷份数)

4. 进度控制

一个调查项目的实施要做到有计划、按步骤、平稳地进行，需要对实施的进度进行合理的安排。进度安排首先要满足项目对时间的要求，在规定时间内完成整个调查任务。但也需注意，调查员每天的访问量并不是越多越好，如果每天规定的工作量太大，调查工作的质量就难以保证。对具体的调查项目，调查员也需要有一个不断熟悉的渐进过程，工作量的安排应体现这个规律。一般情况下，可以将现场调查分为慢、快、慢三个节奏阶段。

第一阶段，慢节奏。调查实施初期，调查员需要熟悉问卷、掌握访问技巧，相互交流体会经验，总结访谈中遇到的各种问题。这时，进度可以安排慢些。

第二阶段，快节奏。这是相对于初期的慢节奏而言的。调查进行一段时间后，调查员已经熟悉问卷内容，访谈技巧有所提高，这时，进度可以适当快些。

第三阶段，慢节奏。现场调查进入后期，可能会涉及调整配额、对有问题的问卷进行补充等，这时每天安排的问卷数量可以少些。

在安排进度时，还要根据调查员的实际能力、受访者地点的远近以及其他相关因素综合考虑。同时，安排问卷的份数要保证督导的检查工作能够同步进行。

四、其他准备工作

调查实施前的重要工作是对调查员的培训，除此之外，还有一些准备工作。

1. 编写手册

条理清楚的指导手册对于现场工作人员具有不可忽视的作用。调查指导手册包括调查员手册和督导手册。

（1）调查员手册。调查员手册的内容不能一概而论，但其主体部分是调查员在现场调查中所应遵守的操作条例和有关技术指导。尽管手册中的内容也是培训中的内容，但文字有助于工作中的随时查阅。

调查员手册应当包括的内容：第一，与被访者的接触。解释怎样与调查者第一次接触，怎样确保所接触到的是正确的样本，如何进行就近访问。第二，一般的访问技巧和技术。对特殊的调查还应给出具体的例子。第三，问卷的审核。要求调查人员在调查现场或调查结束后立即进行问卷审核。该部分应给出审核的方法和规则。第四，疑难解答。这部分应包括调查中所使用概念和术语的定义，调查中最可能出现的问题，以及处理这些问题的建议。

（2）督导手册。工作的性质决定督导必须十分熟悉调查员手册中的内容。此外，在一些情况下还需要有专门的督导手册，为调查的管理提供指引。

督导手册的主要内容：第一，作用管理。包括如何给调查员分配任务，怎样向调查员分发和回收问卷，如果调查员的财务问题由督导负责，手册中还应该有如何操作调查的开销凭证（如调查旅费）以及怎样向调查员分发报酬。第二，质量检查。对调查人员工作进行质量检查的原则和方法。第三，执行控制。如何通过各种表格记录调查实施过程中各环节的执行情况。

2. 其他材料

除了编写手册，调查前还需要准备好其他所需要打印或印刷好的文字、图片材料。这些材料具体如下：①调查问卷。②示卡。即在调查过程中需要使用的卡片以及图片或照片等其他展示物。③样本单位名单。包括采访者的地址、显示地理位置地图等。④相关表格。调查过程中所需要的表格。如入户登记表、问卷收发表、项目进度表、陪访记录表、复核记录表等。⑤介绍信等证明文件。通常包括介绍信和调查员证。

3. 物品准备

物品准备指与调查有关的所有实物准备。这部分工作也比较烦琐，需要考虑周到。现场调查中常用到的物品如下：

（1）礼品。礼品通常是在调查结束后，为向被调查者表示感谢而准备的。一般根据调查时间的长短或难易程度不同而准备不同价值的礼品。同时，准备礼品时要注意针对不同的调查对象选择不同种类的礼品。其原则是实用，并且为消费者乐于接受。

（2）测试用品。有些调查项目如定价测试、包装测试、口味测试和产品留置等需要用到测试用品。在项目开始前要做好这些用品的准备。鉴于食品的特殊性，应尽量避免使用食物用品，如必须使用时，应向被调查者提供有关卫生检疫证明及有效的食用日期。

（3）使用工具。这是指调查实施中所需要用到的工具，如记录笔、访问夹、手提袋（装问卷及礼品）、手表（记录访问时间）、手电筒（防楼道无灯或天黑），等等。

五、市场调查机构

市场调查机构是指专门或主要从事市场调查活动的单位或部门，是获得市场信息的执行者。

1. 调查机构的含义及类型

市场调查机构是指专门或主要从事市场调查活动的单位或部门。对于专门从事市场调查活动的单位，称为专业市场调查机构（或公司）；对于在企业（或公司）里设立的主要从事市场调查活动的有关部门，称为企业市场调查机构（或公司）。它们都是进行有效市场调查的组织保证。但是，企业市场调查机构（或公司）通常需要依托专业市场调查公司来开展市场调查活动。所以，我国目前市场调查行业的主流是专业市场调查公司。

按照标志，市场调查机构有不同的类型：

（1）按市场调查机构所属部门分类，可分为外资调查公司、各级政府部门内的调查机构、新闻单位和高等院校以及研究机关的调查机构、专业市场调查公司、专项服务和辅助性调查公司、企业内部的调查机构等。

（2）按市场调查的执行部门分类，可分为市场调查的内部提供者和市场调查的外部提供者。

2. 市场调查机构的选择

企业在委托调查公司进行调查时，应明确以下几个问题：第一，希望调查机构提供何种调查活动？第二，希望提供全过程服务还是部分服务？第三，是长期合作还是短期合作？第四，提交调查报告的最后期限？第五，调查预算为多少？第六，资料是归企业独家享用，还是与调查机构共享？

企业在选择市场调查公司时，应了解和考虑的几个因素：①有哪些市场调查机构，如何联系。②调查机构的信誉。③调查机构的业务能力。④调查机构的经验。⑤调查机构的软件条件、硬件条件，包括人员素质、公司规模。⑥调查机构报价及其收费的合理性。

3. 市场调查用户与调查机构的关系

市场调查用户（委托人）在选定了某家具体的市场调查机构（受托人）之后，委托人与受托人之间就形成了一种"对等交换"的关系，就必须要切实地进行协作，彼此相互信任、相互配合、互通信息、及时沟通。

（1）市场调查用户（委托人）的作用及应遵守的道德准则。为使市场调查得以顺利开展，达到预期的目标，作为市场调查用户应在市场调查过程中向受托人提供必要的支持，主要包括以下内容：①提供充分的背景材料；②解释调查的目的；③说明所需信息的类型；④解释调查结果的作用；⑤估计所获信息的价值；⑥说明时间要求和可提供的经费。

市场调查用户应避免下列不道德的行为：①未经市场调查机构同意而将市场调查机构的方案、报价、研究技术细节和有关记录对外披露；②未征求研究者的意见即公布调查结果；③追查被访者的有关信息。

（2）市场调查机构（受托人）的作用及应遵守的道德准则。市场调查机构在启动调查时的工作内容主要有八个方面：①说明调查的作用和局限性；②索要背景材料；③探讨要解决的主要问题；④了解调查结果将要起的作用；⑤估计调查结果的价值；⑥询问时间要求及经费；⑦说明所需的合作；⑧增强市场调查用户的信心和信任感。

围绕以上工作内容，市场调查机构即受托人必须具有职业道德。其主要内容如下：

第一，对自己所掌握的所有研究记录保密。

第二，不做有损于市场研究行业的声誉或使公众丧失信心的举动。

第三，不对自己的技能、经验和所在机构的其他情况做出不切实际的表述。

第四，不对其他市场调查机构做出不公正的批评或污蔑。

第五，在没有充分数据支持的情况下，不得有意散布从市场研究项目中得出的结论。

第六，严格遵守与用户达成的书面协议。

第七，在提供市场研究报告时，必须将调查的研究发现与主观的解释及建议进行区分，确保用户不会发生误解。

第八，在获取信息的过程中，不得采取诱导甚至欺骗的手段，应遵守自愿的原则。

第九，不将受访者的有关信息用于非研究目的。

4. 专业市场调查机构

专业市场调查机构也称社会市场调查机构，它是企业之外接受各方委托从事市场调查的主体，是进行市场调查的独立组织。专业市场调查机构在我国起步时间不长，就目前来看，其主要类型有以下几种：

（1）市场调查公司。它是专业市场调查机构中数量最多的类型，是专门从事市场调查事务的机构。这类公司在接受委托后，必须针对客户所提出的调查原则要求，制定调查细则即调查方案，然后根据客户确认的调查方案实施调查，并汇总调查结果提出调查报告。

我国目前的市场调查公司相对集中于大城市。从业务范围考察，它分综合性公司和专业性公司，其中前者调查的领域涉及面较广，它可承担多种类型不同行业各个层次的调查任务，而后者一般比较熟悉少数行业或领域的知识，专长于承担涉及相关行业或领域的调查任务。从规模方面分析，它有大、中、小的区别，一般来说，大型市场调查公司专职人员拥有量在百名左右，而中小型市场调查公司往往只有数十名专职人员。从主办者角度来看，它主要包括中外合资合作创办的市场调查公司、政府机构（研究机构、大专院校、学术团体）设立的市场调查公司、私人合作（民营）的市场调查公司等几种。

1）外资调查公司。如盖洛普、SRG等，由于公司开办时的前期投入较大，故其规模、办公环境都优于其他调查公司。外资调查公司进入中国市场的直接动力是其服务的大型跨国公司对中国市场的调查需求，间接动力是为中国内地庞大的市场服务潜力所吸引。由海外总部接全球性的委托单子，实施其中国部分，是外资调查公司的重要客户来源。这和外资调查公司的以下特点是紧密相关的：一是其项目质量的控制和全球性调查项目的要求相符合。项目操作的规范性较强，公司各部门分工明确，如同一项目实地资料的搜集和后期分析是由不同部门负责的。二是业务量较为稳定，对国内客户的接单能力弱，在1997年前极少在国内市场展开营销活动。三是研究人员素质较高，公司在调查方面的培训能力很强。

外资调查公司劣势：一是调查项目的报价很高，往往超出国内客户的心理承受能力，如盖洛普所言："在调查质量上是客户选择我们，在调查报价上是我们选择客户。"二是难以留住高级管理人员。由于外方掌握企业的决策权，而中方人员大多行使管理权，加之调查行业的市场进入门槛低，个人对公司的市场业绩有很大影响，故高级人员的"出走"经常发生。三是外资调查公司的"流水线"式的运作更适于保证规范性研究项目的质量，对于客户较为特殊、针对性强的地域性项目，优势不明显。总之，外资调查公司在中国的发展既取决于其总部的发展计划是否适合中国市场，亦取决于国内市场接受外资公司的客户群能否稳定增长。

2）有政府机构（或研究机构、大专院校、学术团体）背景的国有调查公司。如国家及各省的统计局都有调查公司。其优势：一是能发挥其城市调查队、农村调查队的网络优势，且办公场所、人员工资等支出普遍较低，项目成本很低；二是拥有政府信息资源，能够很容易获得很多行业背景数据；三是依靠其成本低和行业数据的优势，在市场调查之外的信息咨询业务有较广泛客户群。

国有调查公司的劣势：一是国有企业的管理体制不畅，个人工作绩效与回报得不到保障；二是市场压力不明显，企业营销取向不明显；三是作为受政府部门管理，缺乏独立性；四是在省市一级的城调队等系统的实地调查工作质量得不到保证，数据误差较大。目前，它们中的佼佼者亦有与外资合二为一的趋势。如国家统计局下属的华通现代已与美国的Market Fact合资，中央电视台下的央视已与法国最大的收视率调查公司合资。它们如果能将外资的管理、技术与政府部门的行业优势、数据资源结合起来，在细分市场上，如收视率调查，很容易形成行业垄断。

3）民营专业调查公司。即以市场调查为主要业务，不从事其他经营活动，也不依靠市场调查从事企业评价、名牌推荐等变相广告。此类调查公司大多为由管理者以股份制的方式创办，投资人和经营人一体化，合伙制色彩较浓。它们的数量最多，在传媒上出现的次数也远远高于上两类调查公司。其优势：一是市场营销能力较强，经常在传媒上发布调查结果，以增加知名度。对客户的反应迅速，服务意识较强。二是采用项目主任负责制，即除了统计分析等技术性很强的环节外，一个项目从设计到报告撰写都由一位研究人员负责。这样有利于最大限度地激发个人的积极性和责任心，但也使调查项目的质量与项目主持人的个人素质密切相关。三是能够满足客户的特别需要，如某些难度较大的调查项目，民营公司往往能比外资、国有公司做得更好，因为它获得信息的手段较前两类灵活得多。四是报价方面具有较强的竞争力，这是由其运营成本较低决定的，在调查的实地支出、访员劳务上三类调查公司没有大的差异。

民营调查公司的劣势：一是企业规模不大，在执行多城市项目时竞争力较差。二是人员流失现象严重。由于绝大多数民营调查公司都是在近5年内成立的，企业的技术水平和公司的主要技术人员密切相关，故人员流失对公司的项目质量有严重影响。三是市场开拓的难度较大，在现阶段各专业调查公司的生存都不是问题，但能否在企业规模和技术水平上都上台阶则是民营调查公司的"龙门"。

尽管三种类型的市场调查各具特色，但作为专业调查公司，它们之间的共同点亦是值得注意的：第一，专业调查公司着眼于长期发展，在项目质量上基本是负责任的。因为调查业的兴起时间不长，同行机构间较为熟悉，而客户群目前又相对固定，任何弄虚作假的行为都可能对一个试图在调查行业长期发展的公司造成致命的损害。当然，在实地工作中有个别访问员作弊是难以避免的。第二，三类调查公司在决定调查结果准确性的实地工作中差异不大。在抽样框方面，由于难以获得精确到户地址的城市总人口样本框，故绝大多数调查公司采用抽样员实地勘察的方法构建样本框；在访员素质方面，由于绝大多数访员是大学生兼职，且相当多的大学生同时为几家公司担任访员，故各公司访员素质差异不明显。第三，在一些区域性市场的实地工作，大多由当地的市场调查公司实施，因为没有一个调查公司能在全国所有省设立分公司。第四，由于调查业是智力密集型产业，企业的发展和原始资金的投入没有很大关系，故调查公司的资产重组基本在行业内部发生。中国大陆的客户对市场调查的需求量尚难以吸引外来资金注入到调查行业，故短期内调查行业三方并存的局面不会被打破。

（2）广告公司设置的调查部门。有规模的广告公司一般都单独设有调查部门，以担负与广告业务相关的调查任务。就我国当前情况来看，广告公司的调查部门主要承担的是广告制作前期调查和广告效果调查两大调查任务。

广告公司的调查部门所进行的调查项目基本来自于两个方面：一是企业客户委托；二是自身制作或改进广告所需。需指出的是，广告公司的调查部门在进行市场调查时主要执行的是方案策划与研究报告撰写，至于现场调查特别是量化调查的现场操作环节一般均由市场调查公司配合完成。因此，广告公司的调查部门在组织结构及其人员配置上并不庞大。

（3）咨询公司。咨询公司的主要任务是为企业的生产与经营活动提供技术方面、管理方面的咨询服务。咨询公司在咨询业务活动中，很多方面需要进行市场调查，这一市场调查结果将是咨询目标分析与建议提出的重要依据。

咨询公司一般由专家、学者和富有实践经验的人员组成，其中前者侧重咨询前期设计及最终研究报告的撰写，后者侧重涉及咨询目标的具体调查工作。从目前我国情况来看，咨询公司的规模差别很大，小的仅有几名员工，咨询内容亦相对狭窄；大的则有数百名员工，其专业人员的数量、质量也较高，业务范围广泛，内部的组织与管理也较正规。

专业市场调查机构的核心职能是服务，也就是根据国家、企业或自身业务的要求，展开相关市场调查活动，收集并提供社会和企业所需的各种数据、资料、信息、建议，为国民经济和企业生产经营服务。具体来讲，专业市场调查机构的职能主要有承接市场调查项目、进行市场咨询、提供市场资料和管理培训等方面。

| 第三章 |

市场调查的组织及常用方法

市场调查是一项复杂的技术工作，科学严谨的组织形式直接关系到调查结果的好坏，是数据质量控制的重要环节。采用何种调查方法涉及多种因素，比如调查目的、调查成本、调查的时效、调查对象等。

第一节　市场调查的组织

市场调查是根据市场研究的要求，运用各种调查方法，收集反映调查单位特征的数字或文字资料的工作过程。市场调查阶段是认识事物的起点，它介于统计设计与统计整理工作之间，同时也是市场统计资料整理和统计分析的基础阶段，在整个市场研究中占有十分重要的地位。

市场调查是获取市场信息、进行市场营销和现代化管理的重要手段。根据决策问题的重要性以及时间、内容、费用等方面的要求不同，可以采用不同的统计调查方法体系。我国现已明确提出统计调查方法改革的目标模式，即建立一个以必要的周期性普查为基础，以经常性的抽样调查为主体，同时辅之以重点调查、科学推算和有限的全面报表综合运用的统计调查方法体系。因此，统计报表、抽样调查和普查是最基本的统计调查方式。

在市场研究中，市场调查的组织方式，主要采用市场普查、重点调查、典型调查和抽样调查等种类。市场调查组织方式取决于调查对象的特点和调查的目的要求。不同情况应该采用不同的组织方式，以达到市场调查的有效、及时和经济，全面完成市场调查的任务。市场普查就是一种全面调查。

一、市场普查

市场普查是以市场总体为调查对象的一种调查方法，是了解市场某种现象在一定时空的情况常选用的方法。

1. 概念和特点

市场普查是对市场有关母体（又称为总体），即所要认识的研究对象全体进行逐一的、普遍的、全面的调查，是全面收集市场信息的一种方法，可以获得较为完整、系统的信息资料，是企业科学管理的基础。

也就是说，普查是依据调查任务而专门组织的一次性的全面调查。它可以取得比较准确的全面统计资料，为搞清一个国家的主要国情国力、制定重要政策和长期发展规划提供重要依据。普查是一种重要的调查方式，世界各国在反映本国综合实力的国情国力调查中，都采用普查的方式来完成。

普查具有以下三个主要特点：

（1）一次性。普查一般用来调查属于一定时点上现象的总量，这些时点现象的数量在短期内往往变动不大，不必做连续登记，只需间隔一段较长时间进行一次性的调查即可。同时，普查的规模大、指标多、任务重，会耗费大量的人力、物力和时间，不可能经常采用，只能采用一次性调查。例如，人口普查工作，不可能年年搞，更不可能月月搞，我国的第四次、第五次、第六次人口普查，每次都间隔了 10 年。

（2）时点性。普查的对象主要是时点现象，所以每次普查都有标准时点。例如，我国经历的全国三次经济普查，每一次普查的标准时点都为 12 月 31 日。但需要注意的是，普查也不排斥对某些时期现象在某一时期内数量表现的调查。例如，第一次全国经济普查还包括对零售批发行业在 2004 年度的销售总额的调查等。

（3）全面性。普查对象范围广，调查内容详细，所以它比其他任何方式的调查更能掌握全面、详尽的统计资料，具有重要的分析价值。例如，我国第一次全国经济普查中，仅不同种类的普查表就有近 50 种，涉及的调查指标近千个。其内容包括了单位基本属性、从业人员、财务状况、生产经营情况、生产能力、原材料和能源消耗、科技活动情况等，为国家制定国民经济和社会发展规划，为各级部门提高决策管理水平提供了重要依据。

2. 普查的组织实施

普查的组织形式有两种。一种是自上而下组织专门普查机构，配备一定数量的普查人员，对调查单位直接进行调查登记。例如，我国的人口普查都采用这种形式。另一种是自下而上由被调查单位填报调查表格逐级上报来实施普查。例如我国的物资库存普查。即使是后一种形式，也仍需组织普查的领导机构，配备专门人员对普查工作进行组织领导。

根据普查特点，在组织实施时应按系统工程要求，严把质量关，具体实施过程如下：

（1）建立普查的组织领导机构。普查范围广，调查单位多，花费时间长，因此必须建立各层次组织机构，安排专门人员参加普查工作，并且职责明晰、分工明确。

（2）确定统一的标准时间。这是指规定某一时刻或现象所属的某一段起止时间作为登记普查对象的标准时点或标准时期。这样才能保证所有调查单位的调查资料都是反映同一时间特征的，避免所收集的资料因时间不同，汇总后不能反映客观事实而失去准确性。例如，我国第五次全国人口普查规定的标准时点为2000年11月1日零时，而相差一天，我国的人口总量就会有5万人的差异。当今社会的高速变动性使得在普查时确定统一标准时间、严格保证调查资料从属这一时间显得至关重要。

（3）规定各阶段的工作进度。例如，第一次全国经济普查工作分为五个阶段。2004年12月底前为准备阶段，2005年1月至5月为填报阶段，2005年2月至8月为数据处理和上报阶段，2005年9月至2005年底为数据评估和发布阶段，2005年9月至2006年上半年为资料开发应用、工作总结和评比表彰阶段。有了工作进度，才能保证普查按计划开始、按期完成，使调查资料得以及时汇总，发挥统计调查的时效性价值。

（4）规定普查的项目和指标。普查的项目必须统一，其内容、解释口径、计算方法等一经确定，不得任意增减改变，以免影响汇总综合，降低资料质量。同一种普查，每次调查的项目和指标应力求一致，以便更好地进行历次调查资料的对比分析，观察某种现象变化发展的情况。

（5）制定严格质量控制方法。普查工作是一项庞大的系统工程，普查资料的质量控制是贯穿始终的重要工作。它包括普查前的质量控制、普查中的质量控制和普查后的质量控制，只有步步为营实施控制，才能保证普查资料的准确性，提高普查工作的质量。

二、非全面调查

非全面调查是对调查对象总体中部分单位所进行的调查。在市场调查中，经常使用典型调查、重点调查和抽样调查等方式。

1. 典型调查

（1）概念与作用。典型调查是指调查者为了某一特定目的从调查对象中有意识地选择少数典型单位所进行的一种非全面调查，如城市职工家计调查、农产品产量调查等。它具有专门性、非全面性、主观性、细致性、经常性与一次性并举的特点。通过典型调查能够认识事物的本质和发展变化的规律；研究新生事物；总结经验教训；补充全面调查的不足；推断总体的有关数量特征。

典型调查的关键在于选择典型单位。因为典型单位选择的正确与否，将直接决定典型调查结果的真实性，并进而影响人们行为的取舍。

（2）典型调查的方式。

1）解剖麻雀式。解剖麻雀式是指当总体各单位差异不大，或者调查目的在于研究新事物及总结经验、树立典型时，可以选择个别单位进行深入细致的调查研究。因为麻雀虽小，但五脏俱全，要认识麻雀的生理构造，不必解剖一串麻雀，而只需解剖一只就行了。

2）划类选典式。由于市场现象、活动和过程错综复杂，往往难以选择代表调查总体的无所不包的典型，这就需要采用划类选典的方法，即当总体各单位差异较大，且目的在于推算总体数量特征时，可以先对总体进行分类，然后在各类中按比例、有意识地选择一定数目的单位构成典型总体，最后由典型总体的指标值推断出总体的有关指标值。

（3）选择典型单位的原则。

1）目的性原则。调查研究的目的不同，选取的典型单位也不同。如果是近似地估计总体的数量特征，则首先分类，再从各类中选择典型单位；如果是了解总体的一般水平，则应选择中等水平的单位作为典型单位；如果是总结经验教训，则应选择先进或落后的单位作为典型单位。

2）时间性原则。时间性原则要求选择典型单位时，要因时间不同来分别选择，因为过去的典型不一定是现在的典型，现在的典型也不一定是未来的典型。

2. 重点调查

（1）概念与作用。重点调查是指调查者为了某一特定目的从调查对象中选择少数重点单位所进行的一种非全面调查。所谓重点单位，是指其标志值占总体标志总量绝大比重的单位。在一个调查总体中，重点单位的数目虽然不多，但其标志值的和占总体标志总量的比重却相当大。如要了解长沙市商品零售市场的基本情况，就没有必要对长沙市所有零售商业企业进行调查，而只需调查几家大型零售商业企业就行了。它具有专门性、非全面性、非推断性、经常性与一次性并举的特点。通过重点调查的结果可以反映调查对象的基本情况，收到事半功倍的效果。

重点调查的关键在于选择重点单位。因为重点单位选择的正确与否，将直接决定重点调查的结果能否正确反映调查对象的基本情况。如果调查单位选错了，即将非重点单位作为重点，而将真正的重点单位排除在外，即使调查结果本身准确无误，也不能如实反映调查对象的基本情况，从而也就不能实现调查的目的。

（2）重点调查的方式。

1）调查员直接登记式。该方式由调查员深入现场对调查单位的有关情况进行直接登记，一般适用于专门组织的一次性重点调查。

2）被调查者自填式。该方式由调查者通过制定定期统计报表由被调查者自己填报调查单位的有关情况来进行，一般适用于经常性的重点调查。

（3）选择重点单位的原则。

1）目的性原则。调查研究的目的不同，其重点单位也不相同。所以，应根据市场调查的目的来选择重点单位。这是选择重点单位的首要原则。

2）"少"、"大"结合原则。该原则要求从一个调查对象中选出来的重点单位在数目上要尽量地"少"，但其标志之和占总体标志总量的比重又要尽量地"大"。

3）时空性原则。该原则要求选择重点单位时，要因时间、地点不同来分别选择。因为此时的重点不一定是彼时的重点，此地的重点也不一定是彼地的重点。这也就是说，重点单位不是一成不变的，它因时间、地点的不同而发生变化。

3. 抽样调查

抽样调查是指从市场母体中抽取出一部分子体作为样本进行调查，然后根据样本信息，推算市场总体情况的方法。在市场调查的实践中，更多的是采用抽样调查的形式。

第二节　市场调查常用方法

调查方法是指市场研究准备工作中，在调查方式确定之后，向调查对象收集市场资料的具体方法。本节从传统调查、网上调查以及实验调查法三方面加以介绍。

一、传统调查方法

作为问卷调查最为传统的方式，纸质调查问卷的方式依旧广泛存在着，而且在某种程度上还是一种不可取代的方式。主要有观察法、访问法、报告法、文献法等。

1. 观察法

观察法又称直接观察法，是由调查人员亲自到现场对调查对象进行观察、记录和计量，以取得第一手统计资料的调查方法。例如，对超市购买者进行调查时，为获得出入口的人数，调查员应亲自到超市的出入口实际观察，并进行记录。这种方法能够保证统计资料的相对准确性，但是这种方法需要大量的人力、物力和时间，在任务紧迫情况下不宜采用，而且对历史资料进行调查时不可能通过直接观察收集资料。另外，这种方法容易受到观察者和被观察者主观因素的影响而产生各种观察误差。例如，人们知道在被观察时会改变行为，观察者在现场观察一定时间后也会因疲倦产生观察误差，这些都会降低调查资料的质量。

2. 访问法

访问法又称采访法、询问法，是由调查人员通过口头、书面等方式向被调查者了解情况，取得第一手资料的调查方法。例如，上面提到的在对超市购买者进行流动人员调查的同时，对消费者的购物金额进行调查，调查人员在出入口对顾客进行询问，根据回答——记录，并填写相应的调查卡片或表格以收集统计资料的调查方法。常用的访问法有以下三种：

（1）面谈访问法。由调查者直接与被调查者接触，通过有目的地当面交谈获得资料的一种方法。面谈访问调查简便灵活，可随机地提出问题，且调查表的回收率高，但调查成本高，调查范围有限，且调查结果易受调查人员的综合素质影响。

（2）电话访问法。这是一种通过电话向被调查者询问调查内容的方法。电话访问能迅速获得有关资料，成本低，特别是在那些不容易见面访问或被调查者不愿意接受访问的情况下，采用电话访问，有可能获得调查成功。但是，由于电话访问对象只限于通话者，调查范围受到极大限制，且通话时间不宜过长，图表、照片无法显示，故一般适用于调查项目单一、问题简单明确、要求快速获得所需调查信息的情况。

（3）邮寄访问法。这是一种将设计好的问卷通过邮寄方式送到被调查者手中，说明填表要求和方法，由被调查者填写后寄回，以获取信息资料的方法。这种方法调查面广、成本低、访问对象填写方便，但调查表的回收率低、回收时间长，调查结果的完整性往往不易控制。

3. 报告法

报告法是由被调查单位按照调查机关的调查方案要求，及时向调查机关报告统计资料的调查方法。统计报表就属于这种方法。报告法在统计报告系统健全、原始记录和核算工作完整的前提下，可以保证提供资料的准确性。但报告法通过颁发调查方案来收集资料，调查者与被调查者不直接接触，不能了解社会经济活动具体情况和影响原因，且方法烦琐，所需人力、物力、财力较多。报告法主要应用于对无法进行直接观察、访问和试验的历史资料的收集。

4. 文献法

文献法是调查人员根据调查方案的内容和要求，收集文献资料的一种方法。文献包括报纸、书籍以及数据表格等文字数字文献，也包括影视、图画、磁带和唱片等声音、图像文献。

在以上调查方法中，观察法、访问法是直接收集第一手统计资料的方法，报告法和文献法则是间接收集第二手统计资料的方法，它们均是传统调查方法，在社会实践中得到了广泛的应用。

二、网上调查方法

网上调查是指利用互联网进行调查，获取调查资料的统计调查方法。它有两种方式：一种是利用互联网直接进行问卷调查等方式收集一手资料，这种方式称为网上直接调查；另一种是利用互联网的媒体功能，从互联网收集二手资料，由于越来越多的报纸、杂志、电台等媒体，还有政府机构、企事业单位等纷纷上网，因此网上成为信息的海洋，信息蕴藏量极其丰富，这种方式一般称为网上间接调查。

与传统调查方法相比，网上调查具有下列优越性：

1. 及时性和共享性

网上调查是开放的，任何网民都可以进行投票和查看结果，而且在投票信息经过统计分析软件初步自动处理后，可以马上查看到阶段性的调查结果。

2. 便捷性和低费用

实施网上调查，只需要一台能上网的计算机即可，节省了传统调查中所耗费的人力、物力和财力。

3. 交互性和充分性

网络的最大好处是交互性，因此在网上调查时，被调查对象可及时就问卷相关问题提出自己的更多看法和建议，减少因问卷设计不合理导致调查结论的偏差。

4. 可靠性和客观性

实施网上调查，调查问卷的填写是自愿性的，因此填写者一般对调查内容有一定兴趣，填写认真，有助于调查结论的客观性。同时，网上调查还可以避免传统调查中访问调查时的人为因素（如访问员缺乏技巧，诱导回答问卷问题）导致调查结论的偏差。

5. 无时空和地域限制

网上调查往往不受区域制约。不过，网上调查也有局限性，调查资料只能反映网络用户的信息。由于 E-mail 地址的缺乏及被调查者自由选择度高，难以保证调查结论的完整性。网上调查是一项新生事物，运用仍属探索性阶段，但这种探索将为未来的广泛应用提供更为成熟的技术准备。

三、实验调查法

实验调查法是指市场调查者有目的、有意识地改变一个或几个影响因素，来观察市场现象在这些因素影响下的变动情况，以认识市场现象的本质特征和发展规律。实验调查既是一种实践过程，又是一种认识过程，并将实践与认识统一为调查研究过程。企业在经营活动中经常运用这种方法，如开展一些小规模的包装实验、价格实验、广告实验、新产品销售实验等，来测验这些措施在市场上的反应，以实现对市场总体的推断。

实验调查法按照实验的场所可分为实验室实验和现场实验。实验室实验是指在人造的环境中进行实验，研究人员可以进行严格的实验控制，比较容易操作，时间短，费用低。现场实验是指在实际的环境中进行实验，其实验结果一般具有较大的实用意义。

应用实验调查法的一般步骤：根据市场调查的课题提出研究假设；进行实验设计，确定实验方法；选择实验对象；进行实验；分析整理实验资料并做实验检测；得出实验结论。实验调查只有按这种科学的步骤来开展，才能迅速取得满意的实验效果。

1. 实验设计

实验设计是调查者进行实验活动、控制实验环境和实验对象的规划方案。它是实验调查各步骤的中心环节，决定着研究假设能否被确认，也决定实验对象的选择和实验活动的开展，最终还影响实验结论。

根据是否设置对照组或对照组的多少，可以设计出多种实验方案。基本的、常用的实验方案如下：

（1）单一实验组前后对比实验。选择若干实验对象作为实验组，将实验对象在实验活动前后的情况进行对比，得出实验结论。在市场调查中，经常采用这种简便的实验调查。例如，某食品厂为了提高糖果的销售量，认为应改变原有的陈旧包装，并为此设计了新的包装图案。为了检验新包装的效果，以决定是否在未来推广新包装，厂家取 A、B、C、D、E 五种糖果作为实验对象，对这五种糖果在改变包装的前一个月和后一个月的销售量进行了检测，得到的实验结果如表 3-1 所示。

表 3-1 单一实验组前后对比

单位：千克

糖果品种	实验前售量（Y_0）	实验后销量（Y_n）	实验结果（Y_n-Y_0）
A	300	340	40
B	280	300	20
C	380	410	30
D	440	490	50
E	340	380	40
合计	1740	1920	180

实验结果表明：改变包装比不改变包装销售量大，说明顾客不仅注意糖果的质量，对其包装也有要求。因此断定，改变糖果包装，以促进其销售量增加的研究假设是合理的，厂家可以推广新包装。但应注意，市场现象可能受许多因素的影响，180千克的销售增加量，不一定只是改变包装引起的。

因此单一实验组前后对比实验，只有在实验者能有效排除非实验变量的影响，或者是非实验变量的影响可忽略不计的情况下，实验结果才能充分成立。

（2）实验组与对照组对比实验。选择若干实验对象为实验组，同时选择若干与实验对象相同或相似的调查对象为对照组，并使实验组与对照组处于相同的实验环境之中。例如，某食品厂为了解面包的配方改变后消费者有什么反应，选择了A、B、C三个商店为实验组，再选择与之条件相似的D、E、F三个商店为对照组进行观察。观察一周后，将两组对调再观察一周，其检测结果如表3-2所示。

表 3-2 实验组与对照组对比表

商店＼销售量	原配方销售量（百袋）第一周	第二周	新配方销售量（百袋）第一周	第二周
A		37	43	
B		44	51	
C		49	56	
D	35			41
E	40			47
F	45			52
合计	120	130	150	140

从表 3-2 中可知，两周内原配方面包共销售了 120+130=250（百袋），新配方面包共销售了 150+140=290（百袋）。这说明改变配方后增加了 40（百袋）的销售量，对企业很有利。

实验组与对照组对比实验，必须注意二者具有可比性，即二者的规模、类型、地理位置、管理水平、营销渠道等各种条件应大致相同。只有这样，实验结果才具有较高的准确性。但是，这种方法对实验组和对照组都是采取实验后检测，无法反映实验前后非实验变量对实验对象的影响。为弥补这一点，可将上述两种实验进行综合设计。

（3）实验组与对照组前后对比实验。这是对实验组和对照组都进行实验前后对比，再将实验组与对照组进行对比的一种双重对比的实验法。它吸收了前两种方法的优点，也弥补了前两种方法的不足。例如，某公司在调整商品配方前进行实验调查，分别选择了 3 个企业组成实验组和对照组，对其月销售额进行实验前后对比，并综合检测出了实际效果（见表 3-3）。

表 3-3 双组前后对比表

单位：百元

实验单位	前检测	后检测	前后对比	实验效果
实验组	$Y_0 = 2000$	$Y_n = 3000$	$Y_n - Y_0 = 1000$	$(Y_n - Y_0) - (X_n - X_0)$
对照组	$X_0 = 2000$	$X_n = 2400$	$X_n - X_0 = 400$	$= 1000 - 400$

表 3-3 中的检测结果，实验组的变动量为 1000 百元，包含实验变量即调整配方的影响，也包含其他非实验变量的影响；对照组的变动量 400 百元，不包含实验变量的影响，只有非实验变量的影响，因为对照组的商品配方未改变。实验效果是从实验变量和非实验变量共同影响的销售额变动量中，减去由非实验变量影响的销售额变动量，反映调整配方这种实验变量对销售额的影响作用。由此可见，实验组与对照组前后对比实验，是一种更为先进的实验调查方法。

2. 实验调查法的应用

进行市场的实验调查，一是要有实验活动的主体，即实验者；二是要有实验调查所要了解的对象；三是要营造出实验对象所处的市场环境；四是要有改变市场环境的实践活动；五是要在实验过程中对实验对象进行检验和测定。实验调查是一种探索性、开拓性的调查工作，实验者必须思想开放，有求实精神，敢于探索新途径，能灵活应用各种调查方法，才能取得成功。正确选择实验对象和实验环境，对实验调查的成功也有重要作用。如果所选的市场实验对象没有高度的代表性，其实验结论就没有推广的可能性。此外，由于实验活动要延续相当的时间，还要有效地控制实验过程，让实验活动严格按实验设计方案来进行。

3. 实验调查法的优缺点

实验调查法通过实验活动提供市场发展变化的资料，不是等某种市场现象发生了再去调查，而是积极主动地改变某种条件，来揭示或确立市场现象之间的相关关系。它不但可以说明是什么，而且可以说明为什么，还具有可重复性，因此其结论的说服力较强。实验调查法对检验宏观管理的方针政策与微观管理的措施办法的正确性来说，都是一种有效的方法。

实验调查法在进行市场实验时，由于不可控因素较多，很难选择到有充分代表性的实验对象和实验环境。因此，实验结论往往带有一定的特殊性，实验结果的推广会受到一定的影响。实验调查法还有花费时间较多、费用较高、实验过程不易控制、实验情况不易保密、竞争对手可能会有意干扰现场实验的结果等缺点。这些缺点使实验调查法的应用有一些局限性，市场调查人员对此应给予充分的注意。

四、各种调查方式的结合运用

以上介绍的各种方式方法各有其特点和作用，在体系中的地位也各不相同，面对复杂多变的社会经济现象，采用一种调查方法来搜集资料往往不能达到预期的目的，必须将多种方法结合运用。如何在实践中将不同调查方法结合运用，是一个灵活性很强的实践问题。例如，统计报表和典型调查的结合，既可以收集到全面的统计资料，又可以掌握各种具体情况，有助于正确应用统计资料，也有助于深入了解报表存在的问题。对普查取得的全面资料，可以通过抽样调查的结果加以检验和修正，借以评价普查资料的质量，掌握普查结果的可靠度。

总之，在具体实践中应根据不同专业、不同调查目的和不同的调查对象，科学地综合运用多种统计调查方法，不断提高统计调查的效率和效益，达到数据准确、信息灵通、资料丰富，以适应市场经济条件下各级政府部门、各企业及社会公众对统计信息不断增长的需求。

五、调查资料的检查

按任何统计调查方法来收集资料都必须进行检查，才能进入统计整理阶段。调查资料的检查包括资料的准确性、完整性和及时性的检查。其中准确性检查是最主要的检查。

1. 资料准确性的检查

准确性检查是针对调查误差而言的。所谓统计调查误差是指调查所取得的统计资料与被调查现象总体的实际数据之间的离差。它有以下两种情况：

（1）登记性误差。它是指由于错误判断事实或者错误登记事实而发生的误差，不管是全面调查还是非全面调查都会有登记性误差。登记性误差又分为以下几种：

1）偶然登记误差。其原因很多，如调查人员注意力不集中、技能低下所发生的遗忘、笔误、错填，或者是被调查者回答不当等。偶然登记误差的特点是不具倾向性，即在数量上不偏于某一方。这类误差可能被夸大，也可能被缩小，在对大量调查资料进行整理时，通常会相互抵消。

2）系统登记误差。其特点是具有明显的倾向性、一贯性，而在数量上偏向某一方，所以又称偏差。例如，使用没有校正好的测量工具、调查方案中的项目不明确、有意歪曲事实，等等。系统登记误差不管是有意或者无意，危害性都比较大，因为它对于整理综合结果的指标影响程度大。

以上说明，登记性误差多是主观因素所产生，我们可以通过完善调查方案，加强调查过程的检查监督，提高调查人员的政治素质和业务技能，采取现代化搜集信息手段来提高调查资料的质量，把登记误差减少到最低的限度。

（2）代表性误差。它是非全面调查所固有。非全面调查由于只调查现象总体的一部分单位，这部分单位不能完全反映总体的性质，就发生了误差。非全面调查中只有抽样调查能计算代表性误差，所以通常所谓代表性误差是对抽样调查而言。调查资料的准确性检查是指检查登记性误差，即审核和修订正在调查过程中的误差。

2. 调查资料检查的方法

调查资料准确性检查的对象就是登记性误差，采取的具体方法如下：

（1）逻辑检查。就是检查调查资料的内容是否合理，项目之间有无相互矛盾，与有关资料进行对照，检查数字的平衡关系等，以暴露逻辑上的矛盾。

（2）计算检查。就是检查调查表或报表中各项数字在指标口径、计算方法和结果上有无差错，计算单位有无与规定不符合，等等。

对于调查资料完整性和及时性的检查，即检查所有被调查单位的资料是否齐全，是否按规定的份数、项目和时间上报。另外，在利用历史资料或其他间接的资料时，汇总前还应审核检查资料的可靠程度、指标口径范围、所属时间长短、计算方法、分组要求等；涉及价值量指标时，应注意价格变动的影响；个别资料的缺漏，可根据有关资料进行科学的推算，用推算出的数据资料进行弥补；错误的资料一经查出，应予以纠正，对不符合要求的，要作适当的调整。

第三节　市场调查报表与注意事项

在了解市场调查的组织及常用方法之后，本节重点介绍市场调查报表和市场调查组织中应注意的问题。

一、统计报表

统计报表是按照国家统一规定的表格形式、统一规定的指标内容、统一规定的报送程序和报送时间，由填报单位自下而上逐级提供统计资料的一种统计调查方式。

国家利用统计报表定期地取得全社会的国民经济与社会发展情况的基本统计资料，是国家取得调查资料的主要方法之一。它已形成一种制度，即统计报表制度。执行统计报表制度，是各地区、各部门、各基层单位必须向国家履行的一种义务。

1. 统计报表制度

（1）表式。由国家统计部门根据研究的任务与目的而专门设计制定的统计报表表格，用于收集统计资料，它是统计报表制度的主体。

（2）填表说明。对统计报表的统计范围、指标等作出的规定，具体如下：

1）填报范围。即统计报表的范围，规定每种统计报表的报告单位和填报单位，各级统计部门与主管部门的范围等。

2）指标解释。对列入表的统计指标的口径、计算方法以及其他有关问题的具体说明。

3）分类目标。有关统计报表主栏中应进行填报的有关项目的分类。

4）其他有关事项的规定。除了以上各项规定以外的一些注意事项，如报送日期、报送方式、报送份数等。

2. 统计报表的资料来源

统计报表的资料来源，主要是基层的原始记录、台账及基层的内部报表。原始记录是通过一定的表格形式对基层生产经营活动所作的最初记载，是反映社会经济活动的第一手材料。原始记录种类繁多、范围广泛，例如，企业产品产量记录、原材料入库记录、职工出勤和工作记录以及商品销售记录等都是原始记录。

从原始记录到统计报表，中间还要经过统计台账和企业内部报表。统计台账是基层单位根据核算和填制统计报表的需要，按时间顺序登记原始记录的一种账册。它是为积累和整理资料而设置的，是从原始记录到统计报表的中间环节。例如，企业每天会有许多产品入库单，这些产品入库单就是企业的原始记录；每天把这些入库单汇总得到该产品的当日产量，按日期登记在一本账册中，即统计台账；将统计台账中每日产量累计，得到当月产品产量，据此填入统计报表中的产品产量。可见，原始记录、统计台账和统计报表之间联系密切、层层递进。

3. 统计报表的应用

在市场经济条件下，必要的统计报表是我国统计调查方法体系的补充。统计报表经常同各种调查方法结合起来，综合运用。

（1）统计报表在普查中的应用。普查就是全面调查，其调查对象是组成社会最基本的单位。这种从基本单位到整体的调查、收集资料并逐级上报汇总的过程离不开统计报表制度，只有通过统计报表制度的规范性，才能使普查工作严格地按程序进行，保证普查资料的质量。

（2）统计报表在其他调查中的应用。在抽样调查和重点调查中，为规范调查资料的填写上报程序，也需要建立统计报表制度，统计报表在非全面调查中同样得到广泛应用。随着我国统计信息技术现代化体系的建立，我国的统计报表在报送程序和报送手段上已发生了深刻的变革。传统的手工报表正被计算机的信息处理所替代，传统的邮寄电信报表正被远程传输及信息网络所替代，传统的自下而上、逐级上报的程序随着网络的建立也可转变为"直达车"形式。

二、市场调查组织中应注意的问题

市场调查的目的是为了得到信息资料。在组织工作中，对信息资料的基本要求应该包括准确性、及时性和完整性三个方面。

1. 准确性

准确性是指调查取得的各项资料必须真实可靠，符合客观实际，按事物的本来面貌如实反映情况。统计数字的真实性是统计工作的生命。统计调查的准确性不仅是技术性问题，而且涉及坚持统计制度、统计法规的原则问题。我国统计立法的核心就是保障统计资料的准确性和客观性。

2. 及时性

及时性是指在调查规定的时间内，尽快提供规定的调查资料，完成规定的各项调查任务。统计资料是进行管理决策不可缺少的依据，而客观经济现象又是不断变化的，因而统计数据具有很强的时效性，如果统计资料不及时，就成了"雨后送伞"，失去了应有的价值。统计资料的及时性也是一个全局性问题。任何一个调查单位不按规定的时间提供资料，都会影响全面的统计工作。因此，提高统计调查的及时性，各单位必须有全局观念，有团队协作精神，遵守统计制度和规律。

3. 完整性

完整性是指调查过程中不重复、不遗漏，所列调查项目的资料收集齐全。只有齐全的统计资料，才能比较正确地反映所研究的社会经济现象的全貌。这三项要求是相互结合、相互依存的，在每一次统计调查实践中，都要根据具体情况，综合考虑。一般而言，统计调查要以准为基础，力求在准中求快，以尽可能小的成本取得完整、系统的资料。

以上三个方面是保证市场信息资料质量的基础，它影响着整个市场研究工作质量的优劣。统计数据质量因需求不同、角度不同而有不同的理解和看法，但最广泛的共识是数据的真实性、准确性、及时性、完整性、可比性、一致性和适用性等是市场数据质量不可或缺的要素。

| 第四章 |

抽样调查技术

抽样调查，是在现代统计学和概率论基础上发展起来的一种调查方法，它是对市场普查和典型调查的逻辑补充和发展，是市场调查中使用频率最高的一种非全面调查方式。

第一节　抽样的基本问题

抽样调查作为市场调查中使用频率最高的一种方式，本节主要介绍抽样的一些基本问题。从抽样调查的概念及特点入手，阐述了抽样调查的作用、适用范围、常用术语及其一般程序。

一、抽样调查的概念及特点

抽样调查是一种非全面调查，它是从全部调查研究对象中抽选一部分单位进行调查，并据以对全部调查研究对象做出估计和推断的一种调查方法。显然，抽样调查虽然是非全面调查，但它的目的却在于取得反映总体情况的信息资料，因而也可起到全面调查的作用。

根据抽选样本的方法，抽样调查可以分为概率抽样和非概率抽样两类。概率抽样是按照概率论和数理统计的原理从调查研究的总体中，根据随机原则来抽选样本，并从数量上对总体的某些特征做出估计推断，对推断出可能出现的误差可以从概率意义上加以控制。在我国，习惯上将概率抽样称为抽样调查。抽样调查的特点：①调查样本是按随机的原则抽取的，在总体中每一个单位都有可能被抽到，但被抽取的机会不一定均等。②以抽取的全部样本单位作为一个"代表团"，用整个"代表团"来代表总体，而不是用随意挑选的个别单位代表总体。③所抽选的调查样本数量，是根据调查误差的要求，经过科学的计算确定的，在调查样本的数量上有可靠的保证。④抽样调查的误差，是在调查前就可以根据调查样本数量和总体中各单位之间的差异程度进行计算，并控制在允许范围之内，调查结果的准确度较高。

基于以上特点，抽样调查被公认为是非全面调查方法中用来推算和代表总体的最完善、最有科学根据的调查方法。

二、抽样调查的作用

抽样调查是市场调查中应用非常广泛的一种调查方式。它主要在以下场合应用：

第一，在不可能进行市场全面调查时，应用抽样调查可取得市场总体全面的数据。

第二，有些现象虽然可以进行全面调查，但实际做起来有困难，这时也可以采用抽样调查取得总体的全面数据。

第三，为了节省调查的人力、费用和时间，可以采用抽样调查代替全面调查。

三、抽样调查的适用范围

抽样调查一般用于以下情况：

其一，不能进行全面调查的事物。有些事物在测量或试验时有破坏性，不可能进行全面调查。如电视的抗震能力试验、灯泡的耐用时间试验等。

其二，有些总体从理论上讲可以进行全面调查，但实际上不能进行全面调查的事物。如了解某个森林有多少棵树，职工家庭生活状况如何等。

其三，抽样调查方法可以用于工业生产过程中的质量控制。

其四，利用抽样推断的方法，可以对于某种总体的假设进行检验，判断这种假设的真伪，以决定取舍。

四、抽样调查中常用的术语

为了进一步了解和使用抽样调查，我们选取了抽样调查的常用术语进行一一介绍。主要包括总体、样本、参数、统计量、抽样框、抽样比、置信度、抽样误差、偏差、均方差。

1. 总体

总体是指所要研究对象的全体。它是根据一定研究目的而规定的所要调查对象的全体所组成的集合，组成总体的各研究对象称为总体单位。

2. 样本

样本是总体的一部分，它是由从总体中按一定程序抽选出来的那部分总体单位所组成的集合。

3. 参数

参数是根据总体个体值统计计算出来的描述总体的特征量，称为总体参数。

4. 统计量

统计量是根据样本个体值统计计算出来的描述样本的特征量，称为样本统计量。

5. 抽样框

抽样框是指用来代表总体，并从中抽选样本的一个框架，其具体表现形式主要包括总体全部单位的名册、地图等。它在抽样调查中处于基础地位，是抽样调查必不可少的部分，其对于推断总体具有相当大的影响。

6. 抽样比

抽样比是指在抽选样本时，所抽取的样本单位数与总体单位数之比。

对于抽样调查来说，样本的代表性如何，抽样调查最终推算的估计值真实性如何，首先取决于抽样框的质量。

7. 置信度

置信度也称为可靠度，或置信水平、置信系数，即在抽样对总体参数做出估计时，由于样本的随机性，其结论总是不确定的。因此，采用一种概率的陈述方法，也就是数理统计中的区间估计法，即估计值与总体参数在一定允许的误差范围以内，其相应的概率有多大，这个相应的概率称作置信度。

8. 抽样误差

在抽样调查中，通常以样本的估计值对总体的某个特征进行估计，当二者不一致时，就会产生误差。因为由样本做出的估计值是随着抽选的样本不同而变化，即使观察完全正确，它和总体指标之间也往往存在差异，这种差异纯粹是由抽样引起的，故称为抽样误差。

9. 偏差

所谓偏差，也称为偏误，通常是指在抽样调查中除抽样误差以外，由于各种原因而引起的一些误差。

10. 均方差

在抽样调查估计总体的某个指标时，需要采用一定的抽样方式和选择合适的估计量，当抽样方式与估计量确定后，所有可能样本的估计值与总体指标之间离差平方的均值即为均方差。

五、抽样调查的一般程序

抽样调查，特别是随机抽样调查，有比较严格的程序，只有按一定的程序进行，才能保证调查顺利完成，取得预期效果。抽样调查的一般程序如下：

1. 确定调查总体

根据市场抽样调查的目的要求，明确调查对象的内涵、外延及具体的总体单位数，并对总体进行必要的分析。

2. 确定抽样框

抽样框，是指抽样过程中所用的所有调查单位的名单框架，可保证调查单位既不遗漏，又不被重复地抽取。

3. 抽选样本

在抽取样本之前，首先要设计样本。样本设计包括两项具体工作：一是确定样本数目的大小或样本容量的多少，即样本所要包括的部分总体单位的个数；二是选择具体的抽样方式，抽样方式不止一种，必须根据调查目的和调查单位的具体情况选择适当方式。对样本进行周密设计后，就可以实际进行抽样。

4. 搜集、整理样本数据

可以采用多种方法对样本各单位进行实际调查，搜集样本数据。搜集到样本数据后，还要对资料进行整理和分析，最后计算出样本指标。

5. 对参数进行估计和检验

由样本指标估计总体参数，比如由样本均值估计总体均值，样本比例估计总体比例。检验事实上是根据小概率原理对总体参数提出的假设判断是否成立的过程。估计和检验都是推断总体参数的统计方法。

6. 最终评估

最终评估是对抽样调查的全过程进行总结、回顾，以便发现抽样调查中出现的问题，在今后的抽样调查中防止出现类似的问题。

第二节　非概率抽样方式

非概率抽样又称非随机抽样，是指抽取样本时并不遵照随机原则，而是根据主观判断有目的地挑选，或是依照方便、快捷的原则抽取。

市场调查中，在以下情况下非概率抽样是被经常使用的：①由于客观条件的限制，比如抽样经费有限或没有适当的抽样框，难以采用概率抽样；②调查时效性要求高，要迅速取得调查结果；③调查人员具有丰富的积累，凭经验可以抽出很好的样本。最重要的，采用非概率抽样，都是在对抽样误差没有需求，不必要对总体参数进行区间估计的条件下使用的。常见的非概率抽样方式主要有以下几种。

一、方便抽样

方便抽样又称偶遇抽样或便利抽样，就是调查者使用对自己最为方便的方式抽选样本。最典型的方式就是拦截式调查，即在街边或居民小区内拦住行人进行调查。例如，想要了解消费者对某商场服务状况的看法，在该商场门口向出来的顾客询问调查的问题；想要调查外地居民在本市的购物状况，则机场、火车站、长途汽车站、宾馆等地都是可供选择的调查场所。

方便抽样操作简便，能及时取得所需要的信息，节省调查经费。它的主要局限在于样本的代表性差，有很大的偶然性。

二、判断抽样

判断抽样又称立意抽样，就是调查人员依据对实际情况的了解和经验，人为确定样本单位，或由了解情况的专家确定样本。

在判断抽样中，样本单位的确定取决于调查的目的。通常有以下几种情况：一种是选择平均型样本，所谓平均型是指在调查总体中，选定的样本可以代表平均水平，其目的是欲了解总体平均水平的大体位置。另一种是众数型，即在调查总体中选取能够反映大多数单位情况的个体为样本。再一种是特殊型，如选择很好（高）的或很差（低）的典型单位为样本，目的是"解剖麻雀"，分析研究造成这种异常的原因。

三、配额抽样

配额抽样又称定额抽样，是指将总体中的各单位按一定标准划分为若干个类别，将样本数额分配到各类别中，在规定的数额内由调查人员任意抽选样本。

在配额抽样中，可以按单一变量控制，也可以按交叉变量控制。表 4-1 是单一变量控制的例子。在一个城市中欲采取配额抽样抽取一个 n = 500 的样本。控制变量有年龄和性别，配额是按单个变量分别分配的。如各个年龄段上的配额和性别的配额。这种配额抽样操作比较简便，但有可能出现偏斜，例如年龄低的均为女性，年龄高的均为男性。表 4-2 是交叉变量控制的例子。

表 4-1　单一变量控制配额分配表

年龄	人数		性别	人数
20~30 岁	150		男	250
30~40 岁	150		女	250
40~50 岁	100		合计	500
50 岁以上	100			
合计	500			

表 4-2　交叉变量控制配额分配表

年龄　　　　　性别	男	女	合计
20~30 岁	70	80	150
30~40 岁	75	75	150

年龄＼性别	男	女	合计
40~50 岁	55	45	100
50 岁以上	50	50	100
合计	250	250	500

交叉变量配额控制可以保证样本的分布更为均匀，更具有代表性，但现场调查操作的难度要大些。

配额抽样不需要抽样框，又能保证样本结构与总体结构的一致，所以在市场调查中得到广泛应用。

四、自愿样本

自愿样本不是经过抽取，而是由自愿接受调查的单位所组成的样本。例如在有些饭店的餐桌中央有调查表，就餐者可以自愿填答；飞机上也不时有乘务员向乘客发放调查表，乘客自愿参与调查。网络调查是构造自愿样本的另一个例子，调查人员将调查问卷粘贴到相关内容的网页上，上网读者可以自愿参与。还有一些调查，采用将问卷刊登在报刊上这种方式进行。这类调查所得到的样本都可以视为自愿样本。

自愿样本有一些特点，首先样本集中于某些特定的群体，只有能够接触到调查问卷的那些人才有机会参与调查；其次，构成样本的那些单位往往对调查内容感兴趣，并愿意陈述自己的看法，所以这类调查其样本结构具有独特性，通常与总体结构相距甚远，因而调查结果不能反映总体状况。但这种自愿参与性的调查组织方便、成本低廉，而且参与者大多是对调查内容的关心者，调查人员能够了解这个特定群体的意见和看法，这对于了解情况、分析问题、查找原因都是十分重要的信息。

五、雪球抽样

雪球抽样是以"滚雪球"的方式抽取样本，即通过少量样本单位以获取更多样本单位的信息。这种方法的运用前提是样本单位之间具有一定的联系，是在不了解总体的情况下去了解总体的一种方式。

　　雪球抽样的基本步骤如下：首先，找出少数样本单位；其次，通过这些样本单位了解更多的样本单位；最后，通过更多的样本单位去了解更多的样本单位；依此类推，如同滚雪球，调查的样本单位越来越多，使调查结果愈来愈接近总体实际情况。例如，某研究部门在调查某市劳务市场的保姆问题时，先访问了7名保姆，然后请她们再提供其他保姆名单，逐步扩大到近百人。通过对这些保姆的调查，对保姆的来源地、从事工作的性质、经济收入等状况有了较全面的掌握。

　　这种方法的优点是便于有针对性地找到被调查者，而不至于"大海捞针"。其局限性是要求样本单位之间必须有一定的联系并且愿意保持和提供这种联系，否则，将会影响这种调查方法的进行和效果。

第三节　概率抽样方式

　　概率抽样也称随机抽样，是指在抽取样本时排除主观意识，总体中的每个单位都有一定的机会被抽中。如果每个单位被抽入样本的机会相同，称为等概率抽样；如果每个单位被抽入样本的机会不同，称为不等概率抽样。

　　无论等概率抽样或不等概率抽样，抽取时都要通过一定的随机化程序来实现，每个单位的入样概率也是通过抽样的随机化程序得到认定。在概率抽样中，总体的每一个组成单位都有一个已知的概率供选择。这种已知的概率有助于用统计分析来判断抽样误差。使用较多的概率抽样方法主要有简单随机抽样、分层抽样、系统抽样、整群抽样和多阶段抽样。

　　在概率抽样条件下，样本统计量的分布一般是可测的，因而可以用样本统计量对总体参数进行估计，并根据概率样本计算抽样误差。概率抽样的最大特点是可以用样本数据对总体参数进行估计，并计算总体参数可能落入的区间范围，故从概率样本中所获信息的含金量较高。但抽取概率样本的技术操作相对复杂，同时必须有抽样框，因而概率抽样的成本较高，对抽样技术人员的专业技术要求也较高。概率抽样中有不同的抽样方法，用样本统计量估计总体参数的方法及这种估计的精确度都与具体抽样方式有关。概率抽样技术是统计学中的一个专门分支，详细了解需要阅读专门的书籍，本书只是将概率抽样中几种最基本的方法予以简要介绍。

一、简单随机抽样

简单随机抽样是从总体 N 个单位中随机抽取 n 个单位作为样本进行调查的一种抽样技术形式。其特点是每次抽选中都能保证总体中每个单位有相等的中选机会。简单随机抽样的具体方法如下：

1. 直接选取法

是从调查总体中直接随机抽取样本进行调查。这种方法适合对集中于某个空间的总体进行抽样，如对存放于仓库的同一种副食品直接随机抽取出若干样本进行霉变状况检查。

2. 抽签法

做 N 个签，分别编上 1~N 号，完全均匀混合后，一次同时抽取 n 个签或一次抽取一个签（但不把这个签放回），接着抽第 2 个、第 3 个……直到抽足 n 个为止。在总体单位 N 较大的情形下，制作选签是一件繁重的工作，实践中较少采用此法。

3. 随机数表法

用随机数表法抽取样本，要先给总体各单位统一编号，再根据编号的最大数即总体单位数的位数确定使用随机数表中若干列或若干行的数字，然后从任意行或任意列的第一个数字起，可以向任何一个方向去，遇到属于总体单位编号内的号码就定为样本单位，直到抽够预定的样本单位数为止，随机数表是由 0~9 随机数字组成的表，表中数字的排列顺序也是随机的。

简单随机抽样是最基本的随机抽样方法，操作简单，且每个单位入样的概率是相同的，因而计算抽样误差和对总体参数进行推断都有比较简单的形式。但是，简单随机抽样没有利用抽样框中更多的辅助信息，所以用样本统计量估计总体参数的效率会受到影响。同时，在简单随机抽样条件下，样本的分布可能十分分散，这就增加了调查过程中的费用和时间。这种抽样方法的适用条件：抽样框中没有更多可以利用的辅助信息；调查对象分布的范围不广阔；个体之间的差异不很大。

按照样本抽选时每个单位是否允许被重复抽中，简单随机抽样可分为重复抽样和不重复抽样两种。在抽样调查中，特别是市场调查中，简单随机抽样一般是指不重复抽样。

简单随机抽样是其他抽样方法的基础，因为它在理论上最容易处理，而且当总体单位数 N 不太大时，实施起来并不困难。但在实际中，若 N 相当大时，简单随机抽样就不是很容易办到的。首先它要求有一个包含全部 N 个单位的抽样框；其次用这种抽样得到的样本单位较为分散，调查不容易实施。因此，在实际中直接采用简单随机抽样的并不多。

二、分层抽样

分层抽样又称为类型抽样，是将总体按一定的原则分成若干个子总体，每个子总体称为层，抽取样本时在每个层内分别进行，分层抽样最大的好处是可以提高估计的效率。

设总体由 N 个单位构成，把总体划分为 K 组，使 $N = N_1 + N_2 + \cdots + N_k$，然后从各组的 N_i 个单位中抽取 n_i 个单位构成容量为 n 的样本，这就是类型抽样。

通过分类，可以把总体中标志值比较接近的单位归为一组，减少各组内的差异程度，再从各组抽取样本单位就有更大的代表性，因而抽样误差也就相对缩小了。在总体单位标志值大小悬殊的情况下，运用类型抽样比简单随机抽样可以得到比较准确的效果。类型抽样在实际抽样中得到广泛的应用，例如，农产量抽样按地理条件分组后再抽样；职工家计调查按国民经济部门分组后再抽样等都收到明显的效果。

由于分类是按有关的主要标志分组的，各组的单位数一般是不同的。类型抽样通常是按各组单位数占总体单位数的一定比例来抽取样本，即：

$$\frac{n_1}{N_1} = \frac{n_2}{N_2} = \cdots = \frac{n_k}{N_K} = \frac{n}{N}$$

所以各组的样本单位数为：

$$n_i = n \times \frac{N_i}{N} \tag{4-1}$$

分层抽样比简单随机抽样更为精确，能够通过对较少的抽样单位的调查得到比较准确的推断结果，特别是当总体较大、内部结构复杂时，分层抽样常能取得令人满意的效果。同时，分层抽样在对总体推断时，还能获得对每层的推断。因此，在我国的社会购买力调查、居民家庭收支调查、商品销售调查、产品产量调查中，经常采用分层抽样调查方法。

分层抽样的估计原理是，首先利用各层样本对各层的有关参数进行估计，然后将各层的估计结果加权综合，得到总体的参数估计。分层抽样的应用条件是，抽样框中有足够的辅助信息，能够将总体单位按某种标准划分到各层之中，实现在同一层内，各单位之间的差异尽可能地小，不同层之间各单位的差异尽可能地大。当然，分层抽样也有其局限性。主要是它要求调查设计人员必须对总体单位的情况有较多了解，否则难以设计出科学合理的分层样本。而要做到这一点往往是比较困难的，必须花费很多的时间和精力。

分层抽样的主要作用：一是为了工作的方便和研究目的的需要；二是为了提高抽样的精度；三是为了在一定精度的要求下，减少样本的单位数以节约调查费用。因此，分层抽样是应用上最为普遍的抽样技术之一。按照各层之间的抽样比是否相同，分层抽样可分为等比例分层抽样与非等比例分层抽样两种。

实际上，分层抽样是科学分组与抽样原理的有机结合，前者是划分出性质比较接近的层，以减少标志值之间的变异程度，后者是按照抽样原理抽选样本。因此，分层抽样一般比简单随机抽样更为精确，能够通过对较少的样本进行调查，得到比较准确的推断结果，特别是当总体数目较大、内部结构复杂时，分层抽样常能取得令人满意的效果。

三、系统抽样

系统抽样又称机械抽样，是将总体中的单位按某种顺序排列，在规定范围内随机抽取起始单位，然后按一定的规则确定其他样本单位的一种抽样方法。总体单位的排列可以是一维的（如直线排列），也可以是二维的（如平面排列）；起始单位可以是一个，也可以是一组；对总体单位的抽取可以是等概率的，也可以是不等概率的。

最简单的系统抽样是等距抽样。将总体 N 个单位按直线排列，根据样本量 n 确定抽样间隔，即抽样间隔 $\frac{N}{n}$，k 为最接近 $\frac{N}{n}$ 的一个整数。在 1~k 范围内随机抽取一个整数 i，令位于 i 位置上的单位为起始单位，往后每间隔 k 抽取一个单位，直至抽满 n，这时总体中每个单位的入样概率相等，均为 $\frac{1}{k}$，因此等距抽样是一种等概率抽样。

系统抽样的突出特点是操作简便，因为它只需要随机确定一个（或少数几个）起始单位，整个样本就自然确定了，而不像其他抽样方式那样抽取多个单位。系统抽样对抽样框的要求也比较简单，它只要求总体单位按一定顺序排列，而不一定是一份具体的名录清单，因而非常便于某些内容的现场调查。例如，欲对某地区树木进行抽样，了解病虫害影响情况，可以将树木所处的位置视为顺序排列，每隔一定间隔，抽取一棵树；又如欲对某城市汽车尾气排放情况进行抽查，抽样比为1%，即平均每100辆车中抽一辆，采用系统抽样，可以将汽车牌号作为一种排列，在1~100中随机抽取一个号，比如53，凡牌号尾数为53的车辆均作为样本单位。

系统抽样的估计效果与总体单位排列顺序有关。如果排列顺序与调查内容没有联系，称为按无关标识排列，这时系统抽样估计与简单随机抽样估计效果相仿。如果排列顺序与调查内容有关，称为按有关标识排列。按有关标识排列的系统抽样精度比简单随机抽样的精度高。例如，欲对大学二年级的学生进行抽样调查，了解学生们的平均身高。采用系统抽样，如果是按学号排列，学号与学生身高没有关系，属于按无关标识排列。如果是按学生入学时身高排列，则属按有关标识排列。在后一种情况下的系统样本中，既有身材较矮的同学，也有身材较高的同学，样本的结构与总体的结构十分相似，因而可以有效提高估计的精度。

系统抽样也有其局限性，从估计方面来看，当 $N \neq nk$ 时，样本均值不是总体均值的无偏估计量，虽然当 N 很大，n 也较大时，这种偏差是很小的。更为重要的是，系统抽样的方差估计比较复杂，这时就给计算抽样误差带来一定困难。采用系统抽样方法时，特别需要注意研究变量是否存在周期性变化。例如，欲对商品的零售额进行抽样调查，以每周7天为抽样间隔。事实上，每周7天中零售额的情况是不同的，一般规律是，周末和假日零售额较大，平日较少。若抽取周末为系统样本的起点，估计结果会偏高；反之，若抽取平日为起点，估计结果会偏低。若遇到这种情况就需要调整抽样间隔，使处于周期中各个位置的单位都有相同机会入选样本，或者改用其他抽样方法。

四、整群抽样

整群抽样是将有关联的若干总体单位组成的集合称为群，总体被分解为群，抽样直接抽取群，对抽中群中的所有单位都进行调查的方法。

采用整群抽样的原因主要有两个：一个是实施调查方便，可以节省费用和时间。在总体单位分布很广的条件下，若采用简单随机抽样，样本的分布十分分散，调查实施有一定难度，费时费力。另一个是缺乏总体单位的抽样框，不得已而为之。例如，欲对上海市小学生的视力状况进行抽样调查，全市小学生名单的抽样框是没有的，但有全市小学的抽样框，所以可以依据该抽样框抽取小学，在中选的小学中抽取班级，这时可以把班视为群，对中选班的所有学生进行视力测试。在许多情况下，采用整群抽样的上述原因兼而有之。

整群抽样特别适用于缺乏总体单位的抽样框。应用整群抽样时，要求各群有较好的代表性，即群内各单位的差异要大，群间差异要小。整群抽样的优点是实施方便、节省经费；缺点是往往由于不同群之间的差异较大，由此而引起的抽样误差往往大于简单随机抽样。因此，在大规模的市场调查中，当群内各单位间的差异较大，而各群之间差异较小时，才可考虑采取整群抽样的方式。

五、多阶段抽样

在许多情况下，特别在复杂的、大规模的市场调查中，调查单位一般不是一次性直接抽取到的，而是采用两阶段或多阶段抽取的办法，即先抽大的调查单元，在大单元中抽小单元，再在小单元中抽更小的单元，这种抽样组织方式称为多阶段抽样。我国城市住户调查采用的就是多阶段抽样，先从全国各城市中抽取若干城市，再在城市中抽街道，然后在各街道中抽选居民家庭。多阶段抽样在抽取样本及组织调查时很方便，但在设计抽样调查方案、计算抽样误差和推断总体上比较复杂。

多阶段抽样有以下两个特点：一是对抽样单位的抽选不是一步到位的，至少要两步；二是组织调查比较方便，尤其对于那些基本单位多且分散的总体，由于编制抽样框较为困难或难以直接抽取所需样本，就可以利用地理区域或行政系统进行多阶段抽样。

多阶段抽样区别于分层抽样，也区别于整群抽样，其优点在于适用于抽样调查的面特别广，没有一个包括所有总体单位的抽样框，或总体范围太大，无法直接抽取样本等情况，可以相对节省调查费用。其主要缺点是抽样时较为麻烦，而且总体的估计比较复杂。

第四节　抽样误差与样本容量的确定

调查是通过对少量个体的分析推断整体表现的一个过程。那么，抽样样本数的大小对调查结果有很大影响，抽样误差就是用来描述"以偏概全"程度的一个量，误差越大，以偏概全越严重。调查目的不同，对抽样误差的需求也会完全不同，势必也会影响样本容量的确定。本节将着重介绍抽样误差和样本容量的确定。

一、抽样误差

在市场调查中，无论是全面调查，还是非全面调查，都有可能发生误差，调查误差是指调查的结果和客观实际情况的出入和差数，一般有非抽样误差和抽样误差两种。

非抽样误差是基于抽样之外的许多其他原因产生的误差，从理论上看，概念性错误、逻辑性错误、对回答的错误解释等都可导致此误差的出现，故非抽样误差就成了调查者需认真对待的一个问题。非抽样误差产生原因如图 4-1 所示。

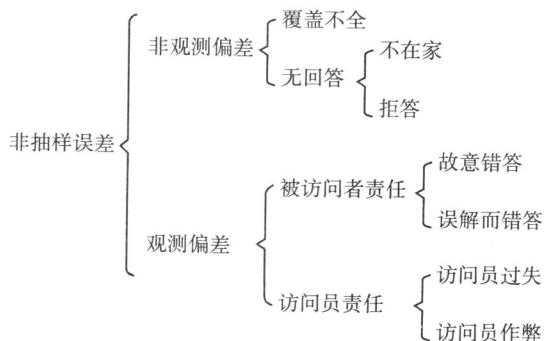

图 4-1　非抽样误差产生原因

1. 抽样误差的概念

抽样方法本身所引起的误差。当从总体中随机地抽取样本时，哪个样本被抽到是随机的，由所抽到的样本得到的样本指标与总体指标之间所形成的偏差，称为实际抽样误差。当总体相当大时，可能被抽取的样本非常多，不可能列出所有的实际抽样误差，而用平均抽样误差来表示各样本实际抽样误差的平均水平，即抽样平均误差。

2. 抽样平均误差

平均误差是抽样误差的平均数，即一系列抽样指标的抽样平均数或抽样成数的标准差，遵守随机原则，所有可能出现的样本指标的平均离差。它反映了样本统计量与相应总体参数的平均误差程度，也表示用样本统计量推断总体的精准程度，被用作衡量样本指标对总体指标代表性高低的尺度。

3. 抽样极限误差

抽样平均误差可以用来测定抽样指标对总体指标的可能离差。根据概率原理，用一定的概率可以保证抽样误差不超过某一给定范围，这个给定的范围就叫作抽样极限误差。

中心极限定理已证明，概率度 t 和概率 P 呈函数关系，即 $P=F(t)$，t 每取一个值，都有唯一确定的 P 值与之对应。在实际工作中，为了使用方便，将不同的 t 值与其相应的概率 P 预先算好，编成概率表，供调查时使用。几个常用的概率度和概率之间的关系如表 4-3 所示。

表 4-3　概率度和概率函数关系表

t	F（t）
1.00	0.6827
1.50	0.8664
1.96	0.9500
2.00	0.9545
2.50	0.9876
3.00	0.9973
4.00	0.9994
5.00	0.999999

抽样误差范围就是变动的抽样指标与确定的总体参数之间离差的可能范围。它是根据概率论，以一定的可靠程度保证抽样误差不超过某一给定的范围，统计上把这个给定的抽样误差范围叫作抽样极限误差。

抽样误差范围的可靠程度。抽样误差范围 Δ 是用一定倍数的抽样平均误差来表示的。它是以抽样平均误差为尺度来衡量的相对误差范围，称为概率度，一般用 t 表示。

4. 影响抽样误差的因素

抽样误差是由于抽样的随机性造成的，是用样本统计量估计总体参数时出现的误差。抽样误差无特定偏向，其误差大小主要受以下三个因素影响：

第一，与总体分布状况有关。总体各单位之间差异越大，即总体方差越大，抽样误差就越大；反之，抽样误差就越小。

第二，与抽取的样本量有关。在其他条件相同的情况下，样本量越大，抽样误差就越小；反之，抽样误差就越大。

第三，与抽样方式和估计方式也有关系。例如分层抽样的估计精度高于简单随机抽样。在有辅助信息的条件下，比率估计、回归估计也可以有效地减小抽样误差。

在随机抽样时，抽样误差可以计算并可以得到控制，各种抽样误差的计算方法参见《统计学》教材。

二、样本容量的确定

样本容量又称样本规模，就是样本数量的多少。在组织抽样调查之前，确定抽多少样本单位是个很重要的问题，抽的数目过少，会使调查结果出现较大的错误；抽的数目过多，又会造成人力、财力和时间的浪费。因此，样本容量的确定，是组织抽样调查中需要解决的一个重要问题。

1. 影响样本容量的因素

（1）抽样的精确度。即置信度或称置信水平的大小。所要求的置信度越高，样本容量应当越大。

（2）总体的变异程度。即总体方差的大小，总体方差越大，所需要的样本量也越大。

（3）允许误差（又称极限误差）数值的大小。允许误差与样本量的平方根大致成反比，允许误差愈小，样本量愈大。允许误差的大小，主要取决于调查的目的和费用的投入。调查结果要求比较精确，又有足够的费用投入，允许误差可小些；反之，允许误差可放大些。

（4）抽样的方法。在同等条件下，不重复抽样比重复抽样需要的样本单位数少一些。

（5）抽样的组织形式。采用系统抽样和等距抽样比简单随机抽样需要的样本数目少些。方法不同，抽样误差也不相同。

此外，根据调查经验，调查表的回答情况、访问的成功率高低、调查者的组织能力等综合素质也是影响样本数目的一个重要因素。在无回答率较大的调查项目中，应适当加大样本数目，样本量要大一些，以减少无回答带来的影响。

2. 样本容量的计算

由于概率抽样中有不同的抽样方式，对不同的抽样方式，样本容量计算的方式是不同的。这里仅以简单随机抽样为例介绍计算样本容量的基本原理，其他抽样方式样本容量的计算方法可以参考抽样技术的专门书籍。

（1）样本均值的必要抽样数目的确定方法。

在重复抽样下：

$$n = \frac{t^2\sigma^2}{\Delta_{\bar{x}}^2} \tag{4-2}$$

在不重复抽样下：

$$n = \frac{Nt^2\sigma^2}{N\Delta_{\bar{x}}^2 + t^2\sigma^2} \tag{4-3}$$

（2）样本比例的必要抽样数目的确定方法。

在重复抽样下：

$$n = \frac{t^2 p(1-p)}{\Delta_p^2} \tag{4-4}$$

在不重复抽样下：

$$n = \frac{Nt^2 p(1-p)}{N\Delta_p^2 + t^2 p(1-p)} \tag{4-5}$$

式中，$\Delta_{\bar{x}}$ 为平均数的抽样极限误差；Δ_p 为比例的抽样极限误差；σ^2 为总体方差（未知时，可用样本方差 s^2）；p 为比例；t 为概率度；N 为总体单位数。

例如，某批产品的平均重量为 70 千克，总体标准差为 5 千克，现准备对这批产品采用重复抽样方式进行简单随机抽样检验，要求可靠程度达到 95%，允许误差不超过 0.9 千克，试问需抽多少样本单位？

由题目条件知：$\sigma = 5$，$t = 1.96$，$\Delta_{\bar{x}} = 0.9$，按重复抽样公式得：

$$n = \frac{t^2\sigma^2}{(\Delta_{\bar{x}})^2} = \frac{1.96^2 \times 5^2}{0.9^2} = 118.6 \text{（件）}$$

所以应抽取样本单位数 119 件。

若上题中该产品的一等品率为 90%，要求误差范围不超过 5%，试问应抽多少样本单位？

按样本比例公式计算得：

$$n = \frac{t^2 p(1-p)}{(\Delta_p)^2} = \frac{1.96^2 \times 0.9 \times 0.1}{0.05^2} = 138.3 \quad （件）$$

所以应抽取样本单位数 139 件。

这里需指出，为保证抽样推断准确程度，确定必要抽样数目时，若有多个可供参考的方差值，应选其中方差最大值来计算。由于比例的方差为 $p(1-p)$，所以在推断比例时，必要的抽样数目应取最接近 50% 的比例来计算。

以上是关于简单随机抽样设计中样本量的计算。如果抽样设计的组织形式不是采用简单随机抽样，就需要在抽样技术的专门书籍中查阅其他抽样设计样本量的计算公式。此外，也有一种简单的处理方法，即使用设计效应对简单随机抽样的样本量进行调整。

设计效应（deff）是对于同样规模的样本量，其他抽样方式的估计量方差对简单随机抽样估计量方差的比值。在本章所得到的几种抽样方式中：

简单随机抽样，设计效应（deff）= 1；

分层抽样，设计效应（deff）< 1；

整群抽样，设计效应（deff）> 1；

系统抽样，设计效应（deff）≤ 1；

多阶段抽样，设计效应 > 1。

设计效应通常是从过去相同或相似主题的调查中取得的，前提是过去调查使用的抽样设计与现在计划实施调查的抽样设计相同或相似。

有了该种抽样方式设计效应的经验数据，对简单随机抽样样本量 n 进行调整，可以得到该种抽样方式所需的样本量 n_1：

$$n_1 = deff \times n \tag{4-6}$$

最后，无回答会造成样本量事实上的减少，为了弥补这种缺失，还需要根据回答率对计算结果进行再次调整，以确定最终的样本量：

$$最终样本量 = \frac{n}{r} 或 \frac{n_1}{r} \tag{4-7}$$

式中，r 为估计的回答率，通常根据以往类似调查的经验确定。

例如，如果调整前的样本量为 300，预期回答率 r 为 50%，则应抽取的样本量为：

$$n_1 = \frac{n}{r} = \frac{300}{50\%} = 600$$

第五章

问卷调查法

调查问卷在市场调查中具有举足轻重的地位，问卷设计的好坏对调查质量有重大影响。不同的调查目的和要求、调查对象以及调查方式适用不同的问卷类型。一般来说，问卷包括开头、正文和结尾三个部分。

第一节　问卷的类型、基本结构

在现代市场调查中，应有事先准备好的询问提纲或调查表作为调查的依据，这些文件统称问卷。它系统地记载了所需调查的具体内容，是了解市场信息资料、实现调查目的和任务的一种重要形式。采用问卷进行调查是国际通行的一种调查方式，也是我国近年来推行最快、应用最广的一种调查手段。本节将对问卷的类型和基本结构展开进行介绍。

一、问卷的类型

所谓问卷设计，是根据调查目的，将所需调查的问题具体化，使调查者能顺利地获取必要的信息资料，并便于统计分析。由于问卷方式通常是靠被调查者通过问卷间接地向调查者提供资料，所以作为调查者与被调查者之间中介物的调查问卷，其设计是否科学合理，将直接影响问卷的回收率，影响资料的真实性、实用性。因此，在市场调查中，应对问卷设计给予足够的重视。

在市场调查收集的一手材料中，大多数时候都使用问卷来收集调查所需的资料。标准不同，问卷的分类也不同。

1. 根据调查所用方法分类

根据调查所用的方法不同，问卷可分为访问调查问卷、邮寄调查问卷和电话调查问卷等。

（1）访问调查问卷。访问调查问卷是用得最多的调查问卷，要求调查员访问被调查家庭或工作单位，会见调查者本人并进行口头提问，然后把回答的内容写在调查问卷上。

（2）电话调查问卷。电话调查问卷是利用电话方式进行调查的方法。近年来，电话调查被广泛应用，具有时效快、费用低等特点。

（3）邮寄调查问卷。邮寄调查问卷是向应答者邮寄问卷，请对方答完后寄回，这种调查不要求直接会见被调查者本人，只进行问卷分送和回收工作，因此不需要大量的采访人员。

2. 根据问卷填写方式分类

根据问卷的填写方式不同，可以把问卷分为自填式问卷和代填式问卷。

（1）自填式问卷。自填式问卷是交由被访者自行填写的问卷，这种问卷主要适合邮寄调查、宣传媒介发放的问卷调查等调查方式。

（2）代填式问卷。代填式问卷是调查者根据被调查者的回答填写的问卷，这种问卷主要适合访问调查、座谈会调查以及电话调查等方式。

这两种问卷的使用者不同，自填式问卷由被调查者使用，代填式问卷则由经过专业培训的调查员使用，所以两类问卷在具体结构、问题类型、措辞以及版式等方面都会有所不同。一般来说，自填式问卷要求格式清晰、问题简单、说明详细，侧重于被调查者能够接受并正确理解和填答问卷；而代填式问卷更注重问卷的实地处理。

3. 根据问卷回答问题形式分类

根据回答问题的形式，可分为开放式问卷和封闭式问卷。

（1）封闭式问卷。封闭式问卷是将问题的内容和可选择的答案做了精心的设计，被调查者只能按照问题所提供的答案进行选择，无法进行自由地发挥。

例如，请问您目前有考研的打算吗？

A. 是　　　　　　　B. 否

（2）开放式问卷。开放式问卷是指不给应答者任何限制，完全由应答者自由回答。

例如，请问您认为中国当前最重要的问题是什么？

对一些未知问题进行探查时，最好用开放式问卷，这样可以初步了解答案的一般范围，为今后进一步的研究打下基础。

4. 根据问卷结构分类

根据问卷结构，可分为无结构型问卷和结构型问卷。

（1）无结构型问卷。无结构型问卷是指对问卷中所提的问题没有在组织结构上加以严密的设计安排，只是围绕调查研究目的来提一些问题，因此无结构型问卷从形式上说一般都是开放式问卷，问卷中没有可供被调查者选择的选项，被调查者可以根据自己的意愿自由地回答。

（2）结构型问卷。结构型问卷中的问题是按照一定的逻辑顺序排列的，访问员要严格按照问卷的指导语提问。

二、问卷设计的基本结构

调查问卷也叫作调查表，是一种以书面形式了解被访者的反应和态度，并以此获得资料和信息的载体。调查表是迄今用于收集第一手资料最普遍的工具。一般来说，一份调查表由向被调查者提问并征求他或她回答的一组问题所组成。一份完整的调查问卷通常包括标题、问卷说明、被调查者基本情况、调查内容、编码号、调查者情况等。

1. 问卷的标题

问卷的标题是概括说明调查研究主题，使被调查者对所要回答什么方面的问题有一个大致的了解。确定标题应简明扼要，易于引起回答者的兴趣，例如"大学生消费状况调查"、"我与广告——公众广告意识调查"等，而不要简单采用"问卷调查"这样的标题，它容易引起回答者因不必要的怀疑而拒答。

2. 问卷说明

问卷说明旨在向被调查者说明调查的目的、意义。有些问卷还有填表须知、交表时间、地点及其他事项说明等。问卷说明一般放在问卷开头，通过它可以使被调查者了解调查目的，消除顾虑，并按一定的要求填写问卷。问卷说明既可采取比较简洁、开门见山的方式，也可在问卷说明中进行一定的宣传，以引起调查对象对问卷的重视。问卷说明的文字应该简洁明确，语气谦虚诚恳。下面举两个实例加以说明。

【例1】

同学们：

为了了解当前大学生的学习、生活情况，并做出科学的分析，我们特制定此项调查问卷，希望广大同学予以积极配合，谢谢。

【例2】

女士、先生：

改革开放以来，我国广告业蓬勃发展，已成为社会生活和经济活动中不可缺少的一部分，对社会经济的发展起着积极的推动作用。我们进行这次公众广告意识调查，其目的是加强社会各阶层人士与国家广告管理机关、广告用户和经营者等各方的沟通和交流，进一步加强和改善广告监督管理工作，促进广告业的健康发展。本次问卷调查并非知识性测验，只要求您根据自己的实际态度选答，不必进行讨论。根据统计法的有关规定，对您个人情况实行严格保密。

3. 被调查者基本情况

这是指被调查者的一些主要特征，如在消费者调查中，消费者的性别、年龄、民族、家庭人口、婚姻状况、文化程度、职业、单位、收入、所在地区。又如，对企业调查中的企业名称、地址、所有制性质、主管部门、职工人数、商品销售额（或产品销售量）等情况。通过这些项目，便于对调查资料进行统计分组、分析。在实际调查中，列入哪些项目，列入多少项目，应根据调查目的、调查要求而定。

4. 调查主题内容

调查的主题内容是调查者所要了解的基本内容，也是调查问卷中最重要的部分。它由一系列的问题和相应的选项构成。问卷设计得是否合理，能否满足调查目的的要求，关键就在于这部分内容的设计水平和质量。

主题内容主要包括以下几方面：①对人们的行为进行调查。包括对被调查者本人行为进行了解或通过被调查者了解他人的行为。②对人们的行为后果进行调查。③对人们的态度、意见、感觉、偏好等进行调查。

5. 编码

编码是将问卷中的调查项目变成数字的工作过程，大多数市场调查问卷均需加以编码，以便分类整理，易于进行计算机处理和统计分析。所以，在问卷设计时，应确定每一个调查项目的编号和为相应的编码做准备。通常是在每一个调查项目的最左边按顺序编号。

6. 作业证明的记载

在调查表的最后，附上调查员的姓名、访问日期、时间等，以明确调查人员完成任务的性质。如有必要，还可写上被调查者的姓名、单位或家庭住址、电话等，以便于审核和进一步追踪调查。但对于一些涉及被调查者隐私的问卷，上述内容则不宜列入。

第二节　问卷设计的原则、步骤

在进行调查工作的时候，能够了解问卷调查的一些原则就可以保证问卷可以设计得更加成功，也会让最后的调查结果得到人们的认同，为了让在调查工作中付出的精力得到回报，也需要重视关于问卷设计的工作，把握住调查问卷设计工作的基本原则就可以使调查问卷设计更加的轻松。本节主要对问卷设计的原则及其一般程序两个问题进行介绍。

一、问卷设计的原则

一个成功的问卷设计应该具备两个功能：一是能将所要调查的问题明确地传达给被调查者；二是设法取得对方合作，并取得真实、准确的答案。但在实际调查中，由于被调查者的个性不同，他们的受教育水平、理解能力、道德标准、宗教信仰、生活习惯、职业和家庭背景等都具有较大差异，加上调查者本身的专业知识与技能高低不同，将会给调查带来困难，并影响调查的结果。为了克服这些困难，完成问卷的两个主要功能，问卷设计时应遵循以下原则和程序。

1. 目的性原则

问卷调查是通过向被调查者询问问题来进行调查的，所以，询问的问题必须是与调查主题有密切关系的问题。这就要求在问卷设计时，重点突出，避免可有可无的问题，并把主题分解为更详细的细目，即把它分别做成具体的询问形式供被调查者回答。

2. 可接受性原则

调查表的设计要比较容易让被调查者接受。由于被调查者对是否参加调查有着绝对的自由，调查对他们来说是一种额外负担，他们既可以采取合作的态度，接受调查，也可以采取对抗行为、拒答。因此，请求合作就成为问卷设计中一个十分重要的问题。应在问卷说明中，将调查目的明确告诉被调查者，让对方知道该项调查的意义和自身回答对整个调查结果的重要性。问卷说明要亲切、温和，提问部分要自然、有礼貌和有趣味，必要时可采用一些物质鼓励，并代被调查者保密，以消除其某种心理压力，使被调查者自愿参与，认真填好问卷。此外，还应使用适合被调查者身份、水平的用语，尽量避免列入一些会令被调查者难堪或反感的问题。

3. 顺序性原则

它是指在设计问卷时，要讲究问卷的排列顺序，使问卷条理清楚，顺理成章，以提高回答问题的效果。问卷中的问题一般可按下列顺序排列：

（1）较易回答的问题（如行为性问题）放在前面；较难回答的问题（如态度性问题）放在中间；敏感性问题（如动机性、涉及隐私等问题）放在后面；关于个人情况的事实性问题放在末尾。

（2）封闭性问题放在前面；开放性问题放在后面。这是由于封闭性问题已由设计者列出备选的全部答案，较易回答，而开放性问题需被调查者花费一些时间考虑，放在前面易使被调查者产生畏难情绪。

（3）要注意问题的逻辑顺序，如可按时间顺序、类别顺序等合理排列。

4. 简明性原则

简明性原则主要体现在以下几个方面：①调查内容要简明。没有价值或无关紧要的问题不要列入，同时要避免出现重复，力求以最少的项目设计必要的、完整的信息资料。②调查时间要简短，问题和整个问卷都不宜过长。根据经验，一般问卷回答时间应控制在 30 分钟左右。③问卷设计的形式要简明易懂、易读。

5. 匹配性原则

匹配性原则是指要使被调查者的回答便于检查、数据处理和分析。所提问题都应事先考虑到能对问题结果做适当分类和解释，使所得资料便于做交叉分析。

二、问卷设计的步骤

问卷设计是由一系列相关工作过程所构成的，为使问卷具有科学性和可行性，需要按照如图 5-1 所示的步骤进行。

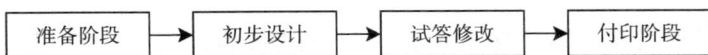

准备阶段 → 初步设计 → 试答修改 → 付印阶段

图 5-1 问卷设计的程序

1. 准备阶段

准备阶段是根据调查问卷需要确定调查主题的范围和调查项目，将所需的问卷资料一一列出，分析哪些是主要资料，哪些是次要资料，哪些是调查的必备资料，哪些是可选资料，并分析哪些资料需要通过问卷来取得，需要向谁调查等，对必要资料加以收集。同时要分析调查对象的各种特征，即分析了解各被调查对象的社会阶层、行为规范、社会环境等社会特征；文化程度、知识水平、理解能力等文化特征；需求动机、行为等心理特征，以此作为拟定问卷的基础。在此阶段，应充分征求有关各类人员的意见，以便了解问卷中可能出现的问题，力求使问卷切合实际，能够充分满足各方面分析研究的需要。可以说，问卷设计的准备阶段是整个问卷设计的基础，是问卷调查能否成功的前提条件。

2. 初步设计

在准备工作基础上，设计者可以根据收集到的资料，按照设计原则设计问卷初稿。主要是确定问卷结构，拟定并编排问题，在初步设计中，首先要标明每项资料需要采用何种方式提问，并尽量详尽地列出各种问题，然后对问题进行检查、筛选、编排、设计每个项目。对提出的每个问题，都要充分考虑是否有必要，能否得到答案。同时，要考虑问卷是否需要编码，或需要向被调查者说明调查目的、要求、基本注意事项等。这些都是设计调查问卷时十分重要的工作，必须精心研究，反复推敲。

3. 试答修改

一般来说，所有设计出来的问卷都存在一些问题，因此，需要将初步设计出来的问卷，在小范围内进行试验性调查，以便弄清问卷在初稿中存在的问题，了解被调查者是否愿意回答和能够回答所有的问题，哪些语句不清、多余或遗漏，问题的顺序是否符合逻辑，回答的时间是否过长等。如果发现问题，应做必要的修改，使问卷更加完善。试调查与正式调查的目的是不一样的，它并非要获得完整的问卷，而是要求回答者对问卷各方面提出意见，以便于修改。

4. 付印阶段

付印阶段就是将最后定稿的问卷，按照调查工作的需要打印复制，制成正式问卷。

第三节　问卷设计技术

市场调查问卷具有通俗易懂、实施方便、省时间、调查费用低、调查效率高等优点，所以是目前国际通行的一种市场调查工具。但采用此调查工具，能否达到预期效果与其问句的设计有直接关系。如何设计市场调查问卷的问句就成为采用问卷调查的重要内容，所以，本节阐述了问卷中的询问技术、问句的答案设计以及问卷设计应注意的几个问题。

一、问卷中的询问技术

问卷的语句由若干个问题所构成，问题是问卷的核心，在进行问卷设计时，必须对问题的类别和提问方法仔细考虑，否则会使整个问卷产生很大的偏差，导致市场调查的失败。因此，在设计问卷时，应对问题有较清楚的了解，并善于根据调查目的和具体情况选择适当的询问方式。

在市场调查中，问题的类型主要有以下几种，其询问技术各有不同。

1. 直接性问题、间接性问题和假设性问题

（1）直接性问题。直接性问题是指在问卷中能够通过直接提问方式得到答案的问题。直接性问题通常给回答者一个明确的范围，所问的是个人基本情况或意

见，比如，"您的年龄"、"您的职业"、"您最喜欢的洗发水牌子？"等，这些都可获得明确的答案。这种提问对统计分析比较方便，但遇到一些窘迫性问题时，采用这种提问方式，可能无法得到所需要的答案。

（2）间接性问题。间接性问题是指那些不宜于直接回答，而采用间接的提问方式得到所需答案的问题。通常是指那些被调查者因对所需回答的问题产生顾虑，不敢或不愿真实地表达意见的问题。调查者不应为得到直接的结果而强迫被调查者，使他们感到不愉快或难堪。这时，如果采用间接回答方式，使被调查者认为很多意见已被其他调查者提出来了，他所要做的只不过是对这些意见加以评价罢了，这样就能排除调查者和被调查者之间的某些障碍，使被调查者有可能对已得到的结论提出自己不带掩饰的意见。

例如，"您认为妇女的权利是否应该得到保障？"大多数人会回答"是"或"不是"。而实际情况则表明许多人对妇女权利有着不同的看法。如果改问：

"A：有人认为妇女权利应该得到保障的问题应该得到重视。"

"B：另一部分人认为妇女权利问题并不一定需要特别提出。"

您认为哪些看法更为正确？

对 A 种看法的意见：①完全同意；②有保留的同意；③不同意。

对 B 种看法的意见：①完全同意；②有保留的同意；③不同意。

采用这种提问方式会比直接提问方式收集到更多的信息。

（3）假设性问题。假设性问题是通过假设某一情景或现象存在而向被调查者提出的问题。例如："有人认为目前的电视广告过多，您的看法如何？""如果在购买汽车和住宅中您只能选择一种，您可能会选择哪种？"这些语句都属于假设性提问。

2. 开放性问题和封闭性问题

（1）开放性问题。开放性问题是指所提出问题并不列出所有可能的答案，而是由被调查者自由作答的问题。开放性问题一般提问比较简单，回答比较真实，但结果难以做定量分析，在对其做定量分析时，通常是将回答进行分类。

（2）封闭性问题。封闭性问题是指已事先设计了各种可能的答案的问题，被调查者只要或只能从中选定一个或几个现成答案的提问方式。封闭性问题由于答案标准化，不仅回答方便，而且易于进行各种统计处理和分析。但缺点是回答者只能在规定的范围内被迫回答，无法反映其他各种有目的的、真实的想法。

3. 事实性问题、行为性问题、动机性问题、态度性问题

（1）事实性问题。事实性问题是要求被调查者回答一些有关事实性的问题。例如，"您通常什么时候看电视？"这类问题的主要目的是为了获得有关事实性资料。因此，问题的意见必须清楚，使被调查者容易理解并回答。

通常在一份问卷的开头和结尾都要求回答者填写个人资料，如职业、年龄、收入、家庭状况、教育程度、居住条件等，这些问题均为事实性问题，对此类问题进行调查，可为分类统计和分析提供资料。

（2）行为性问题。行为性问题是对回答者的行为特征进行调查。例如，"您是否拥有××物？""您是否做过某事？"

（3）动机性问题。动机性问题是为了解被调查者行为的原因或动机问题。例如，"为什么购某物？""为什么做某事？"等。在提动机性问题时，应注意人们的行为可以是有意识动机，也可以是半意识动机或无意识动机产生的。对于前者，有时会因种种原因不愿真实回答；对于后两者，因为回答者对自己的动机不十分清楚，也会造成回答的困难。

（4）态度性问题。态度性问题是关于对回答者的态度、评价、意见等问题。例如："您是否喜欢××牌子的空调？"

以上是从不同的角度对各种问题所做的分类。应该注意的是，在实际调查中，几种类型的问题往往是结合使用的。在同一个问卷中，既有开放性问题，也有封闭性问题，甚至同一个问题中，也可将开放性问题与封闭性问题结合起来，组成结构式问题。例如："您家里目前有空调吗？有，无；若有，是什么牌子的？"同样，事实性问题既可采取直接提问方式，对于回答者不愿直接回答的问题，也可以采取间接提问方式，问卷设计者可以根据具体情况选择不同的提问方式。

二、问句的答案设计

在市场调查中，无论是何种类型的问题，都需要事先对问句答案进行设计。在设计答案时，可以根据具体情况采用不同的设计形式。

1. 二项选择法

二项选择法也称真伪法或二分法，是指提出的问题仅有两种答案可以选择。如"是"或"否"、"有"或"无"等。这两种答案是对立的、排斥的，被调查者

的回答非此即彼, 不能有更多的选择。

例如, "您家里现在有吸尘器吗?" 答案只能是 "有" 或 "无"。

又如, "您是否打算在近五年内购买住房?" 回答只有 "是" 或 "否"。

这种方法的优点是: 易于理解、可迅速得到明确的答案, 便于统计处理, 分析也比较容易。但回答者没有进一步阐明理由的机会, 难以反映被调查者意见与程度的差别, 了解的情况也不够深入。这种方法适用于互相排斥的两项择一式问题及询问较为简单的事实性问题。

2. 多项选择法

多项选择法是指所提出的问题事先预备好两个以上的答案, 回答者可任选其中的一项或几项。

例如, "您喜欢下列哪一种牌子的牙膏?" (在您认为合适的□内画√)

中华 □   佳洁士 □   洁银 □

康齿灵 □   美加净 □   黑妹 □

由于所设答案不一定能表达出填表人所有的看法, 所以在问题的最后通常可设 "其他" 项目, 以便使被调查者表达自己的看法。

这个方法的优点是比二项选择法的强制选择有所缓和, 答案有一定的范围, 也比较便于统计处理。但采用这种方法时, 设计者要考虑以下两种情况: 第一, 要考虑到全部可能出现的结果, 以及答案可能出现的重复和遗漏。第二, 要注意根据选择答案的排列顺序。有些回答者常常喜欢选择第一个答案, 从而使调查结果发生偏差。此外, 答案较多, 使回答者无从选择, 或产生厌烦。一般这种多项选择答案应控制在 8 个以内, 当样本量有限时, 多项选择易使结果分散, 缺乏说服力。

3. 顺位法

顺位法是列出若干项目, 由回答者按重要性决定先后顺序, 顺位法主要有两种: 一种是对全部答案排序; 另一种是只对其中的某些答案排序, 究竟采用何种方法, 应由调查者来决定。具体排列顺序, 则由回答者根据自己所喜欢的事物和认识事物的程度等进行排序。

例如, "您选购空调的主要条件是什么?" (请将所给答案按重要顺序 1, 2, 3……填写在□中)

价格便宜 □   外形美观 □   维修方便 □   牌子有名 □

经久耐用 □   噪声低 □   制冷效果 □   其他 □

顺位法便于被调查者对其意见、动机、感觉等做衡量和比较性的表达，也便于对调查结果加以统计。但调查项目不宜过多，过多则容易分散，很难顺位，同时所询问的排列顺序也可能对被调查者产生某种暗示影响。这种方法适用于对要求答案有先后顺序的问题。

4. 回忆法

回忆法是指通过回忆，了解被调查者对不同商品质量、牌子等方面印象的强弱。例如："请您举出最近在电视广告中出现的电冰箱有哪些牌子？"调查时可根据被调查者所回忆牌子的先后和快慢及各牌子被回忆出的频率进行分析研究。

5. 比较法

比较法是采用对比提问方式，要求被调查者做出肯定回答的方法。

例如，"请比较下列不同牌子的可乐饮料，哪种更好喝？"（在各项您认为好喝的牌子方格□中画√）

黄山 □   四川天府 □   健怡 □   百龄饮料□

百事 □   上海可乐 □   奥林—swvnl 碳酸饮料 □

芬达汽水（fanta）□   雪碧 □   天津可乐 □

比较法适用于对质量和效用等问题做出评价。应用比较法要考虑被调查者对所要回答问题中的商品品牌等项目是否相当熟悉，否则将会导致空项。

6. 态度量表法

态度量表法主要是用来对被访者回答问题的强度进行测量。例如，请对某保险公司的下述各方面做出评价：

公司形象：   A. 非常好   B. 比较好   C. 一般
                D. 比较差   E. 非常差

广告宣传：   A. 非常好   B. 比较好   C. 一般
                D. 比较差   E. 非常差

咨询服务：   A. 非常好   B. 比较好   C. 一般
                D. 比较差   E. 非常差

营销人员素质：   A. 非常好   B. 比较好   C. 一般
                D. 比较差   E. 非常差

有时，为了便于对数据进行处理，往往把定性问题定量化，即给答案中的每个选项按重要程度赋分：5、4、3、2、1（多为奇数，3分制、5分制或7分制）。

7. 自由回答法

自由回答法是指提问时可自由提出问题，回答者可以自由发表意见，并无已经拟定好的答案。例如，"您觉得软包装饮料有哪些优点、缺点？"、"您认为应该如何改进电视广告？"等。

这种方法的优点是涉及面广，灵活性大，回答者可充分发表意见，使调查者搜集到某种意料之外的资料，缩短问者和答者之间的距离，迅速营造一个调查气氛。缺点是由于回答者提供答案的想法和角度不同，因此在答案分类时往往会出现困难，资料较难整理，还可能因回答者表达能力的差异形成调查偏差。同时，由于时间关系或缺乏心理准备，被调查者往往放弃回答或答非所问，因此，此类问题不宜过多。这种方法适用于那些不能预期答案或不能限定答案范围的问题。

8. 过滤法

过滤法又称"漏斗法"，最初提出的是离调查主题较远的广泛性问题，再根据被调查者回答的情况，逐渐缩小提问范围，最后有目的地引向要调查的某个专题性问题。这种方法询问及回答比较自然、灵活，使被调查者能够在活跃的气氛中回答问题，从而增强双方的合作，获得回答者较为真实的想法。但要求调查人员善于把握对方心理，善于引导并有较高的询问技巧。此方法的不足是不易控制调查时间。这种方法适合在被调查者在回答问题时有所顾虑，或者一时不便于直接表达对某个问题的具体意见时所采用，如对那些涉及被调查者自尊或隐私等问题，收入、文化程度、妇女年龄等，可采取这种提问方式。

三、问卷设计应注意的几个问题

调查问卷的设计是整个市场营销调查过程中最重要的一个环节。问卷设计的好坏在很大程度上决定着问卷调查的质量、回收率和有效率，甚至整个调查的成败。在市场调查中，为保证调查问卷的回收率及调查质量，对问卷设计总的要求是问卷中的问句表达要简明、生动，注意概念的准确性，避免提似是而非的问题，具体应注意以下几点：

其一，调查问卷中问题的表述要客观、准确、具体，避免抽象、笼统和有多重含义，不能带诱导性和倾向性。

例如，"您认为今年市场供应和物价怎样？"这种提问既太笼统，同时又在一个问题中问两件事,有多重含义,被调查者难以回答。

其二,对于敏感性问题,不要直接提问,可采用假定法、转移法等。

例如,"假定对人口生育不加限制,您认为多子女和独生子女哪种情况更有利于培养子女成才?"这个问题采用了假定法。这样会比直接提问更有利于被调查者回答。

其三,调查问卷中答案的设计既要遵循互斥性原则,又要遵循完备性原则。

互斥性原则是指同一问题的若干答案之间关系是相互排斥的,不能有重叠、交叉和包含等情况;完备性原则是指所排列出的答案应包括问题的全部表现,不能有遗漏。

其四,调查问卷中所设计的一系列问题,要讲究排列顺序。

一般先易后难,符合逻辑性。这样能给被调查者一种轻松、方便、流畅的感觉,以顺利完成调查工作。

其五,问句要考虑到时间性。

时间过久的问题易使人遗忘,如"去年您家的生活费支出是多少?用于食品、衣服分别为多少?"除非被调查者连续记账,否则很难回答出来。一般可问:"上月您家生活费支出是多少?"显然,这样缩小时间范围可使问题回忆起来较容易,答案也比较准确。

其六,拟定问句要有明确的界限。

对于年龄、家庭人口、经济收入等调查项目,通常会产生歧义的理解,如年龄有虚岁、实岁,家庭人口有常住人口和生活费开支在一起的人口,收入是仅指工资还是包括奖金、补贴、其他收入、实物发放折款收入在内,如果调查者对此没有很明确的界定,调查结果也很难达到预期要求。

其七,问句要具体。

一个问句最好只问一个要点,一个问句中如果包含过多询问内容,会使回答者无从答起,给统计处理也带来困难。例如:"您为何不看电影而看电视?"这个问题包含了"您为何不看电影?"、"您为何要看电视?"和"什么原因使您改看电视?"等。防止出现此类问题的办法是分离语句中的提问部分,使得一个语句只问一个要点。

其八,要避免问题与答案不一致。

所提问题与所设答案应做到一致,例如,"您经常看哪个栏目的电视?"①经济生活；②电视红娘；③电视商场；④经常看；⑤偶尔看；⑥根本不看。

其九，有些问题需要跳问时，应在题目后面注明，并注意问题的逻辑顺序。

其十，调查问卷设计一定要通过小规模访谈进行修改。

第四节　量表设计

在问卷中，常常需对被调查者的态度、意见或感觉等心理活动进行判别和测定，如消费者对某种电器的喜欢程度、居民对油价上涨的态度和评价等，都要借助各种数量方法加以测定。所谓量表，就是通过一套事先拟定的用语、记号和数目，来测定人们心理活动的度量工具。量表可以将所要调查的定性资料定量化。

量表的主要优点如下：第一，可以对被调查者回答的强度进行测量；第二，将被调查者的回答直接转换成数字，这些数字直接用于编码；第三，量表问题可以使用一些更高级的统计分析工具。

量表的缺点主要是对被调查者的记忆和回答能力要求较高，容易引起被调查者的误解。

一、量表的类型

量表的种类很多，可以按照各种标准加以划分。市场研究者为了设计出符合调查项目的各种量表，应首先对量表的种类有一个基本认识。

1. 根据测量尺度可分为类别量表、顺序量表、等距量表和等比量表等

（1）类别量表。根据受访者的性质进行分类。

例如，"请问您知道×××牌洗发水吗？"①知道；②不知道。

例中每类答案的代表数值①，②只作分类之用，不能作数值计算。

（2）顺序量表。表示各类别之间不同程度的顺序关系。

例如，"请在下列数字后依次给出您最喜欢的洗发水品牌、第二喜欢的品牌、第三喜欢的品牌……"

①_____　　②_____　　③_____　　④_____　　⑤_____

例中，①、②、③、④、⑤等符号仅表示登记的顺序，并不表明量的绝对

大小。

（3）等距量表。不仅能表示顺序关系，还能测量各顺序位置之间的距离。

例如，"请您用 10 分制对××公司的满意度进行打分，1 分表示很不满意，10 分表示很满意"。

很不满意　1　2　3　4　5　6　7　8　9　10　很满意

得 6 分与得 5 分和得 4 分与得 3 分之差是相同的。但应注意，不能说得 8 分为得 4 得的 2 倍，这是由于等距量表上没有一个真正的零点。

（4）等比量表。表示各个类别之间的顺序关系成比率的量表，它有一个真正的零点，比如对身高、体重、收入等变量的测量。但采用这种量表的测量有一定的困难，在市场调查中，这种量表应用不多。

2. 根据态度答案数目可以划分为平衡量表和不平衡量表

如果有利态度答案的数目与不利态度答案的数目相等，该量表为平衡量表；否则为不平衡量表。例如，"您对某超市服务态度有什么看法？"

若答案为非常好、很好、好、一般、不好、很差、非常差，则是平衡量表。

若答案为非常好、很好、好、一般、不好，则是不平衡量表。

采用平衡量表，受访者的答案分配可能比较均匀、客观性较强；采用不平衡量表，答案可能会偏向有利或不利答案，但优点是可减少答案数目。

二、市场调查中常用的几种量表

目前，在市场调查中常用的量表有鲍氏社会距离量表、瑟斯顿量表、李克特量表和配对比较量表等，下面分别做简要说明。

1. 鲍氏社会距离量表（Bogardus Social Distance Scale）

鲍氏社会距离量表又称社会距离量表，是美国社会心理学家鲍格达斯于 1925 年创建的。这种量表过去一直广泛用于测量人们对种族群体的态度，现在，它也被用来测量人们对职业、社会阶层、宗教群体等事物的态度。鲍氏社会距离量表由一组表示不同社会距离或社会交往程度的陈述组成。按从最近社会距离到最远社会距离排列开来，如可以结亲（1）、可以作为朋友（2）、可以作为邻居（3）、可以在同一行业共事（4）、只能作为公民共处（5）、只能作为外国移民（6）、应被驱逐出境（7）。括号内分值越大表示社会距离越大；括号内分值越小表示社会距离越小。

在这一组问题中，实际上蕴含着一种超强的逻辑结构。除了某些例外情况外，量表本身的逻辑结构使我们能够得出这样的结论：当一个人拒绝了量表中一项关系，那么它也必将拒绝这一关系后面所有更强的关系。鲍氏社会距离量表测量所得到的结果，既可以用来比较具有不同特征的人们对某一群体的社会距离的大小，也可以用来比较具有相同特征的人们对不同群体的社会距离的大小。特别是将结果绘成统计图后，更便于进行分析。

例如，探讨美国人与阿尔巴尼亚人交往的意愿，可能会询问美国人如下问题：

你愿意让阿尔巴尼亚人住在你的国家吗？

你愿意让阿尔巴尼亚人住在你的社区吗？

你愿意让阿尔巴尼亚人住在你家附近吗？

你愿意让阿尔巴尼亚人住在你的隔壁吗？

你愿意让你的孩子与阿尔巴尼亚人结婚吗？

注意，上述问题逐步加强了受访者对阿尔巴尼亚人的亲近程度。开始时，我们要测量美国人与阿尔巴尼亚人交往的意愿，然后逐步发展，设计了一些交往程度不同的问题。这样建立起来的项目称为鲍氏社会距离量表。

鲍氏社会距离量表的项目在强度上有明显的差别。如果某人愿意接受某种强度的项目，那么他（她）就应该愿意接受该项目之前的所有项目，因为这些项目的强度更弱。例如，一个能让阿尔巴尼亚人住在自家附近的人，一定也愿意让他住在自己的社区和国家，但却不一定会跟阿尔巴尼亚人结婚。这就是各个项目之间强度的逻辑结构。从经验上看，人们愿意让阿尔巴尼亚人住在美国，但却只有少数人愿意让其子女与他们通婚。在这种情况下，可以称某些项目为简单项目（比如，让阿尔巴尼亚人住在美国）或是困难项目（比如，让子女与其结婚）。很多人都会接受简单项目，却无法接受困难项目。除了不可避免的特例之外，鲍氏社会距离量表的逻辑是受访者一旦反对某个项目，则对比该项目更困难的项目也会持反对态度。

鲍氏社会距离量表具有经济性，每个受访者能够接受的最难项目的分值就能代表其对量表中其他项目的回答。但鲍氏社会距离量表显然不适用于那些逻辑结构不明显的变量的测量。

2. 瑟斯顿量表（Thurstone Scaling）

瑟斯顿量表也就是等距量表法。由瑟斯顿为构造品质态度测量方法而设计的一项技术，即从单一的维度测量态度。这个方法首先搜集一系列有关研究态度的陈述或项目，然后邀请一些评判者将这些陈述按从最不赞同到最赞同方向分为若干类，例如11类。经过淘汰、筛选，形成一套约20条意义明确的陈述，沿着由最不赞同到最赞同的连续统计分布开来，要求参加态度测量的人在这些陈述中标注他所同意的陈述，所标注的陈述的平均量表值就是他在这一问题上的态度分数。

建立这种量表的基本步骤如下：

第一步，由研究者提出若干个可能的指标项目，通常有几十条之多。例如，了解人们对一周五天工作日的看法时，可用以下语句：

五天工作日对人们精神健康是绝对必要的；

五天工作日是社会进步的一种表现；

五天工作日是生产力提高的结果；

五天工作日是对劳动者基本权利的保障；

五天工作日没有必要；

五天工作日会使人变得懒散；

五天工作日有助于经济繁荣；

五天工作日会减少人们的收入；

……

第二步，将这些表述提供给一组评定人员（通常在10~20人），要求他们对每一个项目测量变量的强度进行评判（通过赋值，比如1~13分），对关系最弱的赋值1分，对关系最强的赋值13分，关系强度中等的赋予中间值，依此类推，赋予每个项目一个分值。

第三步，根据评定人员给予每一个项目的分数，计算其平均数和标准差。平均数反映了评定人员对某语句态度的集中程度，而标准差则反映了他们态度的离散程度。然后选出得到共识最多的项目，并剔除没有得到共识的项目。

第四步，在得到共识的项目中，选择代表1~13分（一个或多个）项目。在真正调查时向受访者提出，要求他们回答。

和鲍氏社会距离量表一样，瑟斯顿量表也具备经济性和效率。每一位受访者也会得到一个分值（受访者能够接受的最难项目的分值），而这个分值也能充分代表受访者对问卷其他项目的回答。

然而，瑟斯顿量表在实践中的使用频率并不高，主要原因如下：①量表的确定费时、费力；②评定人员的选择应有一定的代表性，否则当评定人员的态度和实际受访者态度发生较大差异时，会使这种方法失去信度；③组成变量的项目的含义也会随时间的演进而有所改变，所以每隔一段时间必须对量表进行更新；④无法反映受访者态度在程度上的区别，即当他们表示"反对"时，并不知道他们是反对、很反对还是极反对。李克特量表则可弥补这一不足。

3. 李克特量表（Liker Scale）

1932 年 R.李克特提出了一个简化的测量方法，称之为相加法。它不需要收集对每个项目的预先判断，只是把每个项目的评定相加而得出一个总分数。李克特量表也是由一系列陈述组成，利用 5 点或 7 点量表让被试做出反映，5 点量表是从强烈赞同（5）、赞同（4）、中性（3）、不赞同（2）到强烈不赞同（1）；7 点量表则分为强烈赞同、中等赞同、轻微赞同、中性、轻微不赞同、中等不赞同、强烈不赞同。这两种量表是使用最广的。李克特量表的一种改进形式是强迫选择法，为了使被试一定作出选择而排除了中性点，如把原 7 点量表改为 6 点量表。有人用颜面法代替陈述法，用之于无文化的被试。李克特量表法的结果与瑟斯顿量表法的相关系数约为 0.80。

李克特量表在问卷设计中的运用十分广泛。它也是要求受访者表明对某一表述赞成或否定，与瑟斯顿量表不同之处在于，受访者对这些问题的态度不再是简单的同意或不同意两类，而是将赞成度分为若干类，范围从非常赞成到非常不赞成，中间为中性类，由于类型增多，人们在态度上的差别就能充分体现出来。例如：

请您给下面的观点打分：

很同意（5 分）　　比较同意（4 分）　　不知道（3 分）　　不太同意（2 分）很不同意（1 分）

（1）越是有钱，越应该参加保险

（2）年轻人没有必要买养老保险

（3）只有人们的收入达到一定水平，才会考虑保险

（4）我不大爱生病，没必要参加保险公司推出的医疗保险

……

（10）目前保险定价合理

量表的项目应围绕问题的"典型"观点，所选项目应当分散，代表问题的一

个足够宽的范围。此外，需要考虑项目的正负方向（如对"非常同意"正面项目的和"非常不同意"负面项目的人都给 5 分），这样可以避免由于习惯"附和"或"反对"而造成的回答偏差。

4. 配对比较量表

配对比较量表是通过配对比较的方法来测量人们态度的一种量表。例如，某可乐饮料经销者非常想了解几种牌子的可乐饮料在消费者心目中的地位，就可采用此法。如果现有 A、B、C、D 四种牌子的可乐饮料，即可将其两两组合成六对，要求受访者（100 名）成对比较，并指出何者为佳。如果对 A 与 B 的比较中回答 A 佳，则在 A 较 B 为佳栏下记录一人，如果共有 20 人这样认为，则频数为20，全部六对可乐比较后所得结果如表 5-1 所示。

表 5-1　认为牌子 i 较牌子 j 为佳的人数分布

i ＼ j	A	B	C	D
A	—	80	70	40
B	20	—	30	15
C	30	70	—	35
D	60	85	65	—

为了更进一步分析，可将次数转化为频率，如表 5-2 所示。

表 5-2　认为牌子 i 较牌子 j 为佳的比率

i ＼ j	A	B	C	D
A	0.50	0.80	0.70	0.40
B	0.20	0.50	0.30	0.50
C	0.30	0.70	0.50	0.35
D	0.60	0.85	0.65	0.50
合计	1.60	2.85	2.15	1.40

在表 5-2 中，各牌子与自己比较的比率均为 0.5，将每栏的比率相加，就可得出各种牌子的态度值。四种牌子的态度值相比，显然以 B 最受欢迎：

B（2.85）＞C（2.15）＞A（1.60）＞D（1.40）

配对比较量表是属于顺序量表的一种，正如前面所讲的那样，根据顺序量表无法得知态度间的真正差距是多少。例如，上例中的 B 与 C 的差距为 0.70，不能说它是 A 与 D 差距 0.2 的 3.5 倍。这种方法适用于品牌（或规格、花色等）不多，而且消费者对各种牌子的商品比较了解的情况。

第五节　问卷测试

一份理想的问卷，既要能准确反映所要研究现象的属性，又要能在一定条件下以最小的计量误差得到所需的所有信息。问卷设计完成后，可以通过信度和效度来评价问卷设计质量，尤其是对量表进行测试。

一、信度和效度

信度（Reliability）是指问卷调查结果的一致性、稳定性和可靠性。如果研究单位的属性不变，测量结果也不变，则这种测量是可信的；相反，就是不可信的。以货物重量的测量为例，某种货物第一次所称重量为 50 公斤，再称一次仍然是 50 公斤，那么作为一种测量方法，使用的磅秤是可信的，因为两次测量结果都是 50 公斤，具有前后一致性。如果第一次称为 50 公斤，第二次称为 55 公斤，则所使用的磅秤就不可信。在市场调查中，所需测量的属性往往比货物重量这类属性复杂得多，其信度问题也就更加复杂。此外，问卷调查的内容、措辞、问题形式、顺序等都会影响答案的一致性。

效度（Validity）是指问卷能否真正测量到所要测量的东西，也就是能否达到测量的目的，是否正确衡量了研究者所要了解属性的程度。效度有两个基本要求：一是测量方式确实是在测量所要测量对象的属性，而非其他属性；二是测量方式能准确测量该属性。当某一测量方式符合上述要求，它就是有效的。以测试某课程学习成绩的试卷为例，如果试卷内容过于简单或远远超出学习内容，都无法准确反映学生学习水平，该试卷就属于无效试卷。

信度仅指测量结果的可靠程度，不涉及测量所得结果是否达到目的；效度则针对测量的目的，考察问卷能否发挥其测量的功能，考察的是测量的有效程度。效度与信度是优良问卷所必备的两项主要条件。效度与信度之间存在的关系，可以用一句话来概括：信度就是效度的必要条件而非充分条件。就是说，问卷要有效度就必须有信度，不可信就不可能正确。但是，信度不是效度的充分条件，即有了信度，不一定有效度。

二、信度评价

实际上不可能重复测量一个人多次，所以无法直接得到受试者内在的变异，只能利用团体资料，用受访者相互之间的变异进行估计，或者是对同一群受访者重复测量两次，用其变异情况的相关系数来表示。对于问卷设计，信度评价的方法主要有重复检验法、交错法、折半法和内部一致性等。

重复检验法（Test-retest Reliability）是通过用同一测量手段对同一群受试者前后测量两次，再根据两次测量的相关系数测度信度。例如，对一群人进行问卷调查后，隔一段时间再用同一份问卷对同一群受访者进行调查，两次测量结果之间的相关系数就反映问卷的信度。该种测验方法要求同一样本重复实施两次调查，优点是可以提供有关测验结果是否随时间而变异的资料，作为预测受试者将来行为表现的依据；缺点是受时间和经费的限制，现实中往往难以实现。此外，为避免记忆的影响，前后两次测验相隔时间适度，一般而言，相隔时间越长，稳定系数越低。

交错法（Alternate-form Reliability）是指研究者设计两份问卷，每份使用不同的问题，但测量的是同一个属性，让同一群受访者回答。根据两份问卷测量结果的相关系数计算问卷的信度，该种信度称为交错信度。该种方法要求两份问卷在题数、形式、内容以及难度、鉴别度等方面都要一致。

折半法（Split-half Reliability）是将一份问卷中的问题随机分为两部分（通常要求这两部分问题数目相等），然后考察这两部分的测量结果的相关系数。如果结果高度相关，问卷就是可信的，否则就是不可信的。该种信度称为折半信度。将问卷分为两半的方法很多，通常是将奇数题和偶数题分开。

内部一致性（Internal Consistency）是利用测量量表中题项的同质性来测量信度。测量理论表明，题项之间的相关题项和潜在变量之间有某种逻辑关系，如果量表的题项与潜在变量之间存在强相关，题项之间应该也有很强的相关。量表的内部一致性程度会影响题项的相关。阿尔法系数（α）常用于度量内部一致性信度，α 被定义为类量表中由共同的因素所引起的总体方差的比例，协方差 α 的一般公式如下：

$$\alpha = \frac{k}{k-1}\left(1 - \frac{\sum \sigma_i^2}{\sigma_y^2}\right) \tag{5-1}$$

式中，σ_i^2 为各题项的方差，每个方差所包含的信息都是以单一题项为基础的、非共有的；σ_y^2 代表量表的总体方差，等于所有题项方差与协方差之和；$\left(1 - \frac{\sum \sigma_i^2}{\sigma_y^2}\right)$ 代表了潜在变量引起的、共有的方差比例；$\frac{k}{k-1}$ 则是用来把 α 的取值限定在 0~1。

计算 α 的另一个一般公式是以相关为基础的，实际上使用的是平均题项间相关，公式如下：

$$\alpha = \frac{k\bar{r}}{1+(k-1)\bar{r}} \tag{5-2}$$

一般来说，信度的判别标准如表 5-3 所示。

表 5-3 信度的判别标准

信度≤0.30	不可信
0.30 < 信度≤0.40	初步的研究，勉强可信
0.40 < 信度≤0.50	稍微可信
0.50 < 信度≤0.70	可信（最常见的信度范围）
0.70 < 信度≤0.90	很可信（次常见的信度范围）
0.90 < 信度	十分可信

三、效度评价

低效度的问卷往往无法达到测量目的。对效度的评价非常重要，但也十分复杂和困难。研究者可以侧重从三个角度进行判断：一是观察问卷内容切合主题的程度。二是测量调查结果与有关标准间的相关程度。例如，可观察消费者对某种产品的满意状况与对该产品的使用情况的相关性，当具有显著相关时，说明此问卷具有较高的效度。三是从实证角度分析其结构效度。

对于问卷设计，效度的度量可以从内容效度、准则效度和建构效度三个角度进行判断。

1. 内容效度

内容效度是测量内容的适合性和相符性，要看问卷内容是否抓住或体现调查问题的所有或主要特征，能不能实现所欲调查的目的。问卷内容与事先所要调查内容越一致，就说明调查问卷的内容效度越高，调查结果越有效。

2. 准则效度

准则效度指的是用几种不同的测量方式或不同指标对同一变量进行测量时的一致性程度。选择其中的一种方式或指标作为准则，其他的方式或指标与这个准则作比较，如果不同的测量方式或不同指标调查结果高度相关，则具有准则效度。例如 X 是一个变量，用 X_1、X_2 两种工具测量。用 X_1 作为准则，X_1 和 X_2 高度相关，我们说 X_2 也具有很高的准则效度。当然，关键在于，作为准则的测量方式或指标一定要是有效的，否则效果比较差。

3. 建构效度

建构效度也称为结构效度，问卷调查结果能够测量其理论特征，即问卷调查结果与理论预期一致，则认为有建构效度。换言之，建构效度就是调查结果与所要调查属性的同构程度。例如，在对婚姻满意度调查问卷的效度分析中，根据理论预期，婚姻满意度与婚姻忠诚度相关。调查结果表明：与对婚姻不满意的夫妻相比，对婚姻满意的夫妻不太可能欺骗对方。调查结果与理论预期一致，证明调查问卷具有建构效度。

效度测定的这三种类型，从内容效度、准则效度到建构效度，可视为一个累进的过程，建构效度常被认为是最强有力的效度测量程序。内容效度只需要一个单一的概念和对该概念的一个测量法；准则效度仅需要一个概念，但需要对该概念的两个以上的测量法；而建构效度则不仅需要概念和测量法，而且还需要命题中的相关概念及其测量法。效度是针对某种评测目的而言的，并不具有普遍意义，而且效度分析具有多面性，综合分析各类型的效度才能把握结果的有效性。现实中对效度的分析主要是采用定性方法。除此之外，因子分析也是效度分析的有力统计工具。

第二篇　市场分析方法篇

　　市场调查经过科学的调查方案设计，周密的组织安排实施，获得可靠的基础数据之后，需要运用统计分析方法对数据进行市场分析。调查资料的统计分析主要是运用统计分析技术对采集到的原始数据进行运算处理，并由此对研究总体进行定量的描述与推断，以揭示事物内部的数量关系与变化规律。决策者据此对市场做出判断，准确对自身定位，给出决策。

| 第六章 |

市场分析概论

市场调查是指运用科学的方法，有目的、系统地收集、记录、整理和分析市场信息。了解市场发展变化的现状和趋势，为市场预测和管理决策提供科学依据。市场分析能使决策者更加深入市场，熟识市场信息，把握市场关键问题。

第一节　市场分析内容与方法

数据分析虽然在数据采集之后，但对调查数据如何进行分析的计划早在设计调查方案时就形成了。在进行调查方案的设计时，就需要根据调查项目的性质、特点、所要达到的目标，预先设计好数据分析技术，制定好分析计划，否则就会出现所收集的数据资料不符合分析要求的情况。数据分析人员不仅需要熟悉各种统计分析方法，还要熟悉统计分析软件和计算机操作。统计软件有多种，从目前国内的应用情况来看，使用 SPSS、SAS、R 者居多。

一、市场分析内涵

市场调查分析就是根据一定的调查目的，运用一种或几种数据分析方法，按照一定的程序，对调查并经过整理的数据资料进行分组、汇总、检验和分析，得到所调查事物或现象的本质及规律，进而指导实践过程的一整套程序和方法。要正确理解市场分析的含义，必须掌握以下要点：

1. 客观性问题

强调调查活动必须运用科学的方法，符合科学的要求，以求市场分析活动中的各种偏差极小化，保证所获信息的真实性。

2. 系统性问题

市场分析是一个计划严密的系统过程，应该按照预定的计划和要求去收集、分析和解释有关资料。

3. 资料和信息

市场分析应向决策者提供信息，而非资料。资料是通过营销调查活动所收集到的各种未经处理的事实和数据，它们是形成信息的原料。信息是通过对资料的分析而获得的认识和结论，是对资料进行处理和加工后的产物。

4. 决策导向

市场分析是为决策服务的管理工具。

可见，市场分析的主要目的是研究商品的潜在销售量，开拓潜在市场，安排好商品地区之间的合理分配，以及企业经营商品的地区市场占有率。通过市场分析，可以更好地认识市场的商品供应和需求的比例关系，采取正确的经营战略，满足市场需要，提高企业经营活动的经济效益。

一项完整的统计工作过程，是人们利用统计认识社会总体现象的过程，是从感性认识上升到理性认识的全过程。同时，也体现了统计研究从质的规定性出发，经过量的认识，达到对事物质与量的统一的认识过程。统计工作的各个阶段，既前后紧密连接又相互独立，但在实践中，它们之间又往往交叉进行。在市场研究中，统计分析的目的主要是用来简化和描述数据资料，寻找并展示变量间的统计关系，用样本统计量推断总体。

二、市场分析的作用与过程

市场分析主要是指对市场调查的数据采用定性与定量方法进行分析，以便得出具有市场价值的信息。市场分析的基本结果都是以市场研究报告的形式表现出来。市场分析的需求对象主要是利用行业分析（汽车行业、证券市场、资本市场等）、企业需求分析、企业竞争对手分析、市场营销分析等进行决策的各类用户。

1. 市场分析在企业经营决策中的重要作用

（1）市场分析可以帮助企业发现市场机会并为企业的发展创造条件。企业若想在一个新的市场开辟自己的业务，除了要了解该市场的市场需要之外，还要了解该市场商业上的竞争对手，这些工作都要通过各种分析手段来完成。只有通过细致的市场调查和分析，企业才有可能对自己的营销策略做出正确的决策，就这点而言，公司规模越大，市场分析工作也就显得越重要，也就越需要在市场分析方面进行大量的投资。

（2）市场分析可以加强企业控制销售的手段。促销活动是企业在推销产品过程中的主题活动，然而企业如何进行促销活动和选择什么样的促销手段，则要特别依靠市场分析工作。以广告为例，商业广告的途径和种类很多，但究竟哪一种广告的效果好，还需要进行细致的分析研究。比较性广告似乎更容易给消费者留下印象，因为它通过比较两种不同产品的各种功能与特点来突出其中的主题产品。不过，并不是所有的商品都适宜于用比较性广告。因此，何时、何地、在何种情况下企业应该运用比较性广告来宣传自己的产品，就需要进行分析研究。另外，广告向消费者传播以后效果如何，也要通过分析产品的销售记录才能得出。

（3）市场分析可以帮助企业发现经营中的问题并找出解决的办法。经营中的问题范围很广，包括企业、企业责任、产品、销售、广告等各个方面。造成某种问题的因素也不是那么简单，尤其是当许多因素相互交叉作用的时候，市场分析就显得格外重要。

（4）市场分析可以平衡企业与顾客的联系。市场分析通过信息及对信息的分析和处理把顾客和企业联系起来。正是由于有了这些信息，才使市场分析人员能够确定市场中存在的问题，检查市场营销活动中不适当的策略与方法，同时找出解决这些问题的办法。

（5）市场分析可以为政府有关部门了解市场、对市场进行宏观调控提供服务。例如，政府投资部门可通过市场分析来决定重点扶持哪个行业。计划部门则可通过市场分析来预测不同行业的发展状况，制订合理的宏观发展规划。

2. 市场分析的过程

第一，定义市场营销中存在的问题并明确市场研究或分析的目标。

第二，分析市场中存在问题的影响因素。

第三，收集与研究目标相关的信息和数据。

第四，处理数据并确定解决问题的最佳方案。

第五，根据最佳方案制订相应的市场营销计划并加以实施。

第六，对实施方案进行评价、调整和改进。

三、市场分析的内容与方法

下面简单介绍市场分析的内容，以及一些常用的市场分析的方法，如系统分析法、比较分析法、结构分析法、演绎分析法、案例分析法、定性与定量分析结合法、宏观与微观分析结合法、物与人的分析结合法、直接资料法、必然结果法、复合因素法等。

1. 市场分析的内容

市场分析的研究对象是整个市场，这个对象可以从纵横两个角度去考察。从纵向角度来看，市场分析要研究从生产者到消费者的所有商业活动，揭示生产者和消费者各自在从事市场活动中的行为和遵循的规律。无论是生产者还是消费者，在其从事市场活动中都必须既要了解自己，又要认识对方。生产与消费是一对矛盾，在整个市场活动中达到对立的统一。生产者和消费者只有按照其固有的规律行事，才能成为把生产和消费有机统一起来的桥梁。从横向角度来看，在现代市场经济体制中，市场活动是一个全方位的活动。一方面，不同的国家和地区由于受其政治、文化等方面的影响，它们的市场活动是有差异的，因此，市场分析必须揭示这些市场活动的特点和规律。另一方面，即便是同一市场活动的主体，由于各种不同市场的交互作用，它们活动的内容也是极为广泛的，也就是说，市场的类型是多种多样的，各种不同类型的市场特点和运行规律就成了市场分析的又一重点研究对象。总之，市场分析的研究对象是极为广泛和复杂的，广泛性和复杂性是市场分析研究对象的重要特点。

市场分析的内容和市场分析的研究对象是紧密相连的，从市场分析的研究内容及研究目的考察，市场分析的路径总是从宏观到微观，其主要内容包括以下领域：市场环境及其变化趋势分析；市场景气分析；消费者行为研究与市场细分；市场需求的衡量与预测；顾客满意度研究和市场反应研究。

2. 市场分析方法

对任何事物的认识都是一个从抽象到具体的过程，对市场的分析研究也必须遵循这一认识规律。市场分析在对市场这一对象进行研究时，首先对市场问题进行概括的阐述，继而以基础理论、微观市场、宏观市场对市场进行较为详尽的分析，最后对市场的各种类型进行了具体的解剖，从而使人们对市场的状况和运行规律有了了解和认识。

（1）系统分析法。市场是一个多要素、多层次组合的系统，既有营销要素的结合，又有营销过程的联系，还有营销环境的影响。运用系统分析的方法进行市场分析，可以使研究者从企业整体上考虑企业经营发展战略，用联系的、全面的和发展的观点来研究市场的各种现象，既看到供给方面，又看到需求方面，并预见到他们的发展趋势，从而做出正确的营销决策。

（2）比较分析法。比较分析法是把两个或两类事物的市场资料相比较，从而确定它们之间相同点和不同点的逻辑方法。对一个事物不能孤立地去认识，只有把它与其他事物联系起来加以考察，通过比较分析，才能在众多的属性中找出本质的属性。

（3）结构分析法。在市场分析中，通过市场调查资料，分析某现象的结构及其各组成部分的功能，进而认识这一现象本质的方法，称为结构分析法。

（4）演绎分析法。演绎分析法就是把市场整体分解为各个部分、方面、因素，形成分类资料，并通过对这些分类资料的研究分别把握特征和本质，然后将这些通过分类研究得到的认识联结起来，形成对市场整体认识的逻辑方法。

（5）案例分析法。所谓案例分析，就是以典型企业的营销成果作为例证，从中找出规律性的东西。市场分析的理论是从企业的营销实践中总结出来的一般规律，它来源于实践，又高于实践，用它指导企业的营销活动，能够取得更大的经济效果。

（6）定性与定量分析结合法。任何市场营销活动都是质与量的统一。进行市场分析，必须进行定性分析，以确定问题的性质，也必须进行定量分析，以确定市场活动中各方面的数量关系，只有使两者有机结合起来，才能做到不仅对问题的性质看得准，又能使市场经济活动数量化，从而更加具体和精确。

（7）宏观与微观分析结合法。市场情况是国民经济的综合反映，要了解市场活动的全貌及其发展方向，不但要从企业的角度去考察，还需从宏观上了解整个国民经济的发展状况。这就要求必须把宏观分析和微观分析结合起来以保证市场分析的客观性、正确性。

（8）物与人的分析结合法。市场分析的研究对象是以满足消费者需求为中心的企业市场营销活动及其规律。作为企业营销的对象是人。因此，要想把这些物送到所需要的人手中，就需要既分析物的运动规律，又分析人的不同需求，以便实现二者的有机结合，保证产品销售的畅通。

（9）直接资料法。直接资料法是指直接运用已有的本企业销售统计资料与同行业销售统计资料进行比较，或者直接运用行业地区市场的销售统计资料同整个社会地区市场销售统计资料进行比较。通过分析市场占有率的变化，寻找目标市场。

（10）必然结果法。必然结果法是指商品消费上的连带主副等因果关系，由一种商品的销售量或保有量而推算出另一种商品的需求量。

（11）复合因素法。复合因素法是指选择一组有联系的市场影响因素进行综合分析，测定有关商品的潜在销售量。

上述是常用的市场分析方法，这些统计方法按照市场研究目的的不同，可分为描述统计分析和推断统计分析。按照分析时涉及变量的多少，可分为单变量统计分析、双变量统计分析和多变量统计分析。

四、市场分析的理论基础

基础理论分析是进行市场分析的必备工具，包括市场调查、市场预测和数据资料的分析与处理等；市场技术分析又称市场微观分析，主要包括消费者购买行为分析、产品分析、营销管理分析等；市场宏观分析主要包括国内市场环境分析、国际市场环境分析等；市场类型分析主要包括消费品市场分析、生产资料市场分析、劳动力市场分析、技术市场分析、房地产市场分析、信息市场分析等；金融市场分析主要包括证券市场分析、期货市场分析和保险市场分析等。要进行市场分析，首先需要有基本的统计数据，因而要进行市场调查；调查得到的数据，又要进一步加工处理，才能用于实际的分析。

同时，市场分析要以辩证唯物主义所阐明的对立统一规律、量变质变规律及认识论的诸多原理作为方法论基础，以政治经济学、西方经济学所阐明的经济发展规律和基本原理作为理论基础，对市场调查的实际情况进行分析。

市场分析是市场研究的最后环节。它是根据市场研究的目的，运用各种统计分析方法，计算各种分析指标，来反映市场统计总体特征、规模、水平及各种比例关系，揭示市场总体的本质和发展规律，并进行统计预测，掌握总体事物未来的发展趋势，为此，在市场统计分析中，应遵守科学性原则、规范性原则和效用最大化原则。

第二节 市场分析数据来源、评价与选择

市场分析数据来源有一手资料和二手资料，即初级资料（原始资料）与次级资料。

一、二手资料

二手资料又称二手数据，是相对于一手资料（亦称原始资料）而言的。所谓原始资料是为了解决特定问题而专门收集的访谈资料、观察资料、实验资料或其他调查资料。二手资料是指那些以前收集好的而且通常已经使用过的资料，这些资料既包括那些过去市场调查资料，也包括那些非市场调查资料，甚至还包括那些不一定与当前问题有关的历史资料。

二手资料是因其他目的已经收集好的资料。与原始资料相比，二手资料有很多不同点。二手资料是长期累计形成的，数量巨大，用途多样，信息很多，来源广泛，而且比较容易得到，相对来说比较便宜，并能很快地获取。由于二手资料是为其他目的而不是为特定的问题而收集的，因此，二手资料在解决当前问题方面存在缺陷。二手资料的缺陷主要体现在资料的相关性和准确性不够，收集数据的目的、性质和方法不一定适合当前的情况，二手资料可能过时而缺乏准确性。在市场调查中，使用二手资料花费的时间、费用较少，不受时间和空间的限制，不受调查人员和被调查者主观因素干扰的优点。同时，二手资料是为其他目的而收集的，又存在着时效性差、缺乏一致性、利用率较低的局限性。

二手资料的采集称为文案调查。文案调查是指利用内部与外部（公开与未公开）的各种信息、情报资料，对调查内容进行研究的一种调查方法。与实地调查相比，文案调查具有自己的特点。

二手资料的评价包括两个方面：一是关于数据收集过程基本信息的评价；二是关于数据收集质量的评价。综合起来包括可靠性、目的性、技术性、误差水

125

平、内容的合适性和时效性。二手资料来源于两个方面：一是企业自身；二是其他机构或人士。

1. 企业内部资料

内部资料是存在于企业内部的资料，它们是在企业的正常运转过程中收集、整理并使用的。它主要是企业内部各经营环节、各管理部门和各层次产生并发出的企业经济活动的各种记录、凭证等信息资料。它主要来源于以下五个具体方面：业务资料、统计资料、供销资料、财务资料、企业积累的其他资料。

企业内部资料的收集必须特别重视以下几个来源：

（1）企业数据库。企业数据库就是存放企业关于生产经营相关信息的一种系统。企业数据库分门别类记载着企业的各种数据，例如人力资源部门的员工数据库、财务部门的财务数据库、营销部门的有关销售数据库，等等。

（2）企业决策支持系统（DSS）。决策支持系统作为一种新兴的信息技术，能够为企业提供各种决策信息以及许多商业问题的解决方案，从而减轻了管理者从事低层次信息处理和分析的负担，使他们专注于最需要的决策智慧和经验工作，因此提高了决策的质量和效率。理想的决策支持系统具有互动性、灵活性、导向性的特点，易于学习和操作。

（3）企业数据仓储（DW）。数据仓储就是利用电子技术所提供的大量数据储存、分析能力，将以往无法深入整理分析的客户资料建立成为一个强大的客户关系管理系统，以帮助企业制定精准的营销对策，适时提供决策支持信息。数据仓库有别于传统的数据库，数据库是未经整理的一大堆资料集合，而数据仓库是从数据库中萃取出来，经过资料、规划、建构而成的一个系统的数据库的子集合。数据仓库具有主题导向、整合性、长期性和稳定性的特点。后者则主要集中在数据的表现与展示。一般来说，常用的数据仓库解决方案至少应涵盖三大部分：创建数据模型（Data Modeling），数据整合与存储（ETL）以及数据表现与展示（BI）。

（4）企业信息管理系统（MIS）。企业信息管理系统是一个由人、机组成的能进行信息的收集、传递、储存、加工、维护和使用的系统。它能实测企业的各种运行情况；利用过去的数据预测未来；从企业全局出发辅助企业进行决策；利用信息控制企业的行为；帮助企业实现其规划目标。

2. 企业外部资料

企业外部资料是存在于企业外部各种各样信息源（如书籍、报刊、政府出版物、名录等）上的资料。它主要包括七个方面的信息来源：政府和经济管理部门公布的有关资料；各种经济信息中心、专业信息咨询机构、统计部门、行业协会公布和保存的市场信息和有关情报；国内外有关书籍、报刊和电台、电视台所提供的信息资料；各种国际组织、外国使领馆、商会所提供的国际市场信息；各种类型的图书馆和资料室；有关生产和经营机构提供的商品目录、广告说明书、专利资料及商品价目表等；专业性、学术性经验交流会议上所发放的文件和材料。

外部二手资料以上来源可以概括为两个方面：

（1）传统来源。二手资料的基本来源是传统出版物与传统信息集散场所。前者包括报纸、杂志、图书、广播、电视，政府与国际组织出版物、统计公报和行业刊物，还有一些大企业自己的信息披露载体；后者包括图书馆、档案馆、资料中心或信息中心、政府机构、各种行业协会和专业学会，等等。

（2）电子数据产品。目前，外部二手资料最应该受到特别重视的两个来源，一是互联网，二是电子数据产品。

使用二手资料时必须仔细评估其有效性，为此应该检查以下几个方面：①信息是谁收集的？②当初的调查目的是什么？③信息是什么时间收集的？④信息收集的方法是什么？⑤信息与其他调查结果是否一致？⑥原来是否有关于调查精度的说明？

二、描述性研究数据的获取与选择

描述性研究是市场研究中最常采用的方法，也是结论性研究的一种方法。其数据是一手资料，它获取的方法主要有调查法和观察法。

1. 调查法

调查法是指利用从总体中抽取的一个样本，采用设计好的一份结构式问卷，从被调查者中获取需要的具体信息的方法。利用调查法采集描述性数据有三个特点：一是一般采用随机抽样的方法；二是结构式直接调查；三是收集的数据比较可靠。

按照调查的管理实施方式，可将其分为三大类：电话调查、面访调查和邮寄调查。电话调查可以分为传统的电话调查和计算机辅助电话调查（CATI）；面访调查分为入户面访、拦截式访问和计算机辅助面访（CAPI）；邮寄调查分为一般的邮寄调查和固定样本的邮寄"盘努"。

不同的调查法采集的数据具有多样性和差异性，需要明确其特征。分析者一般根据 14 个因素进行比较和评价，即数据收集的灵活性、问答题的多样性、有形刺激的使用（显示产品的样品、照片、广告或促销演示）、样本控制、数据收集环境的控制、实施力的控制、数据的数量、回答（收）率、被调查者感受到的匿名程度（保密性）、社会合意性（客观需要）、获取敏感信息的可能、可能由调查员造成的偏差、速度、费用。

2. 观察法

观察法是描述性研究的另一种方法，它是指调查者在现场对被调查者的情况直接观察、记录，以取得相关信息的一种调查方法。

观察法可从不同角度进行分类。按观察结果的标准化程度可分为控制观察和无控制观察；按观察者参与观察活动的程度不同划分为完全参与观察、不完全参与观察和非参与观察；按所取得资料的时间特征不同划分为纵向观察、横向观察和纵横结合观察；按观的具体形式不同划分为人员观察、机器观察和实际痕迹观察。

在采用观察法时，记录技术的好坏直接影响着调查结果和调查数据的质量，因此，应注意选用适当的记录技术。记录技术主要包括卡片、符号、速记、记忆和机械五种。观察法具有自身的优缺点和特定的应用范围。

三、因果关系研究数据的获取与选择

用于因果关系研究的数据通常是通过实验法来获得的。实验法是通过小规模的实验来了解企业产品对社会需求的适应情况，以测定各种经营手段取得效果的市场研究方法。

1. 实验法中常用的术语

（1）自变量。又称独立变量，在实验设计中是因子，也称处理变量。它是指在实验过程中实验者所能控制、处置或操纵的（实验者可以规定或改变这些变量的水平或取值），其效果可以测量和比较的变量。每个因子在实验中需要考虑的不同量值或种类，称为水平。

（2）实验单位。指实验的主体，可以是个人、组织或其他实体。

（3）因变量。也称响应。它是指测量自变量对实验单位之效果的变量。

（4）外来变量。也称无关变量。它是指除自变量以外一切能影响因变量的值（实验单位的响应）的其他所有变量。外来变量主要有两类：第一类是由于实验单位之间的差别造成的影响，这些影响是可以通过实验设计加以控制的。第二类是不能控制的外来因素。通过随机抽样决定实验单位的方法，有可能减少这些外来因素对实验结果的影响。

（5）实验。指研究人员在控制外来变量影响的同时，控制和操纵一个或多个自变量，并测量它们对一个或多个因变量的效应。同一实验应该可以在尽可能相同的条件和环境下重复进行。

（6）实验设计。指具体地规定进行实验的一系列方法：①规定实验单位，以及如何将这些单位划分为同类或同质的子样本；②需要控制或处置的自变量；③需要测量的因变量；④如何控制外来变量。

（7）实验误差。市场实验的因变量除了受到自变量的影响外，还受到外来变量或测量误差的影响。通过实验设计，可以控制或消除部分外来因素的影响，但仍然会有部分未能识别的外来因素的影响不能消除。另外，还有一些测量上的随机误差无法用统计方法消除，它们都会对因变量的变动产生影响。由这些外来因素和随机误差所导致的影响统称为实验误差。

2. 实验法的分类

按照实验的场所不同可以将市场实验分为实验室实验和现场实验；按照实验是否将实验单位随机分组可以将市场实验分为非随机化实验和随机化实验。

要确保实验结论的有效性，关键是控制外来变量，进而提高实验的内部有效性和外部有效性。内部有效性表示用实验测量自变量对因变量的影响或效应的准确性。如果能够证明实验变量或处理变量真正对因变量产生可观察到的差异，那么这个实验就可以被认为是内部有效的。外部有效性表示将实验的结果推广到实验环境以外或更大总体的可能性。外来变量对实验有效性的威胁来自时间效应、选样偏差、回归效应、丢失效应和测试效应等方面。

常用的控制外来变量的方法有随机化分组、匹配分组、统计控制和实验设计。

3. 实验法的优缺点

（1）主要优点。可以探索不明确的因果关系；实验的结论有较强的说服力。

（2）主要缺点。成本高昂，保密性差，管理与控制困难。

四、市场分析数据的评价与选择

一般而言，用于市场分析的数据有三类：时间序列、横截面以及混合数据。一个时间序列是对一个变量在不同时间取值的一组观测结果。时间序列数据可以是定量数据，如收入、价格、货币供应量，也可以是定性数据，如男性或女性、工作或不工作等。横截面数据是指一个或多个变量在同一时间点上收集的数据。它可以是定性数据，也可以是定量数据。将时间序列数据和横截面数据按照一定的规则排列起来就构成了混合数据。在混合数据中，按照时间变量考察，可以获得对现象的动态变化的相关信息。而按照截面单位考察，可以获得因空间或规模的变化形成的差异。

常见的分析数据来源主要有公司发货额、库存监测、货架零售监测、零售扫描监测、消费者邮件日志调查（含住户家计调查）、商店扫描调查、家庭扫描追踪调查、单一来源数据、合并数据和直接反映数据。各类数据具有自己的特征和市场分析用途。

第三节　市场调查资料的整理

资料整理是对调查阶段收集到的大量个别信息进行科学的分类、加工、汇总，使之系统化、条理化，成为能够反映总体现象特征的综合指标的工作过程。资料整理是在人们认识客观世界的过程中，由感性认识向理性认识的过渡阶段，它起着承上启下的作用。

一、资料整理的意义、内容

调查资料的整理，就是根据调查目的，运用科学方法，对调查所得的各种原始资料进行审查、检验和分类汇总，使之系统化和条理化，从而以集中、简明的方式反映调查对象总体情况的工作过程。市场调查资料的整理，主要包括拟定整理纲要、审核原始资料、进行分组汇总、审核汇总资料、编制和绘制统计表、统计图资料的保管与积累。

1. 资料整理的意义

数据整理是指根据市场研究的任务和要求，对市场调查所取得的原始资料进行科学的分类、汇总或对已整理过的资料进行再加工，使之系统化、条理化，以得到反映市场总体特征的综合指标的工作过程。

通过市场调查，所收集到的信息资料是杂乱无序的，仅仅反映了市场的具体情况和事物的表面现象，不能深刻说明市场的本质，难以揭示出市场的内在发展规律。因此，必须对这些信息进行科学的加工整理，以便概括市场特征、揭示市场运行的规律。

数据整理是市场调查工作中不可或缺的重要环节，具有承前启后的作用。数据整理不仅是一个简单的汇总工作，它既是市场调查的继续，也是统计分析的前提。如果没有数据整理，即使市场调查所得的资料再丰富、再完善，其作用也发挥不出来，调查工作也就无法进行下去。市场调查所收集到的大量资料，只有通过科学的整理加工，形成反映市场特征的综合资料，才能为下一步的市场分析做好准备。数据整理的结果是否如实反映客观情况，决定了市场统计资料的价值，进而影响到市场分析的准确性与真实性。

2. 资料整理的内容

资料整理工作是一项科学细致的工作，它包括对市场资料的审核、分组、汇总和编制统计图表等环节，因此，进行资料整理的主要内容包括以下几个方面。

（1）拟定整理纲要。数据整理的首要工作就是拟定整理纲要，确定市场调查所收集到的资料中哪些内容需要整理、对资料如何分组，以及确定整理中所涉及的指标和指标体系。数据整理纲要的主要形式是一整套整理表格，在表格上列出指标体系和统计分组，另外还要编制相关说明。数据整理纲要是保证整理工作有计划、有步骤、有组织进行的前提。

（2）审核原始资料。在收集资料的过程中，经常会由于某些原因出现一些差错。因此，为了确保市场资料准确无误以及符合市场研究目的的要求，必须对调查所获得的原始资料进行严格的审核，发现问题应及时纠正。它是数据整理中的一个重要环节，主要对资料的准确性、及时性和完整性进行审核。

（3）进行分组汇总。分组汇总就是用一定的组织形式和方法对经过审核的资料进行分组、汇总和计算。根据研究目的和市场分析的需要，选择整理的标志，并进行划类分组。科学的分组是搞好整理的前提条件，只有正确的分组才能整理出有科学价值的综合指标，并借助这些指标来揭示市场运行的本质与规律。

（4）审核汇总资料。对整理后的资料进行审核，以改正在汇总过程中发生的各种差错。

（5）编制和绘制统计表、统计图。根据市场分析的要求和社会经济现象之间的联系，将整理好的资料编制成统计表或绘制成统计图，可以简明扼要地反映市场运行的数量特征。

（6）资料的保管与积累。市场研究中经常要进行动态分析，这就需要有长期累积的历史资料，而根据积累资料的要求，对已有的市场资料进行筛选，以及按历史的口径对现有的市场资料重新调整、分类和汇总等，都必须通过数据整理工作来完成。

二、调查资料的接收、审核及预处理

调查能否得出理想的成果以及成果质量的高低，很大程度上取决于调查资料的接收、审核、校订及预处理。

1. 调查资料的接收

调查资料的整理计划应该在研究设计阶段就制定好，但真正着手整理是从仍在实施的现场中回收的第一份问卷开始的。因此，如果一旦发现问题，还可以及时地纠正或改进实施的工作。接收调查资料（完成的问卷）工作的要点如下：

（1）认真仔细地管理好数据的收集和问卷的回收工作，要掌握每天完成的问卷数和每天接收的问卷数。

（2）在完成的问卷后面记录下问卷完成的日期和接收的日期，以便有必要在分析过程中可对先接收的数据和后接收的数据作比较。

（3）多个项目同时实施时，必须清楚地记录以下的数字：交付实施的项目数、仍在实施的项目数、已完成并返回的项目数。

（4）每一份返回的问卷都要记录一个唯一的、有顺序的识别号码，作为原始的文件。

（5）在有专人进行资料的核对、事后的编码、数据的录入等工作时，必须按识别的号码，准确地记录清楚是谁拿着哪些原始文件（返回的问卷）。

（6）要让所有参与资料整理工作的人员都知道，他们不但负有保证工作质量的责任，还负有保证不丢失任何原始文件的责任。

2. 调查资料的审核

资料的审核一般是指对回收问卷的完整性和访问质量的检查。其目的是要确定哪些问卷可以接收，哪些问卷要作废。审核要点是规定若干规则，使检查人员明确问卷完整到什么程度才可以接收。以下是不能接收的问卷：①所回收的问卷是明显不完整的，例如，缺了一页或多页；②问卷从整体上是回答不完全的；③问卷的几个部分是回答不完全的；④问卷只有开头的部分是回答完全的；⑤回答的模式说明调查员（被访者）并没有理解或遵循访问（回答）指南，例如，没有按要求跳答，等等；⑥答案几乎没有什么变化，例如，在用 5 级量表测量的一系列问答题中，只选了答案 3，等等；⑦问卷是在事先规定的截止日期以后回收的；⑧问卷是由不合要求的被访者回答的。

调查中，对于检查人员难以判断的问卷，应该先放在一边，通知研究人员来检查以决定取舍。通常将原始文件（问卷）分成三部分：可以接收的、明显要作废的、对是否可以接收有疑问的。

如果有配额的规定或对某些子样本有具体的规定，那么应将可以接收的问卷分类并数出其数量。如果没有满足抽样的要求，就要采取相应的行动，例如在资料的校订之前对不足份额的类别再做一些补充的访问。

3. 调查资料的校订

调查资料的校订内容主要包括检查不满意的答案、处理不满意的答案和将有不满意答案的问卷作废三个方面。

（1）检查不满意的答案。为了增加准确性，对那些初步接收的问卷还要进一步地检查和校订。校订的工作通常包括检查问卷，找出属于下列情况之一的答案：

其一，字迹模糊的。由于调查员记录做得不好，特别是当问了大量无结构的（开放的）问答题时，容易出现这样的情况。

其二，不完全的。有些问答题没有回答。

其三，不一致的。例如，一个年龄为 16 岁的被访者却回答其职务为高级经理，或一个回答月收入低于 300 元的被访者却拥有一辆高级私家车。

其四，模棱两可的。由于用了缩写的字词或意思不清楚的字、对于要求单一答案的封闭题选了多个答案。

如果问卷中有许多这样的问题，校订工作就变得更加需要。重要的是，校订人员要认真地检查这样的项目，并对被访者完成的本不应回答的项目作必要的修改。

（2）处理不满意的答案。处理不满意的答案，一般有下列方法：

其一，退回实施现场去获取较好的数据。

其二，按缺失值处理。按缺失数据来处理的前提：①有不满意答案的问卷（被访者）的数量很小；②每份有这种情况的问卷中，不满意的答案比例很小；③有不满意答案的变量不是关键的变量。

其三，整个问卷（被访者）作废。

（3）将有不满意答案的问卷扔掉作废的前提。下列情况下问卷将被作为不满意问卷扔掉：①不满意的问卷（被访者）比例很小（小于10%）。②样本量很大。③不满意的问卷（被访者）和满意的问卷（被访者）之间没有明显的差别。④每份不满意问卷中，不满意答案的比例很大。⑤关键变量的答案是缺失的。

不过，不满意的问卷与满意的问卷之间一般都会有差异，而且将某份问卷（被访者）指定为不满意的问卷也可能是主观的。按缺失值处理或将整个问卷作废，都可能会使数据产生偏差。如果研究者决定要扔掉不满意的问卷，应该向客户报告识别这些问卷（被访者）的方法和作废的数量。

4. 数据的预处理

数据的预处理包括调查数据的清洁和缺失数据处理两个内容。

（1）调查数据的清洁。调查数据的清洁工作可通过一致性检查和逻辑检查进行。一致性检查的主要内容包括变量的取值是否超出合理范围、有无逻辑错误以及极端值；逻辑检查就是检查数据有无逻辑错误。

（2）缺失数据的处理。

1）删除个案。将有缺失数据的个案删掉，不参加数据分析。此方法只适用于样本量很大，缺失数据个案比例小。

2）删除缺失值。不删除有缺失数据的所有个案，仅在计算时删除相应变量的缺失值。当样本量较大、缺失数据较少，并且变量不是高度相关的情况下可以使用此方法。

3）插补法。即利用其他数据替代或估算缺失值。复制估算法依据不同的标准又可分为不同的类型。根据利用数据的来源分为热卡法和冷卡法。热卡法是用目前调查来的数据替代或估算缺失值；冷卡法是用过去的同类调查或有关数据替代或估算缺失数据。

根据具体的替代或估算方法的不同，主要有均值替代、回归估计、随机抽取、最近距离确定等方法。均值替代是用变量的平均值替代对应变量的某些缺失值；回归估计是根据现有的数据，用回归分析找出该变量与其他变量的联系来估算缺失值；随机抽取和最近距离确定就是根据某规则指定其他被调查者的回答替代缺失值。

4）加权组调整法。就是对调查的回答数据使用加权因子，从而对数据进行调整，减少缺失数据的影响。

三、统计分组

统计分组是一切统计研究的基础，应用于统计工作的全过程，是统计研究的基本方法之一，在市场研究中占有非常重要的地位。

1. 分组的概念和作用

统计分组就是根据统计研究的需要和总体的内在特征，将总体按照一定的标志划分为若干个组成部分的一种统计方法。简而言之，统计分组就是把性质相同的总体单位归为一组，而把性质不同的总体单位区分成不同的组。

统计分组的结果是保持组内资料的同质性和组间资料的差异性。理解统计分组应从两个方面进行：一方面，对总体而言是"分"，即将总体按某个标志划分为若干个性质相异的组成部分；另一方面，对总体单位而言是"合"，即将具有某种相同性质的总体单位归在同一组。统计分组是统计整理的关键，只有对总体进行科学的分组，才能对统计资料进行进一步的科学整理和分析以得到有价值的结论。

分组的作用主要体现在以下三个方面：

（1）划分经济现象的类型。统计分组的根本作用在于区分现象的质。经济现象千差万别，性质各异，任何一批数据都存在着差异，在进行统计分组之前，这种差异处于无序状态，显现不出来，通过统计分组，反映出了统计总体的基本性质和特征。分组实际上就是按差异的大小进行分类，差异小的归入一组，差异大的归入不同的组。因此，统计分组的结果使组内的差异缩小，而组间的差异扩大。所以说，统计分组的过程就是区别事物性质的过程。

（2）反映总体的内部结构。统计往往对总体按某一标志进行分组，并计算总体内各组成部分占全体的比重，以说明各个组成部分在总体中的分布状况，反映现象的内部结构和结构变化，从而揭示现象的性质和发展变化的规律。

（3）分析现象之间的依存关系。社会经济现象不是孤立存在的，各现象之间存在广泛的联系和制约关系，一种现象的变化常是另一种现象变化的原因或结果。通过统计分组，可以揭示现象之间的依存关系。例如，施肥量与农作物产量之间、工人劳动生产率和产品成本之间、商品销售额与流通费用率之间，这些方面的依存关系，都可以利用分组法说明影响因素对结果因素的作用程度。

2. 分组标志的选择

在进行统计分组的时候，要先选定分组标志，然后列出其所有可能的具体表现，再将每一种具体表现作为一个组，或者把几种具体表现归纳为一个组，并且列出所有组别。分组的关键问题是选择分组标志和划分各组的界限。因为分组标志是进行分组的根据，恰当的划分各组界限可以使分组结果做到不重不漏。正确选择分组标志，必须遵循以下几条原则：

（1）根据研究的目的与任务选择分组标志。统计研究的目的是统计分组标志选择的依据，为统计研究服务。统计研究的目的不同，对分组的要求也不同，选择的分组标志也应有所不同。分组标志选择得恰当与否，直接影响到分组的科学性。如要研究总体哪一方面的特征，就应该选择反映该特征的标志作为分组标志。统计总体中的个体有许多标志，选择什么标志作为分组标志，要根据统计研究的目的来确定。

例如，要研究我国网民所在行业的结构分布，则要选择行业作为分组标志；要分析网民的教育结构，则要选择受教育程度作为分组标志；要分析性别结构，则要选择性别作为分组标志；要分析网民的收入结构，则要选择网民个人月收入作为分组标志。

因此，根据研究目的，正确选择分组标志是保证统计分组具有科学性的关键，是保证统计研究获得正确结论的前提。

（2）选择最能体现现象本质特征的标志作为分组标志。研究某一问题可能涉及许多标志，有些标志是主要标志，有些标志是次要标志。主要标志能反映现象的本质。因此，在统计分组时，要选择最能体现事物本质特征的主要标志作为分组标志。

例如，研究城镇居民家庭生活水平状况，而反映居民家庭生活水平的标志有家庭人口数、就业人口数、每一就业者负担人数（含本人）、家庭年收入、平均每人年收入等。其中最能反映居民家庭生活水平状况的标志是"平均每人年收入"，所以应选择这一标志作为分组标志。

例如，研究企业的经济效益时，可供选择的分组标志有总产值、净产值、销售收入、利税额、单位产品成本等，而其中最能反映企业经济效益好坏的标志是利税额，故应选择这一标志作为分组标志。

（3）结合现象发展的具体历史条件和经济条件选择分组标志。社会经济现象随着时间、地点、条件的变化而不断变化，反映现象本质特征的主要标志也会因时、因地而不同，因此选择分组标志要客观。

例如，在计划经济时期，企业按所有制形式分组一般是分为四组：全民所有制企业、集体所有制企业、私营企业和其他企业。而现在按企业登记注册类型可分为：①国有企业；②集体企业；③股份合作制企业；④联营企业；⑤有限责任公司；⑥股份有限公司；⑦私营企业；⑧港澳台商投资企业；⑨外商投资企业；⑩个体企业。又如，对最低生活水平的确定，就不能沿用 20 世纪五六十年代的标准，而应根据目前的生活水平状况制定标准，然后再进行分组。此外，行业的划分也发生了很大变化。

结合研究对象所处的历史条件、经济条件选择分组标志，这样可以保证分组标志在不同时间、不同场合的适用性。

确定分组标志之后，还必须划分各组界限。划分各组界限就是在分组标志的变异范围内，划定各相邻组间的性质界限和数量界限。划分各组界限一定要本着保证各组组内单位的同质性和组与组之间单位的差异性的原则进行。

总之，分组标志的选择与分组界限的划分是统计研究中非常关键的一步，必须遵守相关的原则认真分析，做出正确的判断，选出合理的分组标志，为进一步的统计分析做好准备。

3. 统计分组的类型

（1）按所选分组标志的形式进行区分，主要有按品质标志分组和按数量标志分组。

（2）按统计分组标志的多少及其排列形式，可分为简单分组、复合分组和分组体系。

4. 分配数列

在分组的基础上，将总体的所有单位按组进行归类整理并按一定顺序排列，计算出各组的单位数，形成了一个反映总体中各单位在各组中的分布情况的数列，这个数列称为分配数列或次数分布。

分配数列是统计整理的一种重要形式，也是进行统计描述和统计分析的基础。它可以反映总体的结构状况和分布特征，并且可以分析研究总体中某一标志的平均水平及其变动规律。

（1）分配数列的要素。一是总体中按某标志分的组；二是各组相应的分配次数或频率标志值。

在分配数列中，分布在各组的总体单位数称为次数，又称为频数；各组次数占总体次数的比重，称为比率，又称为频率。次数和频率从不同角度反映了各组标志值出现的频繁程度，说明了总体单位在各组中的分布，是分配数列的两种表现形式。

（2）分配数列的种类。分配数列按分组标志特征的不同，分为品质分配数列和变量分配数列。

1）品质分配数列。简称品质数列，是按品质标志分组形成的分配数列。它在品质分组的基础上形成，主要用于研究总体构成情况。它由各组名称和次数构成，各组次数用绝对数表示，即为频数；用相对数表示，即为频率。只要品质标志分组正确，形成的分配数列通常都能准确地反映总体的分布特征。

2）变量分配数列。简称变量数列，是按数量标志分组形成的分配数列。它在变量分组的基础上形成，主要用于反映不同变量值各组的分布情况，由变量值和次数构成。变量数列按其分组方法的不同，可以分为单项式变量数列和组距式变量数列。

单项式变量数列。单项式变量数列简称单项数列，是按单项式分组形成的变量数列，每个变量值是一个组，顺序排列。在单项式变量数列中，有多少不重复的变量值就有多少组。单项式变量数列仅适用于变动幅度比较小、不重复变量值较小的离散变量分组的情况。

组距式变量数列。组距式变量数列简称组距数列，是由组距式分组形成的变量数列。每个组由若干个变量值形成的区间表示。组距式变量数列应用于连续变量分组或变动幅度较大、不重复值较多的离散变量分组的情况。

（3）变量数列的编制。对于总体单位数不多的离散变量，可以直接编制单项式变量数列次数分布表。而对于连续变量或变动幅度较大、不重复值较多的离散变量则要编制组距式变量数列。

下面以组距数列为例，说明编制变量数列的方法。一般可按照以下步骤进行编制：①根据研究目的和基础数据的具体情况选定分组标志。②根据全距（极差）确定组距和组数；可以采用试的方法——数据较少时；或者据经验公式确定——数据较多时；美国统计学家斯特奇斯曾给出了确定组数的经验公式 $K = 1 + (\lg n / \lg 2)$，以及确定组距的经验公式 $d = 全距/(1 + 3.322 \lg n)$。③在明确是否存在数量界限的条件下，进行分组。④根据数据的类型及其精确度要求确定组限和组限表示方法。⑤列表汇总出各组单位数。⑥计算出相应的其他数据。

四、统计表

统计表是用来表示经过汇总加工后的综合统计资料的一种表格形式，是一种用横竖线条结构而组成的表格形式显示统计数据的统计方法。它可以提纲挈领地表述统计内容和结果。一个好的统计表就是一篇好的文章。

1. 统计表的构成

从形式上看，统计表是由纵横交叉的直线组成的左右两边不封口的表格，表的上面有总标题，即表的名称，左边有横行标题，上方有纵栏标题，表内是统计数据。统计表的基本形式由三横、一竖结构而成，即形如"王"字（见表6-1）。

表6-1 总标题

左上方	右上方
左下方	右下方

表内的一横一纵两条分割线可以上下或左右移动，进而扩展表述内容。对于一个完整的表内内容的表述或认识，必须将总标题、横行标题、纵栏标题、数字资料结合起来。

2. 统计表的种类及其设计

统计表有不同的种类，在设计上和应用中有不同的技术性问题，以下分别予以说明。

（1）按照主词所列入的分组程度进行区分。这里的分组程度是指是否进行了分组，若进行了分组，是简单分组还是分组体系。当然，这里仅就主词所列而言，非指整个统计表所表述的分组程度。

1）简单表。是指在表的主词上没有任何分组结果的统计表。如表6-2、表6-3所示。

表6-2　某企业两个车间某月的职工出勤率统计

车间	出勤率（%）
甲	98
乙	95

表6-3　某地第十二个五年计划期间的国内生产总值统计

年份	国内生产总值（亿元）
2011	4568
2012	5120
2013	5229
2014	6051
2015	6287

2）简单分组表。是指在表的主词上只有简单分组结果的统计表，如表6-4所示。

表6-4　某企业第一季度各月职工出勤率统计

月份	1月	2月	3月
出勤率（%）	98	94	97

3）复合分组表。指在表的主词上有复合分组结果的统计表，如表6-5所示。

表6-5　某企业职工工资分组情况

按每人月工资额、性别分组		各组人数		各组月工资	
		绝对数（人）	比重（%）	金额（元）	比重（%）
500~1000元	男				
	女				
1000~1500元	男				
	女				
1500~2000元	男				
	女				
合计					

（2）按照宾词所列入的分组程度进行区分。

1）平行配置（简单设计）。宾词的平行配置（简单设计）是指在表的宾词上没有任何分组结果或者只有简单分组结果的统计表。简单分组结果如表6-6所示。

表6-6 按性别分组人数统计

	男	女	合计
人数（人）			

表6-7 2013~2015年某企业按性别分组人数统计

时间	人数（人）		
	合计	男	女
2013.1.1			
2014.1.1			
2015.1.1			

2）层叠配置（复合设计）。宾词的层叠配置是指在表的宾词上有复合分组结果的统计表。如表6-8所示。

表6-8 20岁以下（上）不同性别人数统计

合计	20岁以下		20岁以上	
	男	女	男	女
人数（人）				

在应用和设计统计表时，最重要的还是在整体的把握上，既要注意到表内主词和宾词内容的结合，也要注意到从总标题的表述到数据形式确定的全面内容。否则，就是片面的。

3. 设计和应用统计表中应注意的问题

为了使统计表的设计科学、实用、简明、美观，应注意以下问题：

（1）要合理安排统计表的结构，即要合理安排行标题、列标题、数字资料的位置。当然，由于强调的问题不同，行标题和列标题可以互换，但应使统计表的横竖长度比例适当，避免出现过高或过长的表格形式。

（2）表头一般应包括表号、总标题和表中数据的计量单位等内容。总标题应简明确切地概括出统计表的内容，一般需要表明统计数据的时间、地点以及数据的种类。如果表中的全部数据都是同一计量单位，可放在表的右上角标明，若各指标的计量单位不同，则应在每个指标后或逐一列出标明。

（3）表中的上下两条基线和表内的两条分割线一般用粗线，表内的其他横竖线要用细线。这样使人看起来清楚、醒目。通常情况下，统计表的左右两边不封口，行、列标题之间一般用横线、竖线分开。右下方的数字资料栏切记不要用斜线。表中的数据一般是右对齐，有小数时应以小数点为准对齐，且小数点后的保留数位应统一。对于没有数据的和数据为0的表格单元，一般用"—"表示；暂缺数据的表格单元，一般用"……"表示。一张填好的统计表不应出现空白单元格。

（4）对于已填列好数据的统计表，必要时可在表的下方加上注释，特别要注意注明资料来源，以表示对他人劳动成果的尊重，也便于读者查阅使用。

第七章

市场分析统计方法

市场分析的统计方法分为描述统计分析和推断统计分析。描述统计分析揭示数据本身的基本特征，比如均值、众数、中位数描述数据的集中趋势，方差、极差揭示数据的离散趋势。推断统计分析是基于样本揭示总体内在的特征，通常是随机样本。

第一节　描述统计分析

描述统计是将研究中所得的数据加以整理、归类、简化或绘制成图表，以此描述和归纳数据的特征及变量之间关系的一种最基本的统计方法。描述统计主要涉及绝对数与相对数分析、数据分布集中趋势分析、数据分布离中趋势分析、数据分布的偏度与峰度分析。

一、描述统计及其内容

描述统计就是关于样本的统计分析方法，它的分析结果是样本统计量。即将数据以表格、图形或数值形式表现出来，主要着重于对数量水平或其他特征的描述，可能是通过某具体指标反映某一方面的特征，也可能是通过若干变量描述它们的相互关系。这类方法对数据的可靠性和准确性、测度的选择有一定要求，其结果重在数量描述，但不具有推断性质。

描述统计是市场调查分析中最常用的分析方法，其关键是如何选择适当的图表或数值使数据更易于解释。不同的描述统计分析方法适用于不同的研究目的，适合不同的测量尺度数据。描述统计的内容，包括单变量、双变量和多变量等几种层次的统计分析。这里主要介绍常用的数据分布特征分析方法。

二、绝对数与相对数分析

数值型统计数据通常有三种基本的表现形式，即绝对数、相对数和平均数。

1. 绝对数

绝对数是统计数据的基本表现形式，是计算其他形式数据的基础，是用来反映现象规模或水平的数据形式。它有如下一些分类：

（1）按照其反映现象的时间状况（或时间特点）不同进行区分。

时期数——用来反映时期现象的绝对数。例如：某种产品的年产量、某地区的年生产总值等。时期现象是指在某一段时间内的数量表现，是现象在该段时间内的数量累计的结果。特点如下：它是在一段时间内现象的数量表现累计的结果；不同时期的同类现象数值相加有实际意义；它的数值大小与其所反映的时期长短呈正比变化。

时点数——用来反映时点现象的绝对数。例如，年末人口数、季度末的商品库存数、某些账面余额等。时点现象是指在某一时点的数量表现，是现象在过去时间内的数量增加和数量减少相抵消的结果。特点如下：它是现象在某一时点的数量表现；不同时点的同类现象数值相加没有实际意义（不包括某些数值计算问题）；它的数值大小与其所反映的时点间隔长短没有直接关系。

（2）按其反映的现象内容进行区分。

单位总量——单位数的合计。若为总体单位数则称总体单位总量。

标志总量——标志值的合计。若为总体条件下某一标志的标志值的合计，则称总体标志总量。

对总体单位总量和总体标志总量的区分要注意相对性。

（3）按其所采用的计量单位进行区分。

实物数据——采用实物单位进行计量的数据。

价值数据——采用价值单位（包括劳动单位和货币单位）进行计量的数据。

绝对数是认识现象的起点，是管理的依据，是计算其他指标的基础。

2. 相对数

相对数是将两个性质相同或相互有关的数值通过对比求得的商数或比率，可以反映现象内部的结构、比例、发展状况或彼此之间的数量对比关系。相对数的计量形式包括有名数（计量单位同于绝对数）和无名数（包括小数、成数、百分数等）。

相对数的作用在于可以用来反映现象数量变化的相对水平，或者可以使一些不能直接对比的现象找到共同的比较基础用于比较。相对数的基本表现形式是比例和比率。

（1）结构相对数。比例是可比的同质数据条件下，部分数量占全部数量的比重。显然，此处比例并非严格意义上的数学概念——比值相等的一种数量关系。

一般地，比例、比重或结构相对数主要针对绝对数（单位数或标志值）进行计算。在可以进行分解的条件下，也可就相对数或平均数进行计算。

（2）比例相对数。比例相对数是在某一时间，现象内部或不同部分之间同类数据的比值，它表示两个比相等的式子。它可就三种数值型数据进行计算。例如，男性人数∶女性人数＝103∶100；某校甲班男生人数的比重对乙班男生人数的比重的比例相对数为1∶1.25；某企业男职工的月平均工资对女职工的月平均工资的比例相对数为1.2∶1。

（3）比较相对数。比较相对数是在某一时间，不同总体或单位同类数据的比率。例如，男性人数/女性人数＝1.03（倍）。它可就三种数值型数据进行计算。

（4）强度相对数。强度相对数是在一定研究目的条件下，在可比时间，两个有联系的绝对数之比，是某一绝对数作用于另一绝对数的作用强度比率。其计算结果可有正逆之分。

（5）（计划）完成程度相对数。完成程度相对数是在某一时间，以计划或标准为基础的现象同类数据实际完成数的比率。

（6）动态相对数。动态相对数是现象的同类数据在不同时间的比率。一般为报告期水平与基期水平之比。它有以下两种形式：

1）发展速度——报告期水平是（或为）基期水平的若干倍。例如，某企业某年8月的产值为上年8月产值的104%。

2）增长速度——报告期水平比基期水平相对多了多少。例如，某企业某年

8月的产值比上年8月的产值增长了4%。

显然,二者的关系可以表述为:发展速度-100%=增长速度。

在计算和应用相对数时应注意遵循以下几个原则:可比性原则;相对数和绝对数结合运用的原则;多项数据综合运用的原则;与具体内容相结合的原则。

三、数据分布集中趋势分析

集中趋势是一组数据向某一中心(值)靠拢的倾向,是反映现象一般水平的统计特征值。对数值型数据而言,它的具体表现称为平均数,其特点是把总体各单位某一数量水平的差异抽象化,用一项数值来表明这一数量概念在具体时间、地点条件下的一般水平。

平均数应用很广,在认识总体现象、特征方面具有重要的作用,主要表现在以下几个方面:

第一,可以反映分配数列中各变量值分布的集中趋势。总体中各单位在数量标志上是有差异的,标志值围绕平均数从小到大形成一定的分布,标志值很小或很大的数值出现次数较少,越靠近平均数标志值越多,标志值是以平均数为中心而变动的,因而平均数反映了标志值变动的集中趋势,代表着变量数列的一般水平。

第二,可用于同类现象在不同时空的对比。平均数的特点是抽象掉了各单位标志值的差别,因此它不受单位数多少的影响,它反映现象的一般水平,故有利于比较现象在不同空间的差异,也可以反映现象在不同时间上的发展变化情况。

第三,可以分析现象之间的依存关系。在客观世界中,各种现象并不是孤立的,与周围的相关现象相互联系、相互制约、相互依存。利用平均数可以分析它们的依存关系。

第四,利用样本平均数,结合概率论原理可以进行总体参数的推算、估算。在市场分析中,依照计算方法的不同,平均数可分为数值平均数和位置平均数两类。前者包括算术平均数、调和平均数和几何平均数,它们都是根据分布数列中各单位的标志值计算取得的;后者包括众数和中位数,是根据数列中某些单位标志值所处的位置来确定的。因此,位置平均数不受极端数值的影响。各种平均数都是用于反映现象某变量的一般水平,但各自的计算方法不同,因此,应用场合也有所不同。

1. 众数

又称范数、密集数、通常数等，是指在一组数据中出现次数最多或出现频率最高的那个数的数值，表示一组数据的集中趋势。

众数是在一组数据中出现次数最多的变量值或具体表现，一般用 M_0 来表示。当然会出现复众数或无众数的情况。它既适用于定类尺度、定序尺度计量的分类数据，也适用于顺序数据和数值型数据。其计算方法如下：

（1）据分类数据以及在未分组或单项数列条件下数值型数据计算。此时，只需找出一定数据条件下出现次数最多的变量值或具体表现即可。

（2）组距数列条件下的计算。在组距数列条件下，要利用以下公式计算出较精确的结果：

下限公式：$M_0 = L + d \times \dfrac{f_z - f_{-1}}{f_z - f_{-1} + f_z - f_{+1}} = L + d \times \dfrac{\Delta_1}{\Delta_1 + \Delta_2}$ （7-1）

上限公式：$M_0 = U - d \times \dfrac{f_z - f_{+1}}{f_z - f_{-1} + f_z - f_{+1}} = U - d \times \dfrac{\Delta_2}{\Delta_1 + \Delta_2}$ （7-2）

式中，M_0 表示众数；L 表示众数所在组的下组限；Δ_1 表示众数组次数与前一组次数之差（变量值较小组为前一组，相反为后一组）；Δ_2 表示众数组次数与后一组次数之差；d 表示众数组的组距。

2. 中位数

又称中数、中点数，它是指位于按一定顺序排列的一组数据中间位置的数值。计算的条件是，只有定序、定距、定比数才能求中位数。

中位数是在一组按数值大小或某种次序排序后的数据中，处于中间位置的变量值或具体表现，一般用 M_e 来表示。显然，中位数将数据分成数量相等的两个部分，一部分数据比中位数大，一部分数据比中位数小。中位数既适用于顺序数据，也适用于数值型数据。其计算方法如下：

（1）据顺序数据确定。要先确定中位数的位置。中位数的位置（次）$f_g = (n+1)/2$，式中 n 为据以计算的数据项数，并计算出累计次数。在此基础上找到中位数所在组，进而确定中位数。若 f_g 为整数时，则相应位置的变量值即为中位数；若 f_g 为非整数时，则与 f_g 相邻两位置变量值的简单算术平均数为中位数。

（2）据数值型数据计算。

1）据单项数列计算。要先计算出相应的累计次数，并确定中位数所在位置后，再确定中位数。

2）据组距数列计算。在确定中位数所在位置后，此时原始数值已被隐去，不能直接确定准确的中位数，可用以下的近似公式计算：

下限公式：$M_e = L + d \times \dfrac{\dfrac{n}{2} - S_{m-1}}{f_m}$ (7-3)

上限公式：$M_e = U - d \times \dfrac{\dfrac{n}{2} - S_{m+1}}{f_m}$ (7-4)

式中，L、U 分别为中位数组的下限和上限；n 为数据总项数；d 为中位数组的组距；S_{m-1} 为累计到中位数组前一组的累计次数；f_m 为原数列中中位数组的次数。

在计算中位数时，采用哪个公式都可以，但均假定中位数所在组的变量值的分布是均匀的。同时，市场研究中，中位数有如下性质：

变量的各项数据值与中位数之差的绝对值之和最小，即有：

$$\sum_{i=1}^{n} |x_i - M_e| = \min(X)$$

3. 算术平均数

简称平均数、均值，是用来反映同质总体各单位某一数量标志在一定条件下所达到的一般水平的综合指标。它具有抽象化的特点，抽象了标志值之间的差异程度。

算术平均数的计算是全部数据的总和除以数据项数的结果。

$\bar{x}$ = 标志总量/单位总数

在市场研究中，由于掌握的资料不同，算术平均数还可分为两种形式，即简单算术平均数和加权算术平均数。

（1）简单算术平均数。对数据 X：x_1，x_2，$\cdots$，x_n，则：

$$\bar{x} = \frac{x_1 + x_2 + \cdots + x_n}{n} = \frac{1}{n} \sum_{i=1}^{n} x_i$$ (7-5)

为简单算术平均数，其计算结果主要受原变量值大小的影响。

（2）加权算术平均数。加权算术平均数是在变量分布数列条件下的均值计算结果。若有数列如下：

X：x_1，x_2，$\cdots$，x_k

f：f_1，f_2，$\cdots$，f_k

$$\bar{x} = \frac{x_1 f_1 + x_2 f_2 + \cdots + x_k f_k}{f_1 + f_2 + \cdots + f_k} = \frac{\sum_{i=1}^{k} x_i f_i}{\sum_{i=1}^{k} f_i} \tag{7-6}$$

为加权算术平均数。

加权算术平均数受两个因素的影响，即受变量值和次数的共同影响。次数对平均数的大小起着权衡轻重的作用，所以在计算加算术权算术平均数时，通常把次数称为权数。

在组距式变量数列的情况下，计算加权算术平均数的方法与单项式变量数列的方法基本相同，不同的只是要计算出各组的组中值，以组中值作为某一组变量值的代表值进行计算。

加权算术平均数的权数有两种表现形式：一种是绝对数（次数），即 f；另一种是结构相对数（比例），即 $f / \sum f$。

（3）算术平均数的数学性质。为了更深入地理解和使用平均数及其相关内容，需要了解算术平均数的几个重要的数学性质。

1）算术平均数与总体单位数的乘积等于总体各单位标志值的总和。

2）各变量值与其算术平均数的离差之和等于 0。

3）各变量值与其算术平均数的离差平方之和等于最小值。

4）如果每一变量值都加（或减）一个任意常数 A，则算术平均数也要加（或减）该常数 A。

5）如果各个变量乘以（或除以）一个任意常数 d，则算术平均数也要乘以（或除以）这个常数 d。

4. 调和平均数

调和平均数是各个标志值倒数的算术平均数的倒数，又称为倒数平均数。在实际工作中，调和平均数主要作为算术平均数的变形来使用。根据掌握的资料，分为简单调和平均数与加权调和平均数。

（1）简单调和平均数。如果掌握的资料是未分组资料，就用简单式。

$$M_h = \frac{n}{\dfrac{1}{x_1} + \dfrac{1}{x_2} + \cdots + \dfrac{1}{x_n}} = \frac{n}{\sum \dfrac{1}{x}} \tag{7-7}$$

（2）加权调和平均数。如果掌握的资料是已分组资料，就用加权式。

$$M_h = \frac{m_1 + m_2 + \cdots + m_n}{\dfrac{m_1}{x_1} + \dfrac{m_2}{x_2} + \cdots + \dfrac{m_n}{x_n}} = \frac{\sum m}{\sum \dfrac{m}{x}} \tag{7-8}$$

5. 几何平均数

几何平均数是一种具有特殊用处的平均指标，它是 n 项变量值连乘积的 n 次方根。几何平均数是计算平均比率或平均发展速度最适用的一种方法。凡是变量值的连乘积等于总比率或总速度的现象，都可以应用几何平均数计算平均比率或平均速度。

$$M_g = \sqrt[n]{x_1 \cdot x_2 \cdots x_n} \text{ 或 } M_g = \sqrt[f_1 + f_2 + \cdots + f_n]{x_1^{f_1} \cdot x_2^{f_2} \cdots x_n^{f_n}} \tag{7-9}$$

四、数据分布离中趋势分析

数据分布离中趋势即数据分布的离散程度测度。它反映各数值远离其中心的程度，又称为标志变异指标或标志变动度。

在同质总体中，各单位标志值存在差异。因此，在研究总体平均水平时，还要对各单位标志值的变异程度进行测定，这种说明总体各单位标志值之间差异程度的指标，在统计中称为标志变异指标。它反映分配数列中各标志值的变动范围或离差程度。标志变异指标也是描述总体标志值分布特征的指标。如果说平均指标是说明分配数列中变量的集中趋势，那么，标志变异指标则是说明变量的离中趋势。

市场分析中，标志变异指标的作用主要表现在以下两个方面：

第一，标志变异指标可以反映平均数代表性的高低。标志变异指标愈大，说明总体各单位的差异程度也愈大，次数分配比较分散，从而平均指标的代表性就愈小；反之，标志变异指标愈小，则平均指标的代表性就愈大。

第二，标志变异指标可以反映现象活动的稳定性和均衡性。如工业生产过程，工业生产过程的节奏性或均衡性强弱，能说明经济管理工作的质量。

市场分析中常用的标志变异指标有全距、平均差、方差和标准差以及离散系数等。

1. 全距

全距又称极差，是总体各单位中最大标志值与最小标志值之差，用 R 表示，其计算公式：

R = 最大标志值 − 最小标志值　　　　　　　　　　　　　　　　　　　(7−10)

用全距测定标志变异情况很简单，而且容易理解和掌握。但极差只涉及极大和极小两个标志值，不是根据全部标志值计算的，容易受极端值的影响，不能充分说明各个标志值的具体变动情况，所以在应用时有较大的局限性。

2. 平均差

平均差是总体各单位的标志值与其平均数的离差绝对值的算术平均数。由于总体中各单位的标志值与其算术平均数的离差之和恒等于零，即 $\sum (x - \bar{x}) = 0$，故对离差取绝对值计算。

由于掌握资料的不同，平均差的计算分为两种情况：

简单式：$M_d = \dfrac{1}{n} \sum_{i=1}^{n} \left| x_i - \bar{x} \right|$　　　　　　　　　　　　　　(7−11)

加权式：$M_d = \sum_{i=1}^{k} \left| x_i - \bar{x} \right| f_i \Big/ \sum_{i=1}^{k} f_i$　　　　　　　　　　　　(7−12)

上述两种平均差计算简便，意义明确。平均差的大小不仅取决于各单位标志值与平均数的离差，而且还取决于总体的单位数。因此，平均差能较准确地反映总体的离差程度。

但是应该指出，运用取绝对值计算平均差解决正负抵消问题，这一处理方法，从数理逻辑上讲，不够严谨，这就给平均差的应用带来一定的局限性。

3. 标准差

标准差是各个标志值与其算术平均数的离差平方的算术平均数的平方根，又称均方差。为避免各单位的标志值与其平均数的离差之和等于 0，在计算标准差时，采用取平方消除负数出现抵消正数的情况。这种方法符合数学原理的要求。因此，标准差既准确又合理，它是测定标志变异程度的最重要指标。由于所掌握的资料不同，标准差的计算分为以下两种情况：

简单式：

$$\sigma_x = \sqrt{\dfrac{1}{n} \sum_{i=1}^{n} (x_i - \bar{x})^2}$$　　　　　　　　　　　　　　(7−13)

加权式：

$$\sigma_x = \sqrt{\dfrac{1}{\sum_{i=1}^{k} f_i} \sum_{i=1}^{k} (x_i - \bar{x})^2 f_i}$$　　　　　　　　　　(7−14)

4. 标准差系数

标准差有计量单位，以上讨论的各种标志变异指标的计量单位都与变量值的相同。其数值的变动受两个因素影响，它的大小不仅取决于标志值的离散程度，同时还受数列平均水平高低的影响。因而对具有不同平均水平的数列或总体，就不能直接比较以上几个指标的大小，而需要采用另一个指标，即标准差系数（或称离散系数），这是个相对指标。

标准差系数是数列的标准差与数列平均数的比值。其计算公式：

$$v_\sigma = \sigma_x / \bar{x} \tag{7-15}$$

五、数据分布的偏度与峰度分析

描述统计总体分布的变异状况，除了市场分析中常用的标志变异指标外，在许多场合还利用偏度与峰度来更进一步地刻画分布的形态特征。

1. 偏度

偏度是对分布偏斜方向及程度的测度，它是通过偏度系数反映数据分布特征的。分析中利用众数、中位数和平均数之间的关系，可以大体上判断数据分布是对称的或者是左偏、右偏。显然，判别偏度的方向并不困难，但要测度偏斜的程度则需要计算偏度系数。基于总体数据的偏度系数计算方法之一：

$$\alpha_3 = \frac{\sum_{i=1}^{n}(X_i - \bar{X})^3}{n\sigma_X^3} \tag{7-16}$$

从式（7-16）可以看到，它是离差三次方的平均数再除以标准差的三次方。当分布对称时，离差三次方后的正负离差可以相互抵消，因而公式的分子等于0，则偏度系数为0；当分布不对称时，正负离差不能抵消，就形成了正或负的偏度系数。当它为正值时，表示正偏离差值较大，可以判断为正偏或右偏；反之，当偏度系数为负值时，表示负离差数值较大，可判断为负偏或左偏。

在计算偏度系数时，将离差三次方的平均数除以标准差的三次方是将偏度系数转化为相对数，它的数值越大，表示偏斜的程度就越大。

2. 峰度

峰度是说明频数分布曲线的尖峰程度或峰度的，它是通过峰度系数反映数据分布特征的。基于总体数据的峰度系数计算方法之一：

$$\alpha_4 = \frac{\sum_{i=1}^{n}(X_i - \bar{X})^4}{n\sigma_X^4} \tag{7-17}$$

显见，它是离差四次方的平均数，再除以标准差的四次方。式（7-17）中将离差的四次方除以标准差的四次方是为了将峰度系数转化成相对数。

通过峰度系数的取值情况来测度峰度，通常是与标准正态分布相比较而言的，即一组数据服从标准正态分布时，根据经验可知：

（1）当 $\alpha_4 = 3$ 时，变量的峰度为正态峰度。

（2）当 $\alpha_4 > 3$ 时，变量的峰度为尖顶峰度（或尖峰峰度）。

（3）当 $\alpha_4 < 3$ 时，变量的峰度为平顶峰度（或扁平峰度）。

第二节　推断统计分析

描述统计是整个统计学的基础，推断统计则是现代统计学的主要内容。由于在对现实问题的研究中，所获得的数据主要是样本数据，因此，推断统计在现代统计学中的地位和作用越来越重要，已成为统计学的核心内容。

一、推断统计及其方法

抽样推断是在抽样调查的基础上，利用样本的实际资料计算样本指标，并据以推算总体相应数量特征的一种统计分析方法。

在市场调查中，除了对样本数据的水平或其他特征进行描述以外，还经常需要根据样本的信息，对总体的分布以及分布的数字特征进行统计推断，即推断统计分析。统计推断的必要前提是，样本数据必须来自随机抽样调查。统计推断的理论基础是概率理论。推断统计的特点是利用部分推算整体的一种认识方法；建立在随机抽样的基础上；运用概率估计的方法；抽样推断的误差可以事先计算并加以控制。

推断统计有两种基本形式，即参数估计和假设检验。

二、推断统计的基础知识

推断统计相对于描述统计还有一些基础性的概念需要明确：抽样分布、样本平均数的抽样分布、样本比例的抽样分布、不重复抽样的修正系数。

1. 抽样分布

抽样分布就是指样本统计量的概率分布。寻找抽样分布的方法有精确方法、渐进方法以及随机模拟的方法。

2. 样本平均数的抽样分布

（1）总体方差已知时，样本平均数的抽样分布。

定理 1：设总体 $X \sim N(\mu, \sigma^2)$，$(x_1, x_2, \cdots, x_n)$ 是其一个简单随机样本，则样本平均数 $\bar{x} \sim N(\mu, \sigma^2/n)$，其中 $E(\bar{x}) = \mu$，$V(\bar{x}) = \sigma^2/n$。

定理 2：若总体平均数 μ 和方差 σ^2 有限，当样本容量 n 充分大时，无论总体分布形式如何，样本平均数 $\bar{x}$ 近似服从正态分布 $N(\mu, \sigma^2/n)$。

由上面两个定理，根据抽样平均误差的定义，便可知平均数的抽样平均误差的计算公式：$\sigma(\bar{x}) = \sqrt{V(\bar{x})} = \sqrt{\dfrac{\sigma^2}{n}} = \dfrac{\sigma}{\sqrt{n}}$。

结论：当总体方差已知时，无论抽取的是大样本还是小样本，样本平均数均服从正态分布。

（2）总体方差未知，样本平均数的抽样分布。当总体方差未知时，用样本方差 S^2 代替总体方差 σ^2，或用样本标准差 S 代替总体标准差 σ。

定理 3：设总体 $X \sim N(\mu, \sigma^2)$，$(x_1, x_2, \cdots, x_n)$ 是其一个简单随机样本，样本均值为 $\bar{x}$，样本标准差为 S，则统计量：

$$t = \frac{\bar{x} - \mu}{s/\sqrt{n}} \sim t(n-1)$$

结论：当总体方差未知时，如果抽取的样本为大样本，则样本平均数服从正态分布；如果抽取的样本为小样本，则样本平均数服从 $t(n-1)$ 分布。

3. 样本比例的抽样分布

当从总体中抽出一个容量为 n 的样本时，样本中具有某种特征的单位数 n，服从二次分布。根据中心极限定理，当 $n \to \infty$，二次分布趋近于正态分布。所以在大样本下，样本比例近似服从正态分布。

由抽样平均误差的定义可知，比例的抽样平均误差：

$$\sigma(p) = \sqrt{V(p)} = \sqrt{\frac{V(1-p)}{n}} \tag{7-18}$$

4. 不重复抽样的修正系数

前面所讲的抽样分布和抽样平均误差的计算公式，都是就重复抽样而言的。可以证明，采用不重复抽样时，平均数和比例的抽样平均误差：

$$\sigma(\bar{x}) = \sqrt{\frac{\sigma^2}{n}\left(\frac{N-n}{N-1}\right)} \approx \sqrt{\frac{\sigma^2}{n}\left(1-\frac{n}{N}\right)}$$

$$\sigma(p) = \sqrt{\frac{p(1-p)}{n}\left(\frac{N-n}{N-1}\right)} \approx \sqrt{\frac{p(1-p)}{n}\left(1-\frac{n}{N}\right)} \tag{7-19}$$

可见，不重复抽样的抽样平均误差公式比重复抽样的相应公式多一个系数，这个系数称为不重复抽样修正系数。实际中，当抽样比例很小时（一般认为小于0.5%），不重复抽样的抽样误差常采用重复抽样的公式计算。

三、参数估计与假设检验

统计推断的基本内容有参数估计和假设检验两个方面，它们的共同点是都对于总体无知或很不了解，都是利用样本观测值所提供的信息对总体的数量特征作出估计和判断，但两者所要解决问题的着重点及所用的方法有所不同。

1. 参数估计

参数估计是运用样本统计量对总体参数进行推断或估计的统计过程与统计方法，包括点估计和区间估计。

点估计是选择一个最适当的样本统计量来直接代表总体的参数值。区间估计是在点估计的基础上，利用概率论原理，结合抽样误差，对总体指标进行推算和估计的方法。

区间估计步骤如下：①抽取样本 x_1，x_2，$\cdots$，x_n。②确定抽样分布（只含一个待估计的未知参数）。③在给定置信度的条件下，确定置信区间。④代入观测值就可得到一个具体的区间估计。

2. 假设检验

假设检验是以样本统计量验证假设的总体参数是否成立的一种统计推断方法。

（1）假设检验的基本思想。假设检验的基本思想是带有概率性质的反证法。

主要有以下两个特点：

第一，假设检验所采用的逻辑推理方法是反证法。

第二，合理与否，所依据的是"小概率事件实际不可能发生的原理"。

（2）假设检验的步骤。假设检验的具体步骤：①提出原假设和备择假设；②选择适当的统计量，并确定其分布形式；③选择显著性水平 α，确定临界值；④做出结论。

3. 区间估计与假设检验的关系

区间估计与假设检验既有联系，又有区别。

（1）主要区别：①参数估计是以样本资料估计总体参数的真值，假设检验是以样本资料检验对总体参数的先验假设是否成立。②区间估计是求以样本估计值为中心的双侧置信区间，假设检验既有双侧检验，也有单侧检验。③区间估计立足于大概率，假设检验立足于小概率。

（2）主要联系：①都是根据样本信息推断总体参数。②都以抽样分布为理论依据，建立在概率论基础之上的推断。③二者可相互转换，形成对偶性。

第三节　双变量统计分析

单变量的分析和统计描述，是我们了解和认识社会现象的基础。但是社会生活中的现象并不是孤立存在的，进一步了解社会现象发生和变化的原因，揭示社会现象的发展规律，才是大多数社会研究的主要目的，而这需要对双变量或多变量之间的关系进行分析。

一、双变量统计分析的内容

双变量统计分析只涉及两个变量，它是最简单的变量关系分析。双变量统计分析分为相关关系和因果关系两种形式。

1. 两变量之间的相关关系

是指当一个变量 X 发生变化时，另一个变量 Y 也随之发生变化；反之，当 Y 发生变化时，X 也发生变化。要准确、全面地理解两个变量之间的相关关系，必须了解相关关系三个方面的特性：相关的强度，相关的方向，线性相关与非线性相关。

2. 两变量之间的因果关系

是指一个变量的变化可以确定另一个变量变化原因的关系。要确定两个变量之间的因果关系，必须同时满足三个条件：其一，两变量之间必须存在相关关系。其二，自变量变化在前，因变量变化在后，即先有因后有果。其三，变量 X 和 Y 之间的关系，不是由于第三个变量的存在而呈现出的一种虚假关系。

二、双变量分析的方法

双变量分析与单变量分析一样，也包括描述统计和推断统计两大部分，只是双变量分析的这两种统计方法都更加复杂。以推断统计中的假设检验为例，单变量分析中的假设检验，主要涉及两种分布，即正态分布和二项分布，因而检验的方法主要是 Z 检验和 T 检验；双变量分析中的假设检验，抽样分布通常涉及 Z 分布、二项分布、χ^2 分布和 F 分布等，因而检验的方法有 Z 检验、T 检验、χ^2 检验和 F 检验等多种。

在双变量分析中，由于变量的测量层次不同，因而计算两变量相关系数的方法和假设检验的方法也不同，这样就形成了多种不同测量层次变量的两两组合。归纳起来，双变量分析的方法主要有四种：定类——定类变量分析、定类——定序变量分析；定序——定序变量分析；定类（或定序）——定距变量分析；定距——定距变量分析。本节介绍在市场分析中应用较多的第四种分析方法——相关与回归分析法。

1. 几个基本概念

（1）函数关系。这是描述可以用变量表述的现象之间依存关系的一种数量关系。

（2）相关关系。相关关系是指可以用变量表述的现象之间不确定的依存关系。

（3）相关分析。研究变量之间相关的密切程度及方向的分析方法。

（4）回归分析。回归分析是关于一个变量对另一个或另外多个变量依存关系的研究，用适当的数学模型去近似地表达或估计变量之间的平均变化关系，其目的是要根据已知的或固定的自变量的数值，去估计因变量的总体平均值。

2. 相关关系的类型

（1）按相关关系所涉及的变量数量分为单相关和复相关。单相关是只涉及两个变量之间关系的相关关系。复相关（多重相关）是涉及两个以上变量关系的相关关系。

（2）按相关关系的表现形式分为线性相关和非线性相关。当变量间的依存关系大致呈现线性形式，即当一个变量变动一个单位时，另一个变量也按一个大致固定的增（减）量变动时，就称为线性相关。当变量间的依存关系不按固定比例变化时，就称为非线性相关。

（3）按相关关系的变化方向分为正相关和负相关。正相关是指当一个变量随着另一个变量的增加（或减少）而增加（或减少）时的相关关系。例如，工人的工资随着劳动生产率的提高而增加。负相关是指当一个变量随着另一个变量的增加（或减少）而减少（或增加）时的相关关系。例如，商品流转的规模越大，流通费用率就越低。

（4）按相关关系的相关程度分为完全相关、不完全相关和（完全）不相关。当一个变量的变化完全由另一个变量所决定时，称变量间的这种关系为完全相关；当两个变量的变化相互独立、互不影响时，称两个变量不相关（或零相关）；当两个现象之间的关系介于完全相关和不相关之间时，称为不完全相关。不完全相关是现实当中相关关系的主要表现形式，也是相关分析的主要对象。

3. 相关分析与回归分析的内容

进行相关分析与回归分析包括以下内容：

（1）在定性分析的基础上，借助编制的相关表和绘制的相关图判定变量之间有无相关关系。

（2）计算相关系数或相关指数。研究相关的方向和密切程度，并对计算的统计分析指标进行假设检验。

（3）进行回归分析。它是把具有相关关系的不确定的数量关系平均化、函数化的过程。在回归系数、回归方程通过假设检验的前提下，进行预测。

4. 简单线性相关系数及检验

（1）简单线性相关系数的计算。两个变量之间线性相关关系的相关方向和相关程度可以用简单线性相关系数去度量，也简称简单相关系数（或简称相关系数）。

基于总体数据计算的相关系数称为总体相关系数，通常用 ρ 表示：

$$\rho = \frac{\sigma_{XY}^2}{\sigma_X \sigma_Y} \tag{7-20}$$

式（7-20）中，σ_{XY}^2 是变量 X 和 Y 的协方差；σ_X 是变量 X 的标准差；σ_Y 是变量 Y 的标准差。

基于样本数据计算的相关系数称为样本相关系数。变量 x 和 y 的样本相关系数通常用 r_{xy} 表示，或简记为 r。可有基本积差法公式：

$$r = \frac{\sum (x_i - \bar{x})(y_i - \bar{y})}{\sqrt{\sum (x_i - \bar{x})^2 \cdot \sum (y_i - \bar{y})^2}} \tag{7-21}$$

样本相关系数是根据样本观测值计算的，随着取样的不同，相关系数的值也会有所变化。可以证明，样本相关系数是总体相关系数的一致估计量。

此外，计算样本相关系数还可以采用简单法公式：

$$r = \frac{n\sum x_i y_i - \sum x_i \sum y_i}{\sqrt{n\sum x_i^2 - (\sum x_i)^2} \cdot \sqrt{n\sum y_i^2 - (\sum y_i)^2}} \tag{7-22}$$

式（7-21）、式（7-22）中，x_i 和 y_i 分别是变量 x 和 y 的样本观测值；$\bar{x}$ 和 $\bar{y}$ 分别是变量 x 和 y 的样本观测值的平均值；n 为样本容量。

（2）相关系数的特点。相关系数是测定两个变量之间线性相关方向和相关程度的指标。它有以下特点：①相关系数 r 的取值在（-1，1）之间。当 r = 0 时，表明两个变量之间没有线性相关关系；当 |r| = 1 时，表明两个变量之间完全线性相关；若 r = 1，表明 x 和 y 完全正相关，若 r = -1，表明两个变量之间完全负相关。②相关系数的符号代表着变量间的相关方向。r > 0 说明两个变量之间正相关，r < 0 则表明两个变量之间负相关。

（3）相关系数的显著性检验。对相关系数的显著性检验可分为两类：一类是检验总体相关系数是否等于零；另一类是检验总体相关系数是否等于某个不为零的特定数值。这里只介绍比较常用的总体相关系数是否等于零的显著性检验。

作为随样本而变动的随机变量，样本相关系数具有一定的概率分布，要对样本相关系数进行显著性检验，必须明确其抽样分布性质。可以证明，如果 x 和 y 都服从正态分布，在总体相关系数 $\rho = 0$ 的原假设下，与样本相关系数 r 有关的 t 统计量服从自由度为（n-2）的 t 分布，即：

$$t = \frac{r\sqrt{n-2}}{\sqrt{1-r^2}} \sim t(n-2) \qquad (7-23)$$

其一般检验步骤如下：

第一步，提出假设。H_0：$\rho = 0$；H_1：$\rho \neq 0$。

第二步，据样本数据计算检验统计量：$t = |r|\sqrt{\dfrac{n-2}{1-r^2}}$。

第三步，给定显著性水平 α，查 t 分布表的临界值：$t_{\frac{\alpha}{2}}(n-2)$。

第四步，进行决策。

若 $|t| \geq t_{\frac{\alpha}{2}}(n=2)$，则拒绝原假设，接受备择假设，即认为样本的相关系数显著，可以说明总体两个变量间存在着线性相关，检验通过；否则，不拒绝原假设。

5. 简单线性回归分析

回归分析中，只有两个变量的回归称为简单回归分析或一元回归分析。简单回归分析将变量 X 和 Y 区分为自变量和因变量。

在回归分析中，如果变量之间的回归模型是直线方程，则这类回归分析为线性回归分析（直线回归），该直线方程称为线性回归方程。具体地，如果直线方程中只有一个自变量和一个因变量，称为简单线性回归分析；若存在一组自变量和多个因变量，称为多元线性回归分析。线性回归分析是整个回归分析的基础。

（1）简单线性回归模型。当两个变量之间存在显著的线性相关关系时，可以建立简单线性回归模型（一元线性回归模型）来表述这种关系。总体一元线性回归模型为：

$$Y_i = \alpha + \beta X_i + u_i \qquad (7-24)$$

式中，Y_i 为因变量的第 i 个观测值，X_i 代表自变量的第 i 个观测值。α 和 β 是模型的参数，分别为回归直线的截距和斜率。α 代表 $X = 0$ 时 Y 的值；β 代表自变量 X 每变化一个单位时因变量 Y 的平均增加（或减少）量，它的符号与相关系数的符号是一致的。u_i 是随机误差项（或称随机扰动项），引进 u_i 是为了包括对因变量 Y 的变化有影响的所有其他因素。

在实际问题的测定中，总体容量通常较大，总体回归模型实际上是未知的。我们可能做的只是对应于自变量 X 的选定水平，对因变量 Y 的某些样本进行观测，然后通过对样本观测获得的信息去估计总体回归模型。因此，基于总体回归模型的样本一元线性回归模型：

$$\hat{y}_i = \hat{\alpha} + \hat{\beta}x_i \qquad (7-25)$$

式中，$\hat{y}_i$ 是 y_i 的估计值（或称理论值），$\hat{\alpha}$ 和 $\hat{\beta}$ 分别是 α 和 β 的估计值，代表样本回归直线的截距和斜率。

因变量的样本实际观测值 y_i 与估计值 $\hat{y}_i$ 并不完全相等，二者之差称为残差，用 e_i 表示，即有：

$$y_i - \hat{y}_i = e_i \qquad (7-26)$$

或者：

$$y_i = \hat{\alpha} + \hat{\beta}x_i + e_i \qquad (7-27)$$

回归分析的目的就是要用样本回归函数去估计总体回归函数。由于样本对总体总是存在代表性误差，样本回归函数总会完全不等于总体回归函数。我们所面临的问题是，需要寻求一种规则和方法，使得到的样本回归函数中的参数 $\hat{\alpha}$ 和 $\hat{\beta}$ 能够"尽可能地接近"总体回归函数中的参数 α 和 β。

（2）简单线性回归的基本假定。回归分析要用样本数据去估计回归函数中的参数，而各种估计方法都是以一定假定为前提的。虽然总体回归函数中的随机扰动项 u_i 是无法直接观测的，但为了进行回归分析，需要对其性质作一些基本的假定：

1）零期望假定。在给定 X_i 的条件下，u_i 的条件期望为零，即：

$$E(u_i|x_i) = 0$$

2）同方差假定。在给定 X_i 的条件下，u_i 的条件方差为某个常数 σ^2，即：

$$Var(u_i|x_i) = E[u_i - E(u_i|x_i)]^2 = E(u_i^2) = \sigma^2$$

3）无自相关假定。随机扰动项 u 的逐次值互不相关，即：

$$Cov(u_i, u_j) = E[u_i - E(u_i)][u_j - E(u_j)] = E(u_i, u_j) = 0, \ i \neq j$$

4）随机扰动项 u_i 与自变量 X_i 不相关，即：

$$Cov(u_i, X_i) = E[u_i - E(u_i)][X_i - E(X_i)] = 0$$

5）正态性假定。假定 u_i 服从均值为零、方差为 σ^2 的正态分布，即：

$$u_i \sim N(0, \sigma^2)$$

完全满足以上基本假定的线性回归模型，称为古典线性回归模型。

（3）回归参数的估计——普通最小二乘法（简称 OLS）。回归分析的主要任务就是要建立能够近似反映真实总体回归函数的样本回归函数。在根据样本资料确定样本回归方程时，一般总是希望估计值从整体来看尽可能地接近其实际观察值。这就是说，残差 e_t 的总量越小越好。因此，为了数学上便于处理，通常采用残差平方和 $\sum e_i^2$ 作为衡量 $\hat{y}_i$ 和 y_i 偏离程度的标准。所谓最小二乘法就是根据这一思路，通过使残差平方和最小来估计回归参数的一种方法准则，即对于直线回归方程：

$$\hat{y}_i = \hat{\alpha} + \hat{\beta}x_i$$

应满足：

$$\min\left(\sum e_i^2\right) = \min\sum(y_i - \hat{y}_i)^2 = \min\sum(y_i - \hat{\alpha} - \hat{\beta}x_i)^2$$

很明显，$\sum e_i^2$ 的大小依赖于 $\hat{\alpha}$ 和 $\hat{\beta}$ 的取值，根据微积分中求极值的原理，为使 $\sum e_i^2$ 达到最小，待定系数 $\hat{\alpha}$ 和 $\hat{\beta}$ 应满足：

$$\frac{\partial\left(\sum e_i^2\right)}{\partial\hat{\alpha}} = -2\sum(y_i - \hat{\alpha} - \hat{\beta}x_i) = 0, \quad \frac{\partial\left(\sum e_i^2\right)}{\partial\hat{\beta}} = -2\sum(y_i - \hat{\alpha} - \hat{\beta}x_i)x_i = 0。$$

从而得到如下方程组：

$$\begin{cases} \sum y_i = n\hat{\alpha} + \hat{\beta}\sum x_i \\ \sum x_iy_i = \hat{\alpha}\sum x_i + \hat{\beta}\sum x_i^2 \end{cases}$$

或者：

$$\hat{\alpha} = \bar{y} - \hat{\beta}\bar{x} \tag{7-28}$$

$$\hat{\beta} = \frac{n\sum xy - \sum x\sum y}{n\sum x^2 - \left(\sum x\right)^2} \tag{7-29}$$

（4）简单线性回归模型的检验。

1）回归模型检验的种类。回归模型的检验包括理论意义检验、一级检验和二级检验。

理论意义检验主要涉及参数估计值的符号和取值区间，如果它们与实质性科学理论以及人们的实践经验不相符，就说明模型不能很好地解释现实现象。在对实际现象进行回归分析时，常常会遇到实质性意义检验不能通过的情况。造成这一结果的主要原因：所得现象的统计数据未能通过有效控制的实验去取得，因而所观测的样本容量有可能偏小，不具有足够的代表性，或者不能满足标准线性回归分析所要求的假定条件。

一级检验又称统计学检验，它是利用统计学中的抽样理论来检验样本回归方程的可靠性，具体又可分为拟合优度检验和显著性检验。一级检验是对所有现象进行回归分析时都必须通过的检验。

二级检验又称经济计量学检验，它是对标准线性回归模型的假定条件能否得到满足进行检验，具体包括序列相关检验、异方差性检验等。二级检验对于社会经济现象的定量分析具有特别重要的意义。关于二级检验的问题本书不进行介绍。

2）拟合优度的度量。拟合是指样本数据的一种理论表述。例如，回归直线是对样本相关数据的一种拟合。这种拟合会存在两类误差或偏离，一类是不同方法的拟合会有偏离；另一类是相同的方法对同一问题的不同样本数据的拟合也会有偏离。因此，对拟合结果的优劣进行评价是应用回归模型的一个基本前提。

这种对回归模型的评价即是拟合优度的度量。它有计算判定系数和计算估计标准误差两种方法。

第一种方法：计算判定系数法。判定系数或称可决系数，在一元线性回归中一般用 r^2 表示。这是一种建立在对因变量总离差平方和（即总变差）进行有效分解基础上，计算回归变差占总变差的比重进行拟合优度度量的方法。

因变量的样本观测值与其均值的离差称为总离差（总偏差），记为 $(y-\bar{y})$。按其来源，总离差可以分解为两个部分：一是因变量的回归值与其样本均值之间的离差，记为 $(\hat{y}-\bar{y})$，它代表能够由回归方程所解释的部分，称为回归离差；二是样本观测值与回归值之间的离差，记为 $(y-\hat{y})$，它表示的是不能由回归方程解释的部分，称为剩余离差（残差）。它们之间的关系用公式可表述为：

$$(y-\bar{y})=(\hat{y}-\bar{y})+(y-\hat{y}) \tag{7-30}$$

数学上可以证明，基于全部数据计算时，对等式两边取平方并求和就得到：

$$\sum(y_i-\bar{y})^2=\sum(\hat{y}_i-\bar{y})^2+\sum(y_i-\hat{y}_i)^2$$

记作：

$$TSS=ESS+RSS \tag{7-31}$$

即总变差＝回归离差＋剩余离差，则有可决系数：

$$r^2 = \frac{\text{回归离差}}{\text{总离差}} = 1 - \frac{\text{剩余离差}}{\text{总离差}} = 1 - \frac{\sum (y_i - \hat{y}_i)^2}{\sum (y_i - \bar{y}_i)^2} = 1 - \frac{\text{RSS}}{\text{TSS}}$$

显然，如果样本回归线对样本观测值拟合程度越好，各样本观测点与回归线靠得越近，由样本回归线做出解释的离差平方和在总离差平方和中占的比重也将越大；反之，拟合程度越差，这部分比重越小。

可决系数 r^2 有如下特点：①r^2 是非负的统计量；②r^2 取值范围：$0 \leqslant r^2 \leqslant 1$；③$r^2$ 是样本观测值的函数，是随抽样而变动的随机变量；④在一元线性回归中，r^2 在数值上是简单线性相关系数的平方：$r = \pm \sqrt{r^2}$。即可决系数也可表示为：

$$r^2 = \frac{\left(\sum (x_i - \bar{x})(y_i - \bar{y}) \right)^2}{\sum (x_i - \bar{x})^2 \sum (y_i - \bar{y})^2} \tag{7-32}$$

虽然可决系数在数值上等于简单线性相关系数的平方，但应注意二者是有区别的。可决系数是就估计的回归模型而言，度量的是回归模型对样本观测值的拟合程度；简单线性相关系数是就两个变量而言，说明两个变量的线性依存程度。可决系数度量的是自变量与因变量不对称的因果关系；简单线性相关系数度量的是不涉及具体因果关系的相关关系。可决系数有非负性，取值范围为 $0 \leqslant r^2 \leqslant 1$；简单线性相关系数可正可负，取值范围为 $-1 \leqslant r \leqslant 1$。

第二种方法：计算估计标准误差法。如上所述，在因变量实际值与其均值的总离差中，回归离差与剩余离差是此消彼长的关系。从而，也可利用剩余离差从反面判定线性回归模型的拟合优度。估计标准误差就是一个这样的统计分析指标：

$$S_{yx} = \sqrt{\frac{\sum (y_i - \hat{y}_i)^2}{n-2}} = \sqrt{\frac{\sum y_i^2 - \hat{\alpha} \sum y_i - \hat{\beta} \sum x_i y_i}{n-2}} \tag{7-33}$$

式中，符号定义已如前述。显然，估计标准误差的计算结果数值越小，则样本回归线对样本观测值的拟合程度越好；相反，拟合程度越差。

3）回归方程参数的显著性检验。回归方程参数的显著性检验也是回归模型的检验内容。它包括对回归方程参数的显著性检验和对回归方程的显著性检验。在一元线性回归中，由于只有一个自变量，对各回归系数的显著性检验与对回归方程的显著性检验在事实上是等价的，所以这里只讨论对回归方程参数的显著性检验，并且只说明其中最有意义的对回归系数的显著性检验。对回归系数显著性检验的步骤如下：

第一步，提出假设。H_0：$\beta = 0$；H_1：$\beta \neq 0$。

即，一般为双侧检验。检验结果若拒绝了原假设，则表明 X 对 Y 存在显著影响；否则，不存在显著影响。

第二步，计算检验统计量。当 σ^2 未知且为小样本时，只能用 $\hat{\sigma}^2 = \sum e_i^2 / (n - 2)$ 去代替 σ^2，根据 t 分布作 t 检验，为此，有标准化检验统计量：

$$t^* = \frac{\hat{\beta}}{S\hat{E}(\hat{\beta})}$$

第三步，给定显著性水平 α，确定临界值及相应的拒绝域。

第四步，做出判断或决策。相应的判定原则同前。

第四节　多变量统计分析与统计软件简介

多变量统计方法不仅能够研究多个变量之间的相互关系以及揭示这些变量之间内在的变化规律，而且能够使复杂的指标简单化，并对研究对象进行分类和简化。

一、多变量统计分析概念

多变量统计分析，又称多元统计分析，是指涉及三个或三个以上变量（其中至少一个为因变量）的统计分析方法。统计资料中有多个变量（或称因素、指标）同时存在的统计分析，是统计学的重要分支，是单变量统计及双变量统计的发展。多变量统计分析是运用数理统计的方法来研究多变量问题的理论和方法，它是单变量及双变量统计方法的推广。

二、多变量统计分析内容简介

多变量统计分析包括多变量相关分析、多元回归分析、多元方差分析等方法。

1. 多变量相关分析

多变量相关分析是相对于双变量相关分析而言的，是指对变量达到三个或三个以上的相关关系的分析。与多变量相关分析直接有关的方法有偏相关分析、复相关分析和典型相关分析等。

（1）偏相关分析。偏相关分析是指在控制了其他变量影响的情况下，用一个统计来测量某一变量 X 和另一变量 Y 之间相关关系强弱程度与方向的方法，该统计值称为偏相关分析系数。

（2）复相关分析。复相关分析是指测量多个自变量（如 X_1，X_2，X_3，…）共同对一个因变量（如 Y）发挥作用时形成的相关关系的方法，这个统计值称为复相关分析系数。

（3）典型相关分析。该方法是一种用于测量两组变量（每组变量均多于一个变量）相关强弱与方向的多元统计方法。

2. 多元回归分析

多元回归分析是研究两个以上自变量（X_1，X_2，X_3，…）和一个因变量（Y）之间的关系，并用自变量解释与预测因变量的多变量统计分析方法。在社会研究中，应用较多的是多元线性回归分析方法和 Logistic 回归分析方法。

（1）多元线性回归分析。这种方法是多元回归分析方法的基本形式，它的应用通常对数据有比较严格的要求。

（2）Logistic 回归分析。其自变量为定距变量（或虚拟变量），因变量为定类变量、定序变量条件下的多元回归分析方法。Logistic 回归分析分为三种类型：二维 Logistic 回归分析、多维定类 Logistic 回归分析、多维定序 Logistic 回归分析。

3. 多元方差分析

多元方差分析是对多个定类变量（自变量）与一个定距变量（因变量）关系的多元分析方法，其分析的统计原理、方法与一元方差分析相似，只是程序更加复杂。当自变量中一部分为定类变量，另一部分为定距变量时，则采用协方差分析方法。

三、统计软件简介

多变量统计的理论基础和工具是数学中的概率论和矩阵。但对于实际应用者而言，只要有合适的计算机和软件包以及掌握一些初步的多变量统计知识就可以使用它来解决实际问题。现阶段，常用的软件有 SPSS 软件、SAS 软件、R 软件。

1. SPSS 软件

SPSS 最初是 Statistical Package for Social Science 的英文缩写，即社会科学应用统计分析软件包，后来扩展成了集统计分析、决策支持、管理咨询等功能于一身的巨型服务系统，英文名也变为 Statistical System and Service Solution。SPSS 统计功能非常强大，操作界面漂亮友善，表格和图形的制作方便美观，特别是便于初学者使用，所以在我国成了统计软件的代名词。

2. SAS 软件

SAS 是 Statistical Analysis System 的英文字母缩写。SAS 软件系统于 1966 年由美国北卡罗来纳州立大学推出，1976 年成立美国 SAS 软件研究所。

SAS 一直强调以编程统计分析为主，而且在技术上确有过人的独特之处，因而在国外被认为是一种比 SPSS 层次更高、更专业化的统计软件系统。

3. R 软件

R 语言是专门为统计和数据分析开发的语言，具有强大的统计计算和作图功能。R 是开源免费软件。目前在 R 网站上包含大量的程序包，涵盖了基础统计学、社会学、经济学、生态学、空间分析、系统发育分析、生物信息学等诸多方面。R 即时解释，输入命令即可获得相应的结果。R 是跨平台软件，可在多种操作系统下运行，如 Windows 系统、MacOS 系统、多种 Linux 系统和 UNIX 系统等。

| 第八章 |

市场分析相关方法

数据的统计分析为市场分析提供科学的数据支撑。市场分析还应包括市场环境分析、市场景气分析、顾客满意度分析等。市场环境分析即与市场活动主体有关的所有力量和影响因素的集合，包括宏观市场环境和微观市场环境，宏观环境以微观环境为媒介影响和制约市场主体活动。市场景气分析，即市场监测和市场预警分析，市场监测是对市场运行的周期性过程通过一系列指标方法进行测度，描述市场过程所处的状态；市场预警是指通过一系列指标和方法对未来市场进行预报，研究有无警情及其程度的统计活动。顾客满意度反映的是顾客的一种心理状态，它来源于顾客对企业的某种产品服务消费所产生的感受与自己的期望所进行的对比，这是评价企业质量管理体系业绩的重要手段。

第一节 市场环境分析

市场分析的内容涉及市场营销活动的整个过程，有市场环境分析，包括政策环境、经济环境、社会文化环境的调查分析；有市场基本状况的分析，主要包括市场规范、总体需求量、市场的动向、同行业的市场分布占有率等；有销售可能性调查分析，包括现有和潜在用户的人数及需求量、市场需求变化趋势、本企业竞争对手的产品在市场上的占有率、扩大销售的可能性和具体途径等；还可对消

费者及消费需求、企业产品、产品价格、影响销售的社会和自然因素、销售渠道
等开展调查分析。

市场环境（Market Circumstances）是指作用于企业生产与经营的一切外界力
量的总和，也可以说是与企业存在潜在关系并影响企业生存与发展的各种力量和
因素的总和，是企业运行的约束条件。按照菲利普·科特勒的分类方法，把市场
环境分为宏观环境和微观环境。宏观环境与企业活动的前提和背景直接相关，间
接影响企业活动，包括人口、经济、自然、科技、政治法律和社会文化等因素；
微观环境与企业关系密切，直接影响企业活动，包括企业内部、供应商、中介单
位、顾客、竞争者和公众等因素。

宏观环境和微观环境共同构成企业的市场环境，它们对企业活动发生间接和
直接的影响。一般来讲，微观环境受宏观环境的制约，但它同时以更为直接的方
式制约着企业的生产经营活动，而企业也可不同程度地控制微观环境因素。宏观
环境与微观环境中各因素的关系如图 8-1 所示。

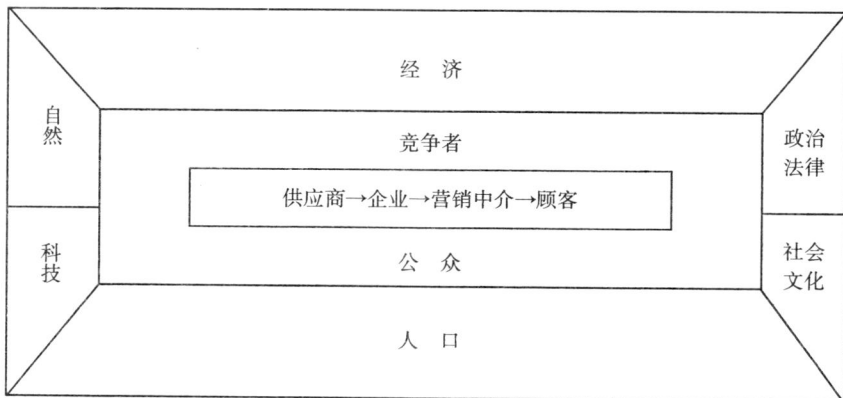

图 8-1　宏观环境与微观环境

一、市场宏观环境分析

市场宏观环境分析包括政治环境、法律环境、经济环境、社会文化环境、科
技环境、地理和气候环境六个方面。

1. 政治环境分析

政治环境是指企业面临的外部政治形势、状况和制度，分为国内政治环境和
国际政治环境。政治环境的好坏影响着宏观经济形势，从而也影响着企业的生产

经营活动。

政治环境分析主要是了解对市场影响和制约的国内外政治形势以及国家管理市场的有关方针政策。其调查内容主要从以下几个方面进行：

（1）国家制度和政策。主要了解其政治制度、对外政策，包括对不同国家和地区的政策等。鉴于有些国家政权不够稳定，因此，只有了解并掌握这些国家的政权更迭和政治趋势，才能尽可能避免承担经济上的风险和损失。

（2）国家或地区之间的政治关系。随着国际政治关系的变化，对外贸易关系也会发生变化，如设立或取消关税壁垒、采取或撤销一些惩罚性措施、增加或减少一些优惠性待遇等。

（3）政治和社会动乱。由于罢工、暴乱、战争等引起社会动乱，会影响国际商品流通和交货期，给对外贸易带来一定的风险，但同时也可能产生某种机遇，通过调查，有助于企业随机应变，把握市场成交机会。

（4）国有化政策。国有化政策是指了解各国对外国投资的政策，如外国人的投资是否要收归国有，什么情况下收归国有等。

2. 法律环境分析

法律环境主要是法律意识形态及与之相适应的法律规范、法律制度、法律组织机构、法律设施所形成的有机整体。它主要包含内外有别的两个层次：一个是外显的表层结构，即法律规范、法律制度、法律组织机构及法律设施；另一个是内化的里层结构，即法律意识形态。

法律环境分析主要包括经济立法、经济合同法、商标法、专利法、广告法、环境保护法等多种经济法规和条例，这些都对企业营销活动产生重要的影响。另外，随着外向型经济的发展，我国与世界各国的交往愈来愈密切，由于许多国家都制定了各种适合本国经济的对外贸易法律，其中规定了对某些出口国家所施加的进口限制、税收管制及有关外汇的管理制度等。这些都是企业进入国际市场时所必须了解的。

3. 经济环境分析

经济环境是指企业进行市场营销时所面临的外部社会经济条件。一个国家的社会经济运行状况及其发展变化趋势将直接或间接地对企业市场营销活动产生影响。经济环境的因素主要包括经济发展阶段、地区与行业的经济发展状况、消费者收入水平、消费者支出模式与消费结构、消费者储蓄和投资机会与信贷水平等。

对经济环境分析主要从生产和消费两个方面进行：

（1）生产方面。生产决定消费，市场供应、居民消费都有赖于生产。生产方面调查主要包括以下几项内容：能源和资源状况、交通运输条件、经济增长速度及趋势产业结构、国民生产总值、通货膨胀率、失业率以及农、轻、重比例关系等。

（2）消费方面。消费对生产具有反作用，消费规模决定市场的容量，也是经济环境调查不可忽视的重要因素。消费方面调查主要是了解某一国家（或地区）的国民收入、消费水平、消费结构、物价水平、物价指数等。

4. 社会文化环境分析

社会文化环境是指企业所处的社会结构、社会风俗和习惯、信仰和价值观念、行为规范、生活方式、文化传统、人口规模与地理分布等因素的形成和变动。社会文化环境是影响企业营销诸多变量中最复杂、最深刻、最重要的变量。社会文化是某一特定人类社会在其长期发展历史过程中形成的，它主要由特定的价值观念、行为方式、伦理道德规范、审美观念、宗教信仰及风俗习惯等内容构成，它影响和制约着人们的消费观念、需求欲望及特点、购买行为和生活方式，对企业营销行为产生直接影响。

社会文化环境分析主要包括受教育程度和文化水平、民族分布、宗教信仰、风俗习惯、思维方式和审美观等。由于文化环境在很大程度上决定着人们的价值观念和购买行为，它影响着消费者购买产品的动机、种类、时间、方式以及地点。经营活动必须适应所涉及国家（或地区）的文化和传统习惯，才能为当地消费者所接受。

5. 科技环境分析

科技环境是科学技术的进步以及新技术手段的应用对社会进步所产生的作用。科技环境分析包括国内外科技总的发展水平和发展趋势，本企业所涉及的技术领域的发展情况，专业渗透范围、产品技术质量检验指标和技术标准等。

6. 地理和气候环境调查

地理环境是指一定社会所处的地理位置以及与此相联系的各种自然条件的总和，包括气候、土地、河流、湖泊、山脉、矿藏以及动植物资源等。地理环境是人类社会赖以存在和发展的必要的和经常的物质条件，是人们活动的场所，它为社会物质生活提供必要的物质和能量资源，地理环境条件的优劣能够加速或延缓社会的发展。气候环境是指存在于地球上人类活动空间的气候条件。

地理和气候环境分析包括地区条件、气候条件、季节因素、使用条件等方面的调查。气候对人们的消费行为有很大的影响,从而制约着许多产品的生产和经营,如衣服、食品、住房等。

二、市场微观环境分析

市场微观环境分析包括市场需求、消费者人口状况、消费者购买动机和行为、市场供给和市场营销活动分析五个方面。

1. 市场需求分析

需求通常是指人们对外界事物的欲望和要求,人们的需求是多方面、多层次的。其中,多方面的表现:维持肌体生存的生理需求,如衣、食、住、行等;精神文化生活的需求,如读书看报、文娱活动、旅游等;社会活动的需求,如参加政治、社会集团及各种社交活动等。按照标志不同还可分为物质需求(包括生产资料和生活资料),精神文化需求和社会活动需求;商品需求和劳务需求;欲望需求及有支付能力的需求等。多层次性表现在人的需求有五个递进层次,即生理需要、安全需要、社交需要、受尊重需要和自我实现需要,其中生理需要是最重要和最基本的,人们只有满足了生理需要,才会产生更高层次的需要。

市场需求分析主要是预估市场规模的大小及产品潜在需求量,确定目标市场,确定地理区域的目标市场,考虑消费限制条件,计算每位顾客每年平均购买数量以及其他需要考虑的因素。

在市场经济条件下,市场需求是指以货币为媒介,表现为有支付能力的需求,即通常所说的购买力,购买力是决定市场容量的主要因素,是市场需求调查的核心。此外,由于市场是由消费者构成的,因此,只有对消费者人口状况进行研究,对消费者各种不同的消费动机和行为进行把握,才能更好地为消费者服务,开拓市场的新领域。

社会购买力是指在一定时期内,全社会在市场上用于购买商品和服务的货币支付能力。社会购买力包括三个部分,即居民购买力、社会集团购买力和生产资料购买力。其中,居民购买力,尤其是居民消费品购买力是社会购买力最重要的内容,历来是市场需求分析的重点。居民消费品购买力是城乡居民在市场上用于购买生活消费品的货币支付能力。对居民消费品购买力总量的分析,主要是通过搜集、整理和分析购买力的各种指标来实现的，这些指标包括：本期形成的居民消费品购买力、居民结余购买力、本期已实现的居民消费品购买力和本期未实现的居民消费品购买力等。对各种指标的计算方法是市场统计的研究内容，在此不多介绍。

2. 消费者人口状况分析

某一国家（或地区）购买力总量及人均购买力水平的高低决定了该国（或地区）市场需求的大小。在购买力总量一定的情况下，人均购买力的大小直接受消费者人口总数的影响，为研究人口状况对市场需求的影响，便于进行市场细分化，就应对人口情况进行分析。人口状况主要包括总人口、家庭及家庭平均人口、人口地理分布、年龄及性别构成、受教育程度及民族传统习惯等。

3. 消费者购买动机和行为分析

所谓购买动机，就是为满足一定的需要，而引起人们购买行为的愿望和意念。人们的购买动机常常是由那些最紧迫的需要决定的，但购买动机又是可以运用一些相应的手段诱发的。消费者购买动机调查的目的主要是弄清购买动机产生的各种原因，以便采取相应的诱发措施。

购买行为是消费者购买动机在实际购买过程中的具体表现，消费者购买行为调查，就是对消费者购买模式和习惯的调查，即通常所讲的"3W1H"调查，即了解消费者在何时购买（When）、何处购买（Where）、由谁购买（Who）和如何购买（How）等情况。

4. 市场供给分析

市场供给是指全社会在一定时期内为市场提供的可交换商品和服务的总量。它与购买力相对应，由三部分组成，即居民供应量、社会集团供应量和生产资料供应量。它们是市场需求得以实现的物质保证。对市场供给的分析，可着重分析以下几个方面：商品供给来源及影响因素分析、商品供应能力分析和商品供应范围分析等。

5. 市场营销活动分析

市场营销活动分析也要围绕营销组合活动展开，其内容主要包括产品、价格、渠道和促销的分析。产品的分析主要有了解市场上新产品开发的情况、设计的情况、消费者使用的情况、消费者的评价、产品生命周期阶段、产品的组合情况等。产品的价格分析主要有了解消费者对价格的接受情况，对价格策略的反映等；渠道分析主要包括了解渠道的结构、中间商的情况、消费者对中间商的满意情况等；促销活动分析主要包括各种促销活动的效果，如广告实施的效果、人员推销的效果、营业推广的效果和对外宣传的市场反应等。

三、宏观环境与微观环境的互动分析

从较长历史时期对市场环境进行考察，可以发现，宏观环境与微观环境不仅共同影响和制约着企业的经营活动，它们两者之间也相互影响、相互制约，存在着一种互动的关系。

宏观环境因素不仅会影响企业的经营活动，而且还直接对微观环境因素产生影响。例如，在社会人文环境中，人们的价值观和信念等会影响消费者的消费态度、兴趣爱好，从而形成对某些或某类产品的好恶；科技环境会直接影响企业产品的质量、技术装备水平、产品更新换代；在政治法律环境方面，当国家由于发生战争、政变等极端事件，政局不稳定时，经济活动和市场状态都会遭到毁灭性破坏，企业、供应商等一系列微观环境主体都会受到影响，而其他市场行为也会完全脱离正常轨迹；在人口环境中，不同年龄的消费者对于商品的需求是有差别的，因此，人口年龄结构的变化会引起消费者需求的变化，企业内部的决策者也会相应地对其产品结构做出调整，等等。

微观环境不仅受宏观环境的影响，而且还反作用于宏观环境，两者是互动的。例如，工业企业生产所排放的有毒害的废气、废水和居民产生的大量的生活垃圾严重污染了自然环境，一些企业由于技术问题对自然资源的非有效利用造成大量自然资源的浪费；而环境污染造成空气质量的下降必将会影响居民的健康，自然资源的短缺对企业的发展也会造成威胁，长此以往，将会影响企业的生存时间。在微观环境中，随着生活水平的提高，消费者的需求更加多样化，新的需求不断产生，对现有的科技水平提出更高的要求，从而促进了科学技术的进步，而科学技术的进一步发展将会提高整个社会的生产率，最终又会影响居民的生活水平。

宏观环境因素和微观环境因素随着时间推移不断发展变化，并且相互影响、相互作用，显示出较为复杂的互动关系。在进行市场分析时，企业不仅应该关注宏观或微观的每一部分变化，还要关注宏观与微观之间的互动，只有这样才能较好地把握市场机会，在不断发现机会中形成优势。

第二节　市场景气分析

市场景气分析是国民经济宏观调控和各行业、各企业经营发展科学决策的重要基础，决策风险越大，景气分析的重要性越突出。我国的许多行业和企业已经或正在建立景气分析或监测预警系统，用以防范和规避风险，如宏观经济、金融、保险、机械等行业，企业建立和运用景气分析的系统更多。本节将对市场景气分析的一些基本问题进行介绍。

一、市场景气分析的一般问题

市场景气分析的一般问题包括其含义、市场监测预警分析的基本思路、市场监测预警分析的作用。

1. 市场景气分析的含义

市场景气分析源于国民经济监测预警统计，其具体内容包括监测和预警。市场监测是对市场运行的周期性过程通过一系列指标和方法进行测度，以描述市场运行过程所处的状态；市场预警则是指通过一系列指标和方法对未来市场运行进行预报，研究有无警情及警情程度如何的统计活动。在实际监测预警中，监测和预警通常联动操作。

根据我国经济发展的实际情况，市场监测预警系统应该以市场活动的波动为监测预警对象，主要包括市场运行相关的总量波动、市场结构的波动和空间区域的市场波动。

2. 市场监测预警分析的基本思路

市场监测预警统计分析，其基本思路如下：

（1）先对筛选出来的一系列指标进行数学处理，使之合成为无量纲、无趋势的景气指数。其中对于季节波动的剔除，可以用 X11 或 X11-ARIMA 等方法进行处理；对于长期趋势的剔除，可以采用回归分析法。

（2）根据处理好的数据，采用多种方法，如时差相关分析、K-L 信息量、聚类分析、峰谷对应法等，将指标划分为先行、同步、滞后三类。

（3）对于划分好的先行、同步、滞后指标计算扩散指数和合成指数，综合描述市场经济的循环波动。

（4）根据先行指标构建景气预警体系。主要是通过指定适当的预警界限，对各指标不同时期的指标值进行赋值，然后计算它们的综合指数，并根据该指数画出由"红灯区、浅红灯区、绿灯区、浅蓝灯区、蓝灯区"构成的景气预警信号图，观察分析信号的变动情况，并对市场运行进行景气状态分析和综合评价。

简言之，指标的数学处理（消除量纲、消除趋势）→划分指标类别（先行、同步、滞后）→计算各类指数（扩散、合成），描述市场波动→依据先行指标构建景气预警体系，对市场运行景气状态进行分析和评价。

3. 市场监测预警分析的作用

市场监测预警分析的作用表现在以下三个方面：

（1）对市场活动的运行状态进行监测。对市场运行状态进行监测的重点不在于对市场发展的历程进行全面总结，而在于正确反映当前市场运行的冷热程度或正常与否。市场运行状态监测预警主要用于以下方面：①市场活动的规模与发展速度如何，市场景气信号是热、偏热、正常、偏冷还是冷等；②市场总需求和总供给是否平衡，产品生产规模和产品需求增长是否适度；③市场需求结构与产业结构、区域结构是否合理；④物价的变动是否正常；⑤资金流量与产品流量在规模和结构上是否协调；⑥购买力——居民收入是否适当增长，消费结构是否改善；⑦国外市场需求特征及市场需求结构的现状。

（2）对宏观经济走势进行预测。市场运行中出现的问题常常在一些指标的变动中会先行暴露或反映出来，这些指标构成了市场运行的晴雨表或指示器。市场景气指标又常常成为国民经济运行状态的表现。因此，市场监测预警分析有助于政府部门、企业、行业分析家、投资者等及时准确地把握经济未来走势、对经济运行中可能出现的不正常状态及时察觉并形成相应的应对策略。在我国经济发展过程中，某些年份由于宏观经济走势缺乏必要的监测预警，曾出现过建设投资规模失控、信贷资金快速增长、物价上涨过猛等现象。

（3）有助于信息系统的建设。统计信息系统的内容非常丰富，市场监测预警信息系统就是其中之一。随着社会主义市场经济的逐步建立，社会对监测预警信息的需求将日益强烈。可以这样认为，一个完备的统计信息系统，不能缺少监测预警信息系统。

二、市场监测预警指标体系

我国许多行业和企业已经或正在建立景气分析或监测预警系统，用以防范和规避风险。下面对市场监测预警指标体系的建构原则、指标筛选方法以及市场监测预警指标体系的建构进行阐述。

1. 市场监测预警指标体系的建构原则和指标筛选方法

（1）市场监测预警指标体系的建构原则。市场监测预警指标体系的建构原则是一致性、重要性、灵敏性、稳定性、操作性和时效性。

一致性，是要求所选择指标变化的趋势应与所监测预警的市场进行的倾向大体一致，或者说所选指标的波动倾向与基准周期中的波动倾向基本一致。

重要性，是指标的变化能直接反映市场总体上的经济发展状况，即从经济运行联系上看，指标对于形成或反映周期波动有重大影响，这种影响对总体而言，具有代表性和覆盖面。

灵敏性，是要求指标对市场运行波动的反应灵敏，它能及时地反映市场运行是否景气，能够对人们认识市场运行状况的好坏，认识市场运行态势起"报警器"、"温度计"和"晴雨表"的作用。

稳定性，是指对指标变化幅度进行不同状态划分后，分类的标准能够保持相对的稳定。它要求监测预警指标的变动均匀，指标的波动与整个市场波动之间有一定规则可循。

操作性，指所选指标应能从市场运行中取得原始数据，充分体现经济发展和统计状况，既能按月按季进行监测，又能进行连续对比观察。

时效性，是指所选指标能够反映当前方针政策的执行情况，体现宏观经济调控政策作用于市场活动的效果。为保证监测预警指标的时效性，监测预警指标要根据市场运行情况的变化增加或删减。

实际操作中，还要注意以下几点：①指标跨越的时间应尽可能地长，这样才能把各种可能发生的情况反映出来；②各个循环的长度差别不是很大，稳定性较好；③循环振幅变化不很剧烈；④循环波动的轨迹较平滑，上升或下降过程中的反向运动或不规则运动较少；⑤各个指标的特殊循环与基准循环接近一一对应，循环次数和转折点发生遗漏的次数较少；⑥各个循环的经济意义较明确，包括的经济范围较宽广。

（2）市场监测预警指标的筛选。

1）专家意见法（德尔菲法）。首先提出备选景气指标，然后向有经验的专家发出问卷调查表咨询，请专家按照指标筛选的标准给这些指标打分，得出综合得分，最后依据得分的高低筛选出监测预警指标。

2）聚类分析法。

监测预警指标的选取一般采用系统聚类法，该法分为两步：

第一步，形成聚类图。指标聚类在聚类分析中属于 R 型聚类分析。先将 n 个描述市场运行状况的指标看成 n 类（一类包含一个指标），然后将其中性质最接近的两类合成一个新类，得到 n-1 类，再从中找出最接近的两类加以合并形成 n-2 类，依此进行，最后所有的指标均在一类。将上述并类过程画成一张树状结构的聚类图，便可以知道可以分成多少类，每一类由哪些指标构成。

如果每类指标不多，且指标符合选择要求，就可以形成初步的监测预警指标群。如果还需要进一步选择指标，则采用第二步。

第二步，从每类中选出一个典型指标。根据聚类图，在确定需要的新类中，选出一个典型指标作为监测预警指标。选取方法如下：

计算每类中所有指标的相关指数的平均值 $\overline{R_i^2}$，公式如下：

$$\overline{R^2} = \sum_{j \neq i} r_{ij}^2 / (k-1) \qquad i, j = 1, 2, \cdots, k$$

式中，k 为该类指标个数，r_{ij}^2 为该类中变量 x_i 对其余变量的相关系数的平方。从 k 个 $\overline{R^2}$ 中选取最大值作为该类的典型指标。每一类指标按照这一过程，就可以选取若干个市场监测预警的典型指标。

2. 市场监测预警指标体系的建构

由于市场监测预警系统是基于相关经济变量相互之间的时差来指示景气动向的，所以确定时差关系的参照系——基准循环，就是一个首要的基础环节。因为市场波动的复苏、扩张、收缩和萧条都不是在某一个月内发生的，而是通过许多经济变量在不同的经济过程中不断演化而逐步展开。我们对未来市场波动的各个阶段持续时间并不十分清楚，也不可能把各个阶段标记得十分准确。但我们可以确定不同的经济变量参与经济波动各个阶段的先后顺序。确定了一个基准点，就可以此为参照点来确定不同变量的先行、同步、滞后的关系。

（1）市场波动基准循环与基准日期的确定。由于基准日期的确定以及扩散、合成指数的确定要求指标序列剔除了季节变动、不规则变动及趋势之后的序列值，所以在分析前先对数据进行预处理。预处理包括以下内容：对异常点的处理（寻找异常点和对极值进行修正）；对缺失数据的处理；季节调整（X–11 或 X–12 方法）；逆指标和适度指标的处理；趋势调整等。

1）基准循环。指经济波动从一个谷点到邻近的下一个谷点之间的循环状态。它是划分指标功能的基准，一般以与宏观经济变化趋势相一致的指标或指标群进行构造。

在实际运用中，基准日期和基准循环确定的简便方法：先定某个最具代表性的综合指标，以该指标的景气循环作为基准循环。

2）基准日期。是指经济波动过程中峰点和谷点转折的时间位置。在基准周期的扩张、繁荣、收缩、萧条四个阶段中，繁荣为峰点，萧条为谷点。基准日期确定程序：选择与经济波动基本一致的指标，制作历史扩散指数；依计算结果绘制扩散指数曲线图；根据曲线图并参考大事记中的背景材料确定谷底和峰点日期，曲线由下向上穿过 50%线的月份就是基准的谷底日期，曲线由上向下穿过 50%线的月份就是基准的峰点日期。

（2）指标功能分类的标准及其作用。

1）指标分类及其标准。在对指标进行一系列的预处理之后，满足前面所述标准而被选取的指标全体，构成了景气指标系统的内容。根据各个指标与基准循环波动时间上变化的关系，可以将指标划分为先行指标、同步指标和滞后指标三类。

那些总是或者绝大部分是先于经济波动到达自身的峰值或谷底值，在整体市场波动之前率先发生变动的指标称为先行指标（又称领先指标）；相对于基准循环和基准日期而言，总是或绝大部分是与经济波动一致地达到自身的峰值或谷底值，即伴随着经济的涨落而发生变化的指标则称为同步指标（也称一致指标）；那些在各个循环周期中总是或绝大部分是滞后于经济波动达到自身的峰值或谷底值的指标称为滞后指标（也称迟到指标）。

先行指标的确定标准有三个：第一，各个特殊循环的峰值比基准循环的峰值先行至少在 3 个月以上，且先行关系稳定；第二，特殊循环与基准循环接近一一对应，且先行时间在 3 个月以上；第三，指标的经济性质与基准循环有着肯定的、比较明确的先行关系。

确定同步指标和滞后指标的标准与上述标准类似，但同步指标的特殊循环的峰值与基准循环的峰值的时差要保持在正负 3 个月以内，滞后指标的特殊循环的峰值比基准循环的峰值落后在 3 个月以上。

在实际的指标选择中，要找到一个全部符合上述诸多标准的指标几乎是不可能的。我们所能做的是，以基准循环为基础，寻找最接近上述标准的统计指标。实际情况是一个先行指标有时也会滞后，一个滞后指标偶尔也会先行，同步指标也有类似的特征。但是，在一个指标和基准循环对应的全部特殊循环的次数中，如果有 2/3 的循环是先行的，尤其是在改革以来的循环中是先行的，那么这个指标就是先行的。同样，同步、滞后指标也可类似决定。

2）指标的作用。采用上述规范的方法筛选出的先行指标、同步指标、滞后指标三类指标序列，可以用来考察和识别市场经济波动的特征。大量的研究表明，先行指标序列的转折点领先于基准波动转折点 2~10 个月，它们在基准波动波峰以前开始下降，在基准波动波谷之前就上升，预示着一系列先行指标代表的领域或整个市场即将发生的变化，起着预警的作用。

同步指标序列转折点大体上与基准波动的转折点同时出现。它们在基准波动达到波峰时下降，在基准波动达到波谷时上升。这些指标对于判断过去历次波动的起止时间起着决定性作用，也是判断经济周期处于哪个阶段或危险波动是否已经开始的主要依据。

滞后指标序列一般与成本要素有关。它们对经济状况的变化在时间上反应缓慢，有人把这类指标称为"过剩与不平衡的测度"。这类指标序列的转折点往往在基准波动转折点后面 2~7 个月出现。它们在基准波动波峰之后下降，在基准波动波谷之后上升。因此，它们常常可以起到事后验证的作用，与同步指标一起主要用来监察经济变动的趋势。

（3）指标分类的确定方法。

1）时差相关分析。时差相关分析是利用相关系数验证经济事件序列先行、同步或滞后关系的一种常用方法。时差相关系数的计算方法是以一个重要的能够敏感地反映当前经济活动的经济指标作为基准指标，一般选择同步指标作为基准指标，然后使被选择指标超前或滞后若干期，计算它们的相关字数。设 $y = \{y_1, y_2, \cdots, y_n\}$ 为基准指标，$x = \{x_1, x_2, \cdots, x_n\}$ 为被选择指标，r 为时差相关系数，则：

$$r_l = \frac{\sum_{t=1}^{n_l}(x_{t-l} - \bar{x})(y_t - \bar{y})}{\sqrt{\sum_{t=1}^{n_l}(x_{t-l} - \bar{x})^2 \sum_{t=1}^{n_l}(y_t - \bar{y})^2}}, \quad l = 0, \pm 1, \pm 2, \cdots, \pm L$$

式中，l表示超前、滞后期，l取负数时表示超前，取正数时表示滞后，l被称为时差或延迟数。L为最大的延迟数，n_l是数据取齐后的数据个数。

在选择景气指标时，一般计算若干个不同延迟数的时差相关系数，然后进行比较，其中最大的时差相关系数 $r_l' = \max_{-L \leqslant l \leqslant L} r_l$，被认为反映了被选指标与基准指标的时差相关关系，相应的延迟数 l' 表示超前期或滞后期。

计算时差相关系数时必须注意的是，如果两个变量都具有很强的趋势时，所有延迟数的时差相关系数会很高，数据的超前滞后关系就不明显。这种情况下，适当地进行变量变换，消除两个变量的各自趋势，超前滞后关系就变得明显了。

需要指出的是，相关系数仅从统计上表明数据的相关关系，即使相关关系接近1也并不意味着数据之间一定存在着经济上的因果关系，因此在经济上是否存在着相应的因果关系，还需要进一步分析，可以是定性的理论分析和基于数据的格兰杰因果关系检验。

2）K-L信息量。20世纪中叶，统计学家 Kullback 和 Leibler 提出一个信息量，后人称为 K-L 信息量，用以判定两个概率分布的接近程度。近年来，K-L信息量被广泛应用到经济分析中。将 K-L 信息量用于选择景气指标的实际计算中，也是以一个重要的、能够敏感地反映当前经济活动的经济指标作为基准指标。设基准指标为 $y = \{y_1, y_2, \cdots, y_n\}$，由于任意满足 $p_i > 0$，$\sum p_i = 1$ 的序列 p 均可视为某随机变量的高斯分布列。因此，对基准指标做标准化处理，使得指标的和为单位 1，处理后的记为 p，则 $p_i = y_i / \sum_{j=1}^{n} y_j$，$i = 1, \cdots, n$（其中假设 $y_i > 0$）。设被选择的指标为 $x = \{x_1, x_2, \cdots, x_n\}$，做标准化处理，处理后的序列记为 q，则：

$$q_i = x_i / \left(\sum_{j=1}^{n} x_j \right), \quad i = 1, \cdots, n \text{（其中假设 } x_i > 0\text{）}$$

因此，K-L 信息量可由下式计算：

$$k_l = \sum_{t=1}^{n_l} p_t \ln(p_t / q_{t+l}), \quad l = 0, \pm 1, \pm 2, \cdots, L$$

式中，l表示超前或滞后期，l取负数时表示超前，取正数时表示滞后，l被称为时差或延迟数。L 为最大的延迟数，n_l 是数据取齐后的数据个数。当计算出 $2L+1$ 个 K–L 信息量后，从这 k_l 值中选出一个最小值 k_l 作为被选指标 x 关于基准指标 y 的 K–L 信息量，即：

$$k_l' = \min_{-L \leqslant l \leqslant L} k_l$$

其相对应的延迟数 l 就是被选指标最适当的超前或滞后月数（季度），K–L 信息量越小，越接近于 0，说明指标 x 与基准指标 y 越接近。

3）聚类分析。事物之间"亲疏远近"的程度存在着差异，衡量事物的亲近程度有两类度量。一类是相似性度量，如相关系数、相似系数等，相关系数越大，认为事物越接近，通常用来衡量指标（变量）间的接近程度。另一类是非相似性度量，如各种距离，距离越小，认为事物越接近，通常用来衡量样品间的接近程度。因此，如果是对重要且能反映整个经济活动的 p 项经济指标，根据它们历年的统计数据，将 p 项指标分成先行、同步、滞后等类，就称之为对指标分类，这时选择相关系数等为相似性变量。

聚类的方法有很多，系统聚类法因其研究结果丰富，且可根据聚类过程得到聚类图，在实际中使用得最多。聚类分析图画出后，用一条水平直线，若其与聚类图有三个交点，就得到 m 个指标分为三类的情形，分别对应先行指标、同步指标和滞后指标。一般来说，我们可以通过前述的几种筛选指标的方法，知道典型的先行指标、同步指标、滞后指标的特征，于是我们观察已知各类指标被分到哪一类中，含有已知的同步指标的类被认为是同步指标类，同样含有先行指标的类被认为是先行指标类，含有滞后指标的类被认为是滞后指标类。

4）峰谷对应法。峰谷对应法相对于其他方法来说是一个比较直观的方法。它主要是通过比较转折点的位置来确定指标的类别。一般可以通过比较转折点和画图比较两种方式来进行。

比较转折点。这种方式主要表现为先求出被选指标的转折点日期，再比较被选指标与基准日期的对应情况，这样就可以很准确地计算出超前或滞后的时间。

画图比较。画图比较有两种方式：一种是在被选指标曲线图上画上基准日期线。基准日期线上所标的字母"P"表示基准日期的峰，字母"T"表示基准日期的谷，阴影部分是景气循环峰—谷的收缩期，从而可以直观地观察到和基准日期相比，指标的峰、谷超前或滞后多少个月（或季度）。另一种是选择一个重要的能够敏感地反映当前经济活动的一致指标作为基准指标。把基准指标与被选指标画在一张图上，这样峰、谷的对应状况就一目了然了。

5）马场法。马场法是把一个指标的循环分成九个阶段，先求出每个阶段的平均值，然后把相邻两个阶段的平均值进行比较。如果比较结果显示由各个阶段的上升或下降构成的循环与基准循环一致，则认为该指标为同步指标，否则可以判断为先行指标或滞后指标。这种方法主要是为便于计算机的判断与分类而制定的，但其分析思想和结果同峰谷对应法一致。由于马场法过于严格，具有一定的局限性。按照马场法，只有当被选指标的 m 个循环变动对应性都很好时，才能得出相应的结论。这样的标准指标在实践中不容易找到。

3. 我国研制的经济监测预警指标体系

（1）国家统计局统计科学研究所曾研制出我国的监测预警指标体系，该体系共含 22 个指标。①领先指标有财政支出、基建财政拨款、工业贷款、城镇储蓄存款、基建财务国内贷款、基建新增固定资产、新开工项目数、钢材库存数、水泥库存数、木材库存数；②同步指标有工业总产值、工业销售收入、社会商品零售额、集团消费零售额、国内商业纯购进、海关进口总额、银行现金工资性支出、基本建设投资完成额；③滞后指标有国内商业库存、商业存款、全社会零售物价总指数、财政收入。

（2）中国经济体制改革委员会也曾研制过监测预警指标体系，包含 33 个指标。①领先指标有工业企业贷款、国家投资、工业贷款、城镇储蓄在总储蓄中的比重、市场货币流通量、物资供销部门贷款、农村贷款、预算内企业亏损总额、能源生产总量、预算内企业销售成本率、汽车产量、发电设备量、农业生产资料零售额。②同步指标有预算内企业销售成本、预算企业销售产值、发电量、烧碱产量、化纤产量、化肥产量、钢材产量、工业总产值、轻工业总产值、重工业总产值、预算内企业资金利税率。③滞后指标有消费品零售额、商业贷款、水泥、全民所有制投资完成额、企业贷款、自筹投资、产品库存天数、投入品库存天数、预算内企业定额流动资金周转天数。

三、市场景气指数分析

在经济发展过程中，每个指标变化的程度不同，变化的方向也常常不一致，通过考察个体指标难以获取一致性结论。为了从整体上得到市场经济运行的一致性结论，需要利用合适的方法将个体指标的信息综合起来，常用的指标信息综合的方法有先行指标法、扩散指标法和合成指数法。

1. 先行指标法

（1）先行指标分析法的含义。先行指标分析法是通过先行指标的变化来观察整个市场变化的先兆是否存在，如果存在，则整个市场何时发生变化。先行指标变化的结果可用来预示整个市场可能发生的变化，它起着预警的作用。依据先行指标数列的变化特征，及早地对未来变化采取适当的对策，如增加投入、改善供给或者限制需求、改变资金流向等，有助于改善宏观经济运行环境，促进市场健康发展。

（2）先行指标分析法的主要内容。先行指标分析法的具体步骤如下：①记下指标序列号（为识别不同的指标序列），注意指标序列描述的最后月份或季度。②分析每个指标序列的最后三个时期、四个时期，如果这些时期序列呈现出普遍的增长（采用年距环比），记为"+"号；表现出普遍的下降，记为"-"号；如果表明方向上没有明显的变化，就记为"0"号。③在第二步的基础上，记下各个指标序列预期的下一时期动向，即可能增长、下降或者没有明显变化。④计算第二步和第三步中有多少序列出现增长、下降或无明显变化，并计算出所有先行指标中表示增长、下降或无明显变化的相应百分比，考察最近三个时期、四个时期及下一时期先行指标变动的大体趋势。⑤在上述表明增长、下降或没有明显变化的百分比基础上，推测经济活动会不会在不久的将来发生转折。⑥对上述结论的合理性进行解释。整个市场发生转折的时间等于先行指标发生转折的日期加上先行指标领先的平均日期。如果先行指标领先的平均日期为3个月，且本月内先行指标群将发生向下转折，则表明整个市场在3个月后就可能出现向下转折。

运用先行指标分析法时需要注意，它仅仅考察了先行指标的变动情况，要证实这种变化是否存在，还需要结合同步指标、滞后指标进行全面分析。单纯依赖先行指标进行判断，虽然简单、明了，但也可能产生错误的判断。

2. 扩散指标法

（1）扩散指数的编制。扩散指数又叫扩张率，它是在对各个经济指标循环波动进行测定的基础上所得到的扩张变量在一定时点上的加权百分比。将每一个时点上的扩张百分比都计算出来，就得到一个扩散指数的动态序列。把它画在图上，则可以形象地表现出经济波动相继扩散的动态过程。扩散指数按下列方式计算：

$$DI_t = \sum_{i=1}^{N} W_i \, I_{[\,x_t^i \geqslant x_{t-j}^i\,]} \times 100$$

若各变量的权数（W_i）相等时，上式变为：

$$DI_t = \frac{\sum_{i=1}^{N} I_{[\,x_t^i \geqslant x_{t-j}^i\,]}}{N} \times 100 = 在 t 时刻扩张的变量个数/变量总数 \times 100$$

式中，x_t^i 代表第 i 个变量指标在 t 时刻的波动测定值；x_{t-j}^i 代表第 i 个变量在 t–j 时刻的波动测定值；j 表示滞后的时期；W_i 代表对第 i 个变量指标分配的权数（相对数）；N 代表变量指标总数；I 是一个示性函数，记为：

$$I = \begin{cases} 1 & 当 x_t^i > x_{t-j}^i 时 \\ 0.5 & 当 x_t^i = x_{t-j}^i 时 \\ 0 & 当 x_t^i < x_{t-j}^i 时 \end{cases}$$

i 的确定取决于我们比较的基础，若和前期比较，则 i=1；若和前两期比较，则 i=2，等等。也可以根据每个指标的不同性质确定不同的比较期。权数 W_i 的确定可以有多种方法，如专家系统评分法、相关系数加权法、动态加权法、多层次权重分析法（AHP）等。

扩散指数的值域为 $0 \leqslant DI_t \leqslant 100$，它的循环波动的长度由相邻两次波动的谷底组成。每一次波动可以被分解为四个阶段：当 $0 < DI_t < 50$ 时，这时经济运动处于不景气的后期；当 $50 < DI_t < 100$ 时，经济情况发生了重大转折，经济运行中的热度越来越高；当 $100 > DI_t > 50$ 时，正在走下坡路，所以整个经济系统正处于降温阶段；当 $50 > DI_t > 0$ 时，经济运行中的力量对比又一次发生重大转折，经济系统正面临全面收缩的阶段，经济形势又进入一个新的不景气空间的前期。

（2）扩散指数作用。

扩散指数由许多变化比较规则的重要经济变量综合而成，主要用于反映经济运动的方向，经济扩张或收缩的程度，以及经济波动扩散的过程。作为经济运行的晴雨表，它比任何单一指标都更具有可靠性和权威性。其主要作用如下：

1）扩散指数在每一个阶段停留的时间代表经济波动在相应阶段扩散的速度。扩散指数在任一时点上达到的数值，代表经济波动扩散的程度或范围。而扩散指数达到其峰值或谷底的数值，则说明经济扩张或衰退的极限程度。不同周期的峰值或谷底的数值的比较，可以说明经济景气或不景气的程度变化，其峰谷落差的比较则反映经济振荡的程度。

2）根据指标的时差分类和经济分类，可以计算不同性质的扩散指数。先行指标的扩散指数，可以预测经济形势的动态趋势；滞后指标的扩散指数，则可以判断经济景气或萧条是否开始（或结束）。因此，扩散指数又对经济的监测和调控，提供了一个方便的工具，同时也是评价宏观调控效果的一个标准。

（3）扩散指数进行经济预测所存在的问题。扩散指数的建立为经济形势的判断、分析和预测提供了手段和依据，使未来的宏观调控减少了很多盲目性。但是，在利用扩散指数对经济运行状态进行预测和分析时，我们仍会遇到很多问题。

1）目前建立的扩散指数，其内容还不够完善，包括的范围还不够全面。这主要是因为我们的统计资料还不健全，相应指标的月度统计数据难以得到。今后，随着这方面工作的不断完善，构成指标和扩散指数也会得到相应的改进。

2）对随机波动的处理还很不完善，从中提取的信息量也很不够。由于这方面工作的不足，在一定程度上影响了对经济波动的认识和刻画，也可能丢掉了一些重要的指标或错用了一些指标，这方面工作质量的提高仍是一个艰巨的任务。

3）在数据处理和指标分析的方法上，比如对于长波和短波的识别，仍有许多地方有待改进。

由于存在着以上问题，所以在使用扩散指数时一定要谨慎小心，要结合当前的实际情况和重大政策的变化来完成分析工作。

3. 合成指数法

扩散指数虽然能有效地预测经济周期波动的转折点，但却不能明确表示经济波动变化的强弱，为了弥补这一不足，人们提出了合成指数。合成指数除了能预测经济循环的转折点外，还能在某种意义上反映经济循环变动的振幅。合成指数也按现行、同步、滞后三类指标分别编制。编制合成指数的具体步骤如下：

第一步，求单个指标的对称变化率。

设原指标（经济变量的增长率）经过季节调整后的序列为 $d_i(t)$，首先对它求第 i 序列 t 时刻的对称变化率 $C_i(t)$：

$$C_i(t) = 200 \ [d_i(t) - d_i(t-1)] / [d_i(t) + d_i(t-1)]$$

当 $d_i(t)$ 有零或负值时，或数据是百分数形式，则有：

$$C_i(t) = d_i(t) - d_i(t-1)$$

第二步，求先行指标、一致指标、滞后指标组的标准化平均变化率 $V(t)$。

为了防止变动幅度大的指标在合成指数中取得支配地位，各指标的对称变化率 $C_i(t)$ 都被标准化，使其平均值等于 1。对于先行、同步、滞后各指标：

求第 i 序列的标准化因子 A_i：

$$A_i = \sum_{i=2}^{N} |C_i(t)| / (N-1)$$

式中，N 是标准化期间的月数。

用 A_i 把 $C_i(t)$ 标准化，得到标准化平均变化率 $S_i(t)$：

$$S_i(t) = C_i(t) / A_i$$

求先行指标、同步指标、滞后指标组的平均变化率 $R(t)$：

$$R(t) = \sum_{i=1}^{K} S_i(t) W_i / \sum_{i=1}^{K} W_i$$

式中，i 是组内的序列数；W_i 是第 i 序列的权重，其确定方法可用专家意见法或主成分分析法。

对先行、一致、滞后各组 $R(t)$ 除以组间标准化因子 F，以求标准化平均变化率 $V(t)$。

$$F_j = \sum_{i=2}^{N} |R_j(t)| / (N-1) \left/ \left[\sum_{i=2}^{N} |P(t)| / (N-1) \right] \right.$$

$$V_j(t) = R_j(t) / F_j \qquad j = -1, \ 0, \ 1$$

式中，j 为 –1 表示滞后指标组，为 0 表示一致指标组，为 1 表示先行指标组。$P(t)$ 为一致指标组的 $R(t)$，对于一致指标而言，$F_0 = 1$。

第三步，求初始综合指标 $I(t)$。

对各组，令 $I(1) = 100$，且 $I(t) = I(t-1)[200 + V(t)] / [200 - V(t)]$。

第四步，求趋势调整 T。

对一致指标组的每个序列分别求出各自的趋势。使用的方法是用下列复利公式：$T = (\sqrt[m]{C_L / C_I} - 1) / 100$。

式中，C_L 和 C_I 分别是最先和最后循环的平均值，m 是最先循环的中心到最后循环的中心之间的月数。然后求出按上述方法算出的各同步指标的趋势的平均值，并把它称为平均趋势，且记为 G。

对先行指标、同步指标、滞后指标的初始综合指标，分别用上述的复利公式求出各自的趋势 T。

第五步，求合成指数 CI。

令 $V'(t) = V(t) + (G - T)$，$I'(t) = I'(t-1)[200 + V'(t)] / [200 - V'(t)]$，其中 $I'(1) = 100$。

将上式算得的 $I'(t)$ 除以基年的平均值，再乘以 100 就得到所求的 CI。

四、市场景气预警体系的建立

市场景气预警指标体系是由若干个相互联系、相互制约的指标组成的整体。

1. 预警指标选取的条件

建立预警信号系统首要的是选择预警指标。入选的指标应具备的条件：其一，所选指标必须在经济上有重要性；其二，先行性或一致性；其三，统计上的迅速性和准确性。

2. 预警界限的确定

（1）单个指标临界值的确定方法。①根据每个指标历史数据的实际落点，确定出指标波动的中心轴线，并以此作为该指标正常区域的中心，然后根据指标出现在不同区域的概率要求，求出基础临界值。②若数据长度过短或经济长期处于不正常状态，可通过经济理论和经验判断，剔除指标异常值后，重新研究中心线并对基础临界值进行调整。③通过对经济指标的长期历史数据进行观察，运用平均的方法确定临界值。④参考国家和地方制定的国民经济发展的规划值和计划指标来确定。⑤可以借鉴国际上的经验数据，作为确定预警指标临界值的辅助参考。

（2）总预警界限值的确定方法。首先给定每个灯区的分数标准值：5 分、4 分、3 分、2 分、1 分（红、浅红、绿、浅蓝、蓝），然后根据预警指标计算各灯区的总分数，例如 10 个指标，则各灯区分数分别为 50 分、40 分、30 分、20 分、10 分。具体确定总预警界限值时可有不同的取值标准法。

（3）景气对策信号法。景气对策信号法也称景气警告指标法，它是将若干项监测预警指标的变化率与其临界值比较，在综合基础上判定经济运行变化态势的一种方法。为了容易接受和传播，具体又分为评分法和信号灯法两种。

1）评分法的具体步骤。第一步，根据经济运行的不同态势，将判断区域划分为"热"、"偏热"、"稳定"、"偏冷"和"冷"5 个区域，并分别取值为 5 分、4 分、3 分、2 分和 1 分。可以看出，3 分是经济运行的最佳状态。

第二步，根据监测预警指标的变化规律，确定该指标运行态势的临界值。

第三步，将每个监测预警指标的动态指数与所确定的该项指标的临界值进行比较，落入哪个运行区域就赋予相应的分数。

第四步，将若干个监测预警指标的得分加权求和，计算经济运行的总分数，并根据总分数对经济态势作出评判。

2）信号灯法。信号灯法是在评分法基础上产生且比评分法更直观形象。其具体做法如下：

第一步，借用交通管制信号来指示经济运行景气状况，并将各种信号用符号联结起来，"红灯"表示经济运行"热"，"黄灯"表示经济运行"偏热"，"绿灯"表示经济发展稳定，"浅蓝灯"表示经济短期内有转稳或萎缩的可能，"蓝灯"表示经济发展"趋冷"。

第二步，确定监测预警指标的界限，即临界值。临界值为 4 个，用来划分 5 种信号的变动区域。

第三步，监测预警指标的实际值与其临界值比较，并标出各指标的信号灯显示和得分。

第四步，将各指标得分加总，计算综合经济景气得分。

五、企业景气指数与消费者信心指数

经济景气指数在我国宏观经济运行预警和监测中的应用越来越受到关注，下面介绍两个目前编制的经济景气指数：企业景气指数与消费者信心指数。

1. 企业景气指数

企业景气指数是在对企业意向性调查的基础上，测定企业现阶段的景气程度及对下阶段经济走势预测的宏观统计方法，能比较科学地反映现阶段企业运行状况并判断未来经济发展的态势。

我国自 20 世纪 90 年代初开始开展景气调查，具体内容包括企业家信心指数和企业景气指数。企业家信心指数是企业家对宏观经济环境信心预期的判断，企业景气指数是根据企业家对本企业当前综合经营状况的判断和未来发展的预计。

（1）企业景气调查方案的内容。企业景气调查方案主要包括以下内容：①调查目的是为了及时、准确反映宏观经济运行和企业生产经营状况，为各级党政领导宏观管理和决策提供参考依据；及时反映企业的要求和建议，为企业生产经营服务。②调查范围包括工业、建筑业、交通运输、仓储及邮电通信业、批发和零售贸易、餐饮业、房地产业、社会服务业。③调查对象为上述调查范围内被抽中的法人企业及其负责人以及依照法人单位进行统计的产业活动单位及其负责人。④调查内容包括企业基本情况、企业家对本行业景气状况的判断与预计、企业家对企业生产经营景气状况的判断与预计、企业家对企业生产经营问题的判断与建议。⑤调查方式主要采用抽样调查方法。调查样本选取采用重点与抽样选取结合的方法，各地区对各行业特大型、大型企业及上市公司全部调查，从小型企业中抽取 10%，其余样本从中型企业中抽取。⑥调查频率为每季。各企业分别于每年的 3 月 15 日、6 月 15 日、9 月 15 日、12 月 15 日上报。

（2）企业景气指数的编制方法。企业景气指数用扩散指数法计算。公式为：

$$BSI = 100 \times \sum DIi/n \quad (-100 < BSI < +100)$$

式中，DI 为被调查者回答调查内容时的取值，当企业家回答"上升"时，DI＝+1；当企业家回答"不变"时，DI＝0；当企业家回答"下降"时，DI＝－1。n 为调查的企业家总数。BSI 也可以表示为：

BSI＝回答上升的企业家所占的比重－回答下降的企业家所占的比重

景气指数介于－100~+100。当 0＜BSI＜100 时，表明企业家判断景气状况为上升或改善，越接近 100 状态越好；当 BSI＝0 时，说明经济处于景气与否的边缘；当－100＜BSI＜0 时，则表示企业家判断景气状况为趋于下降或恶化，即经济处于不景气状态，越接近于－100，景气状况越差。在实际计算中，行业内部要根据企业的规模进行加权；行业之间根据各行业的增加值在 GDP 中所占的比重进行加权。

（3）景气指数的种类。企业的景气指数可根据调查范围的不同分为综合景气指数和个体景气指数两种。①综合景气指数。它是指用于综合反映调查总体所处的状态和未来发展变化趋势的景气指数。具体包括企业景气指数和企业家景气指数。②个体景气指数。又称单项景气指数，它是反映调查总体的某一方面（或某一单项）所处的状态和未来发展变化趋势的景气指数，主要包括生产景气指数、产品订货量指数、劳动力需求指数、税后利润指数、产品销售景气指数、生产成本景气指数。

（4）企业景气指数的发布报告。将编制出的企业景气指数定期发布。

2. 消费者信心指数

消费者信心及其变化，是现代社会经济生活中的一个重要经济指标，它不仅提供了对主要经济变量未来走势的有效监测，而且可以用来预报市场的变化。

（1）消费者信心的量化和指数的编制。消费者信心是消费者对其家庭收入水平的估价和预期的反映，这种估价和预期建立在消费者对各种制约家庭收入水平因素的主观认识上。这些因素主要包括国家或地区的经济发展形势、失业率、物价水平、利率等。消费者信心指数就是对消费者消费心理感受变化的测度，它是通过居民住户调查收集资料，采用一定的统计方法计算得到的反映消费者信心变动程度的指标。

目前消费者信心采用问卷调查法。主要包括以下内容：①调查的主要内容。包括经济发展形势、家庭收入和就业、物价水平、消费或购买意愿。每一方面由两类问题构成：对现状的看法；对未来的预期。②问卷的备选答案。在调查问卷中每一问题一般有三个答案：肯定的（积极的）、否定的（消极的）和中性的（不变），由消费者根据自己的看法或判断选择其一。③消费者信息指数的信息综合。指数通常以加权平均法得出，结果以百分点表示。指数的取值有两种：一是取值为 0~200，100 是中值，表明消费者的信心是一种中立态度，0 表明极端悲观情绪，200 反映的则是极度乐观情绪；二是取值为 0~100，50 是中值，100 反映的则是极度乐观情绪。

（2）消费者信心指数在我国的编制和应用。国家统计局从 1997 年 12 月开始研究编制我国的消费者信心指数，每季度发布一次《中国消费者信心监测报告》，目的是从一个新的角度为各级政府、工商界和国内外投资者综合判断经济运行的状态提供参照系，为各经济主体进行决策提供辅助信息。2003 年 4 月北京已在全国率先发布了北京市的第一季度消费者信心指数。同年 6 月，上海市统计局与上海财经大学合作也开展了上海市消费者信心指数的电话调查，并编制了消费者信心指数。

（3）消费者信心调查与居民家庭收支调查的区别。消费者信心调查对象是居民家庭，所以它属于城乡居民住户调查研究的范畴。与居民家庭收支调查比较，消费者信心调查具有不同的特点。

其一，调查的目的和内容不同。居民家庭收支调查的内容主要集中在家庭的收支水平、消费的数量、品种及价格，目的是反映人民的生活水平状况以及为编制生活费价格指数提供资料，而消费者信心调查是通过对消费者主观感受和态度的测度，向社会提供消费者对经济形势、就业和家庭收入、消费品购买的评价和预期。

其二，调查的形式不一样。居民家庭收支调查的形式是向居民家庭发放统一调查表，由居民家庭如实填报，且填报在一定时期里是连续性的；而消费者信心调查的形式是采用统一的单选式问卷调查，这一调查在一定时期里是一次性的。

其三，采用的信息收集方式不同。居民家庭收支调查以固定样本连续调查获取信息为主，克服了面访和邮寄的不足。消费者信心调查讲究信息的时效与获取的便捷，网上调查或计算机辅助电话访问开始取代面对面的访问，正逐渐成为收集资料的主要方式。

第三节　顾客满意度分析

顾客满意度调查是近年来市场营销调查行业中发展最快、应用最广泛的调查技术。它可以找出那些与顾客满意或不满意直接有关的关键因素（用统计指标来反映，有时称为绩效指标），根据顾客对这些因素的看法而测量出统计数据，进而得到综合的顾客满意度指标。下面从顾客满意度的概念及影响因素、国内外发展现状、顾客满意度指标的衡量、顾客满意度调查几个方面介绍。

一、顾客满意度的概念及影响因素

顾客满意度是指顾客通过对一个产品或服务的感知效果、结果与其期望值相比较后所形成的愉悦或失望的感觉状态。若感知价值和服务大于期望价值与服务，顾客就感到愉悦、满意；若感知价值和服务等于期望价值和服务，顾客满意程度不确定；若感知价值和服务小于期望价值与服务，顾客就会感到失望和不满。因而，企业的商品和服务越能超越顾客需求，就越能有效地提高顾客满意度。

企业在分析顾客满意度时，需要注意到影响顾客满意度的因素。它们包括：产品、销售活动、售后服务以及企业文化。其中，产品要素比较重要，它决定了产品本身如何影响顾客满意度；销售活动给顾客提供一个期望的价值水平，以便对今后的感知水平进行对比；售后服务则是通过完善的服务提高满意度，同时也可以对产品、销售中出现的失误进行补救；企业文化是企业的精神支柱，通过企业文化向内部员工和外界顾客传达企业的精神，进而影响顾客的满意度。

二、国内外顾客满意度研究的发展现状

20 世纪 90 年代以来，许多国家开展了全国性的顾客满意度指数测评工作，以此来提高本国企业的竞争力。其中具有代表性的有瑞典模型、美国模型和欧洲模型。瑞典率先于 1989 年建立了全国性的顾客满意度指数，美国和欧盟相继建立了各自的顾客满意度指数——美国顾客满意度指数（ACSI，1994）和欧洲顾客满意度指数（ECSI，1999）。另外，新西兰、加拿大和中国台湾等国家和地区也在几个重要的行业建立了顾客满意度指数。中国的学者也在国外研究的基础上建立起了顾客满意度模型。这些模型都是基于顾客满意度理论建立的，大致框架：顾客期望→顾客感知→顾客满意→顾客忠诚。在这个过程中，就是不断提高影响满意度的因素的水平，来提升顾客满意度，从而为企业带来忠诚的顾客。

三、顾客满意度指标的衡量

建立顾客满意度指标体系是为了测量和评价企业目前的顾客满意度，提供提高顾客满意度的思路，以及寻求实现顾客满意度的具体方法。由于顾客的满意状况是由顾客的期望和顾客的感知（包括对质量的感知和价格的感知）这两个因素决定的，因而可以用一个简单的函数式来描述顾客满意状况的评价指标，即 $c = b/a$。

式中，c 表示顾客满意度；b 表示顾客的感知价值；a 表示顾客的期望值。

当 c 接近 1 或等于 1 时，表示顾客的感受既可认为"比较满意"，也可认为"一般"；当 c 小于 1 时，表示顾客的感受为"不满意"；当 c 等于 0 时，则表明顾客的期望完全没有实现。

在建立顾客满意度指标（CSI）体系时，首先要对该行业有一个大致的了解，只有在对行业背景有大致理解后，项目执行人员才能明确需要进一步深入的问题。由于构建顾客满意度指标体系基本上是一个基于顾客调查的过程，故对调查方法的选择将直接影响最终结果的客观性与科学性。除了二手资料收集外，还有三种常用的数据收集方法：抽样问卷调查、深度访谈和焦点访谈。在获得所需要

的数据后，需要对收集的数据进行归类整理、统计分析，从而找出研究对象和被研究对象的相关性。

四、顾客满意度调查

在建立顾客满意度指标体系时，对顾客的调查过程是很重要的，它将直接影响到最后结果的准确程度。基于顾客满意度调查的结果，可以为正确认识顾客满意度的现象和规律提供参考。

一般的调查过程要按照市场营销调查的程序进行，首先，界定研究的问题，根据研究问题的特性建立研究假设，建立研究设计；然后，根据现场调查收集资料；再对收回的资料进行数据分析和结果解释；最后提交研究的报告。

在此过程中，最重要的环节就是进行问卷设计。在制定顾客满意度测评问卷时要充分考虑企业的情况、行业的背景、被访者的理解能力和心理接受能力，以及设基准指标为 $y=\{y_1, y_2, \cdots, y_n\}$，由于任意满足 $p_i>0$，$\sum p_i=1$ 的序列 p 均可视为某随机变量的高斯分布列。数据编辑和处理对数据结构的要求：一份完善的调查问卷在形式上要求版面整齐、美观，便于阅读和作答；内容则要求主题鲜明，能够突出调查的主题。

1. 封闭式问题设计方法

在设计问卷的过程中主要涉及的问题分为封闭式和开放式两种。在顾客满意度调查中，一般都有时间的限制，还需要为统计分析提供量化的答案，所以主要采取封闭式问题。封闭式问题采用给定被选答案，被采访对象从中做出选择的方法，主要有两项选择题、多项选择题、填入式问题、顺位式问题、态度评比测量题、矩阵式问题和比较式问题 7 种。

（1）两项选择题。两项选择题也称为是非题，一般只设两个选项，"是"与"否"等。这种选择题简单明了，但是两种极端的回答有时很难了解和分析被访者群体中客观存在的不同态度层次，而且还容易产生大量的测量误差。

（2）多项选择题。多项选择题是从多个被选答案中择一或择几。这是采用最多的一种问题类型。这种问题的优点是便于回答，便于编码和统计；缺点主要是问题提供答案的排列顺序可能引起偏见。

（3）填入式问题。填入式问题一般针对只有唯一答案的问题。对于答案不固定的问题，则只能设计成开放式问题。

（4）顺位式问题。顺位式问题，是在多项选择的基础上，要求被访问者对询问的答案按自己认为的重要程度和喜欢程度顺位排列。调查者进行统计时，将每一商品所得分数进行平均，就得出该商品在消费者心中的一个总的影响。用这种方式也可以采取让被访问者打分的形式，如采用 10 分制或 5 分制。

（5）态度评比测量题。封闭式问题可以和量表相结合，测量被访问者对某种商品或服务的满意程度。

（6）矩阵式问题。矩阵式问题是将若干同类问题及几组答案集中在一起排列成一个矩阵，由被访问者按照题目要求选择答案。矩阵式问题可以节省问卷的篇幅，而且相同的问题集中排列，回答方式相同，也节省了阅读和填写时间，但容易使被访问者产生厌倦情绪。在一份问卷中，这种形式的问题不宜采用过多。

（7）比较式问题。比较式问题是将若干可以比较的事物整理成两两对比的形式，由被访问者进行比较后选择。这种问题在竞争者分析中应用较多，便于将本企业的产品或服务与竞争者进行对比分析，了解消费者对本企业产品或服务的满意程度。

2. 顾客满意度态度测量技术

态度测量技术有很多，大致可以分为两大类：直接测量和间接测量。

直接测量是指有关态度的问题由调查者主观加以设计，被访问者只需直接对设计好的问题做出回答。直接测量的方法有类别量表法、数字量表法、等级排列法、配对比较法、语义区分法。

（1）类别量表法。调查者把可能的回答按性质分成几个类别，供被访问者选择。共有三种形式：①让顾客就某一事物、某一看法简单表达自己的态度。②让顾客就某一事物、某一看法表达自己的态度倾向及强度。③让顾客做一些简单的类别选择。

类别量表法是最简单、最直接的态度测量方法，测量结果一般用各类别回答的频次或百分比表示。

（2）数字量表法。数字量表法要求被访问者对自己的态度强度给出一个分数，比如 10 分制或 5 分制。

（3）等级排列法。等级排列法要求顾客对所有被调查的对象按照等级加以排列。这种方法获得的测评结果是次序量表资料，这种资料可以转化为等距离量表资料，比较各被测评对象的顺序和差异程度。

（4）配对比较法。配对比较法也是了解多种评价对象在消费者心目中的位置的方法。在配对比较量表中，受测者被要求对一系列对象两两进行比较，并根据某个标准在两个被比较的对象中做出选择。

（5）语义区分法。语义区分法把态度看成一个比较复杂的概念，分为多个层面考虑。

间接测量是指有关态度的询问问题，并不是由调查者主观确定的，而是由部分被调查的对象筛选确定。间接测量的方式有李克特量表法、斯马图量表法等。

在顾客满意度测定中，以李克特量表和数字量表应用最为广泛。李克特量表简单易懂，操作方便，是所有量表中最受欢迎的。但是其对各种态度的覆盖面有限，尤其是对商家肯定的方面划分不够细致。该量表只适用于表现好或非常好的商家。而数字量表简明易懂，可用于各种形式的访问和调查问卷中，在统计分析和结果的直观描述方面也十分方便。10 分的量表标准对顾客来说十分熟悉，区分度也较好。但是，数字量表不能设定明确的态度标准，因此必须与其他形式的量表结合使用。

3. 顾客满意度的统计分析方法

在获取资料以后，要对收集的数据进行分析，可以运用的方法是描述性统计分析以及建立顾客满意度模型分析。

对数据的描述性统计分析包括计算平均值、标准差等一些简单的统计量，并做出频数表、散点图、交叉条之类的简单图表，这些简单的图表可以帮助我们了解数据的变化情况，如各等级标度上不同数值的频率、两个变量之间的频率对比以及它们是否相关联等。

在建立顾客满意度模型，进行满意度指数测评时，有 5 种可供选择的方法：相关分析、多元回归、主成分分析、线性结构关系分析和偏最小二乘法。本书主要介绍应用偏最小二乘法（PLS）进行顾客满意度数据分析。

运用偏最小二乘法在建立顾客满意度指数测评模型中的操作原理：设在顾客满意度测评中有 q 个因变量 $\{y_1, y_2, \cdots, y_q\}$ 和 p 个自变量 $\{x_1, x_2, \cdots, x_p\}$。为了研究因变量和自变量之间的统计关系，我们观察了 n 个样本点，由此构造了自变量和因变量的数据表：

$$X = \begin{bmatrix} x_1, & x_2, & \cdots, & x_p \end{bmatrix}_{n \times p} = \begin{bmatrix} x_{11} & x_{12} & \cdots & x_{1p} \\ x_{21} & x_{22} & \cdots & x_{2p} \\ \vdots & \vdots & \vdots & \vdots \\ x_{n1} & x_{n2} & \cdots & x_{np} \end{bmatrix}$$

$$Y = \begin{bmatrix} y_1, & y_2, & \cdots, & y_p \end{bmatrix}_{n \times p} = \begin{bmatrix} y_{11} & y_{12} & \cdots & y_{1p} \\ y_{21} & y_{22} & \cdots & y_{2p} \\ \vdots & \vdots & \vdots & \vdots \\ y_{n1} & y_{n2} & \cdots & y_{np} \end{bmatrix}$$

偏最小二乘法回归的做法是首先在自变量集中提取第一潜因子 t_1（t_1 是 x_1，x_2，$\cdots$，x_p）的线性组合，且尽可能多地提取原自变量集中的变异信息，比如第一主成分量），同时在因变量集中也提取第一潜因子 u_1（u_1 为 y_1，y_2，$\cdots$，y_q）的线性组合），并要求 t_1 和 u_1 相关程度达到最大，然后建立因变量 Y 与 t_1 的回归，如果回归方程已达到满意的精度，则算法终止，否则继续进行第二轮潜在因子的提取，直到能达到满意的精度为止。若最终对自变量集提取 e 个潜因子（t_1，t_2，$\cdots$，t_e）的回归式，然后再表示为 Y 与原自变量的回归方程式。

PLS 的算法步骤如下：把自变量和因变量都进行标准化处理，以消除测量时由于采用不同的量纲和数量级所引起的差异。提取主成分，逐步回归法。

在建立顾客满意度指数模型时，要求 t_1 和 u_1 能很好地分别代表自变量和因变量中的数据变异信息，根据主成分分析原理应该有：

$Var(t_1) \rightarrow max$

$Var(u_1) \rightarrow max$

而另一方面，在顾客满意度指数建模时，要求 t_1 对 u_1 具有最大的解释能力，由典型相关分析思路，t_1 和 u_1 的相关程度应达到最大值，即 $r(t_1, u_1) \rightarrow max$。实质上是要求 t_1 和 u_1 的协方差达到最大，即：

$$Cov(t_1, u_1) = \sqrt{Var(t_1) Var(u_1)} \, r(t_1, u_1) \rightarrow max$$

因此，顾客满意度指数测评模型的偏最小二乘回归的正规数学表达式为求下列优化问题，即：

$$\max \langle E_0 \omega_1, F_0 c_1 \rangle$$

$$s.t. \begin{cases} \omega_1' \omega_1 = 1 \\ c_1' c_1 = 1 \end{cases}$$

第一步，从 X 中提取第一主成分 t_1 和 u_1，即求矩阵 $E_0'F_0F_0'E_0$ 的最大特征值所对应的特征向量 c_1。

求得轴 ω_1 和 c_1 后，可得到成分：

$t_1 = E_0\omega_1$

$u_1 = F_0c_1$

然后分别求 E_0 和 F_0 对 t_1 和 u_1 的三个回归方程：

$E_0 = t_1p_1' + E_1\omega_1$

$F_0 = u_1q_1' + F_1^*$

$F_0 = t_1r_1' + F_1$

式中，回归系数向量是：

$$p_1 = \frac{E_0't_1}{\|t_1\|^2}$$

$$q_1 = \frac{F_0'u_1}{\|u_1\|^2}$$

$$r_1 = \frac{f_0't_1}{\|t_1\|^2}$$

式中，E_1、E_1^*、F_1 分别是三个回归方程的残差矩阵。

第二步，用残差矩阵 E_1 和 F_1 取代 E_0 和 F_0，然后求第二个轴 ω_2 和 c_1 以及第二个成分 t_2 和 u_2，有：

$E_1 = t_2p_2' + E_2$

$F_2 = t_2r_2' + F_2$

求矩阵 $E_1'F_1'E_1$ 的最大特征值所对应的特征向量 ω_2，求矩阵 $E_1'F_1F_1'E_1$ 的最大特征值所对应的特征向量 c_2。相应的回归方程是：$t_2 = E_1 \cdot w_2$，$E_2 = E_1 - t_2 \cdot p_2$。

式中，回归系数向量是：

$$p_2 = \frac{E_1't_2}{\|t_2\|^2}, \quad r_2 = \frac{F_1't_2}{\|t_2\|^2}, \quad \cdots\cdots$$

如此计算下去，如果 X 的秩是 A，则会有：

$E_0 = t_1p_1' + t_1p_1' + L + t_Ap_A'$

$F_0 = t_1r_1' + t_1r_1' + L + t_Ar_A' + F_A$

由于 t_1，t_2，L，t_A 均可以表示成 E_{01}，E_{02}，L，E_{0p} 的线性组合，因此，F_0 还可

以还原成 $y_k^* = F_{0k}$ 关于 $x_j^* = E_{0j}$ 的回归方程形式，即：

$Y_k^* = a_{k1} x_1^* + a_{k1} x_1^* + L + a_{kp} x_p^* + F_{Ak}$，k = 1，2，…，q

F_{Ak} 是残差矩阵 F_A 的第 k 列。这样就得到了顾客满意度指数测评模型。

| 第九章 |

市场调查报告的撰写

当所有调查工作结束之后，一般调查公司或者调查人员只是将资料和数据进行总结和简单分析，撰写成调查报告，提供给企业或策划公司作为决策参考。但调查工作并没有结束，更艰巨、更关键的工作却是这最后的资料研究和研究报告。同样的资料和信息，不同的人也许会得出不同的结论，这就需要全面运用综合分析能力和洞察判断能力。

第一节　市场调查报告的特点和类型

市场调查报告是市场研究的最后一个环节，一份好的市场调查报告，能给企业的市场经营活动提供有效的导向作用，能为企业的决策提供客观依据。下面介绍调查报告的内涵及重要性、市场调查报告的特点及基本要求、调查报告的类型。

一、市场调查报告的内涵及重要性

市场调查报告，就是根据市场调查，收集、记录、整理和分析市场对商品的需求状况以及与此有关的资料的文书。就是用市场经济规律去分析，进行深入细致的调查研究，透过市场现状，揭示市场运行的规律、本质。市场调查报告是市场调查人员以书面形式，反映市场调查内容及工作过程，并提供调查结论和建议的报告。市场调查报告是市场调查研究成果的集中体现，其撰写的好坏将直接影响整个市场调查研究工作的成果质量。

市场调查报告是市场研究的最后一个步骤。尽管在此之前的每一个步骤对于调查目的的实现都非常重要，但大多数人还是通过调查报告对整个项目的完成状况作最终的评价。事实上，绝大多数客户对调查过程中各方面的工作细节是不了解、不清楚的，他们所能见到的、关心的也就是调查报告。前面的工作做得再出色，但如果对调查报告没有予以高度的重视，调查报告中没有把所获得的劳动成果充分展示出来，前面所付出的努力在外人眼中也会大打折扣。这如同竞技场上的运动员，他们平时的训练情况观众看不见，训练的成果要在比赛场上得到最后承认和认可。就这一点来说，把调查报告的拟写比作比赛场上的冲刺也是可以的。

市场调查报告的重要性还在于，它为客户了解市场情况、分析有关问题、制定管理和发展计划起着积极的作用，为管理决策提供了必要的依据。出色的调查报告会在客户心中留下良好的印象，并为今后的继续合作、承接客户更多的调查项目打下基础。

市场调查报告是提供给客户阅读的，而不同客户的需求和"兴奋点"是有差异的。所以在拟写调查报告时，拟写人员要经常扪心自问："谁将阅读这份报告？""阅读者的兴奋点在哪里？"对客户情况的了解可以帮助我们决定所采用的表达方式、语言风格和技术细节，使调查报告不仅在内容上，而且在形式上都是最恰当的。

二、市场调查报告的特点及基本要求

市场调查报告是经济调查报告的一个重要种类，它是以科学的方法对市场的供求关系、购销状况以及消费情况等进行深入细致的调查研究后所写成的书面报告。其作用在于帮助企业了解掌握市场的现状和趋势，增强企业在市场经济大潮中的应变能力和竞争能力，从而有效地促进经营管理水平的提高。

市场调查报告可以从不同角度进行分类。按其所涉及内容含量的多少，可以分为综合性市场调查报告和专题性市场调查报告；按调查对象的不同，可以分为关于市场供求情况的市场调查报告、关于产品情况的市场调查报告、关于消费者情况的市场调查报告、关于销售情况的市场调查报告以及关于市场竞争情况的市场调查报告；按表述手法的不同，可分为陈述型市场调查报告和分析型市场调查报告。

与普通调查报告相比，市场调查报告无论从材料的形成还是结构布局方面都存在着明显的共性特征，但它比普通调查报告在内容上更为集中，也更具专门性。

1. 市场调查报告的特点

调查报告将统计数据、统计（分析）方法、统计信息融为一体，具有取材直接、内容深入、事例典型、叙议结合的特点，表现如下：

（1）针对性。市场调查报告的针对性体现在撰写目的上，撰写调查报告，一是为了给决策者提供决策的依据；二是发现典型，总结经验，指导工作；三是为领导机关了解情况，处理实际问题。因此，从实际出发，有针对性地调查研究，总结经验，回答人们最关心的问题，提出现实生活中迫切需要解决的问题是调查报告的关键所在。调查报告的针对性越强，社会作用越大。

（2）真实性。市场调查报告的主旨是调查研究后所揭示的客观市场的本质和规律。因此，写调查报告必须是自己亲自调查了解到的情况，绝不能道听途说、东拼西凑一些虚伪的材料。市场调查报告必须从实际出发，通过对真实材料的客观分析，才能得出正确的结论。

（3）典型性。主要表现为两点：一是对调查得来的材料进行科学分析，找出反映市场变化的内在规律。二是报告的结论要准确可靠。

（4）时效性。市场调查报告要及时、迅速、准确地反映、回答现实经济生活中出现的新情况、新问题，突出"快"、"新"二字。

2. 撰写调查报告的基本要求

（1）调查报告力求客观真实、实事求是。调查报告必须符合客观实际，引用的材料、数据必须是真实可靠的。要反对弄虚作假、迎合上级的意图，挑他们喜欢的材料撰写。总之，要用事实来说话。

（2）调查报告要做到调查资料和观点相统一。市场调查报告是以调查资料为依据的，即调查报告中所有观点、结论都有大量的调查资料为根据。在撰写过程中，要善于用资料说明观点，用观点概括资料，二者相互统一。切忌调查资料与观点相分离。

（3）调查报告要突出市场调查的目的。撰写市场调查报告，必须目的明确，有的放矢，任何市场调查都是为了解决某一问题，或者为了说明某一问题。市场调查报告必须围绕市场调查的目的来进行论述。

（4）调查报告的语言要简明、准确、易懂。调查报告是给人看的，无论是厂长、经理，还是其他一般的读者，他们大多不喜欢冗长、乏味、呆板的语言，也不精通调查的专业术语。因此，撰写调查报告语言要力求简单、准确、通俗易懂。

市场调查报告写作的一般程序：确定标题，拟定写作提纲，取舍选择调查资料，撰写调查报告初稿，最后修改定稿。

三、调查报告的类型

根据客户对内容要求的不同，调查报告大致可以分为三种类型。

1. 数据型报告

数据型报告的特征是，在报告中只提供调查所获得的数据，这是调查报告中最简单的形式。产生这种情况的背景，通常是客户方面有自己的分析人员队伍，客户对调查的目标和需求非常明确，并且调查方案的设计通常是由客户自己完成的，只是把数据采集和数据处理的工作交给调查实施方（如调查机构），以降低调查项目成本。调查实施方不必提供完整的分析报告，只提供常规统计数据，或者由客户提出数据处理的具体要求。

数据报告一般以表格（图形）的方式提供统计结果。这时需要注意对表格进行说明。因为一些客户可能缺乏阅读表格的能力，同时，有些表格的指标是统计方面的专业术语，非统计专业人员可能并不熟悉。一次调查虽然可能只有几十个问题，但采用不同的处理方式以及不同变量之间的组合，统计结果可能有上百个、上千个甚至更多数据。报告中不可能将所有的可能结果穷尽，也不可能将这么多的结果统统列出，于是要提供常规统计数据，如单变量的描述统计、主要变量与受访者背景材料等。对客户非常重视的变量，以及在数据处理中发现有特殊意义的线索，可以提供进一步深化分析的结果。在准备数据型报告时，准确地把握客户的需求是非常重要的。

2. 分析型报告

分析型报告是在数据型报告的基础上对数据所反映出的情况作进一步的分析。这种类型的报告是专门的商业调查机构向客户提供报告的主要形式。调查机构长期从事数据的采集工作和分析工作，积累了不少实践经验，对各类数字的反应也比较敏锐，可以对数据中所反映出来的经营问题做出进一步分析。与数据型报告相比，分析型报告除了有表现常规性统计结果的表格之外，还要有对表中数据的进一步分析，并将这种分析用文字表述出来。对调查项目中的重要变量，需要利用更多专门的统计方法进行挖掘，使得对数据的分析更有层次，更为系统和深入。在调查报告中，除了本次调查所获取的第一手资料外，还可以在需要的时候引入二手资料，增强报告的感染力和说服力。

3. 咨询型报告

咨询型报告是在分析型报告基础上的进一步扩展和延伸，其内容除了对调查结果进行分析外，还包括对市场的分析，并在此基础上提出决策、采取行动的咨询方案。为了做好咨询型报告，研究人员除了需要调查本项目的数据之外，还要进行广泛的二手资料检索，组织专家座谈论证，并进行必要的专项调查予以补充。这种报告的工作需要由具有不同专长的分析人员协作，共同完成。它所涉及的范围已经超过了传统的以提供调查结果为主要内容的调查机构的服务范围。

以上各种不同类型的市场调查报告，其研究方法可以采用直接调查与间接调查两种方法。直接调查法是通过对主要区域的行业国内外主要厂商、贸易商、下游需求厂商以及相关机构进行直接的电话交流与深度访谈，获取行业相关产品市场中的原始数据与资料。间接调查法则可以充分利用各种资源以及所掌握的历史数据与二手资料，及时获取相关行业的相关信息与动态数据。

第二节　调查报告的基本结构

从严格意义上说，市场调查报告没有固定不变的格式。不同的市场调查报告写作，主要由调查的目的、内容、结果以及主要用途来决定。一般来说，调查报告的内容大体有标题、导语、概况介绍、资料统计、理性分析、总结和结论或对策、建议，以及所附的材料等。下面主要介绍调查报告的基本结构。

一、调查报告的基本结构

一般来说，各种市场调查报告一般由标题、目录、概述、正文、结论与建议、附件等几部分组成。

1. 标题

市场调查报告的标题即市场调查的题目。标题必须准确揭示调查报告的主题思想。标题要简单明了、高度概括、题文相符。如《××市居民住宅消费需求调查报告》、《关于化妆品市场调查报告》、《××产品滞销的调查报告》等，这些标题都很简明，能吸引人。

标题和报告日期、委托方、调查方一般应打印在扉页上。一般要在与标题同一页上，把被调查单位、调查内容明确而具体地标示出来。有的调查报告还采用正标题、副标题形式，一般正标题表达调查的主题，副标题则具体表明调查的单位和问题。

2. 目录

如果调查报告的内容、页数较多，为了方便读者阅读，应当使用目录或索引形式列出报告所有的主要章节和附录，并注明标题、有关章节号码及页码，一般来说，目录的篇幅不宜超过一页。

3. 概述

概述主要阐述课题的基本情况，它按照市场调查课题的顺序将问题展开，并阐述对调查的原始资料进行选择、评价、做出结论、提出建议的原则等。主要包括三个方面的内容。

第一，简要说明调查目的，即简要地说明调查的由来和委托调查的原因。

第二，简要介绍调查对象和调查内容，包括调查时间、地点、对象、范围、调查要点及所要解决的问题。

第三，简要介绍调查研究的方法，有助于使人确信调查结果的可靠性，因此对所用方法要进行简短叙述，并说明选用方法的原因。例如，是用抽样调查法还是用典型调查法，是用实地调查法还是文案调查法，这些一般是在调查过程中使用的方法。另外，在分析中使用的方法都应做简要说明。如果部分内容很多，应有详细的工作技术报告加以说明补充，附在市场调查报告最后部分的附件中。

4. 正文

正文是市场调查分析报告的主体部分。阐述调查中的主要结果、主要结论及其细节。可以根据不同的内容，将主报告划为若干章节，每个章节中都有讨论的中心问题，用于说明该问题的数据，对该问题的解释以及对问题进行分析的结果。章节的安排应该层次清楚，逻辑性强。在调查报告中，对于所有调查中获得的数据都应该进行反映，语言简单明了，尽量少用专业性较强的术语，采用生动有趣的写作风格。

调查报告正文的写作必须做到观点明确、材料充分、分析具体、结构合理。

5. 结论与建议

结论与建议是撰写综合分析报告的主要目的。这部分包括引言和正文提出的主要内容的总结，提出如何利用已证明为有效的措施和解决某一具体问题可供选择的方案与建议。结论和建议与正文部分的论述要紧密对应，不可以提出无证据的结论，也不要没有结论性意见的论证。

6. 参考文献

拟写调查报告的参考文献应该清楚地标明。

7. 附件

附件是指调查报告正文包含不了或没有提及，但与正文有关必须附加说明的部分，它是对正文报告的补充或更详尽的说明，包括数据汇总表及原始资料背景材料和必要的工作技术报告。例如，为调查选定样本的有关细节资料及调查期间所使用的文件副本等。

8. 其他文档

调查报告还可以包括一些其他重要文档，例如术语索引、各种数据表、关于数据质量的技术细节、方法论、调查问卷以及对统计检验的描述等。在报告的适当地方，还可以给出相关的数学公式，如方差估计公式。在有些情况下，上述内容可以通过调查技术报告的方式表现。

二、调查报告撰写中需注意的问题

在调查报告撰写的过程中，要考虑报告的针对性，要明白报告的目的和呈送人，撰写时要做到目的明确、有的放矢，围绕主题展开论述。同时，要观点明确，内容安排有序，富有逻辑性。

调查报告的特点是实事求是，用事实说话，所以应该以客观的态度来撰写报告。报告撰写原则应该是有什么就写什么（如需要用资料，就要加以说明）。最终在形成报告后，要做到排版有序，字体比例适中，整体美观大方。当然，调查报告的撰写过程，也是对调查责任人的一个信息梳理过程。用客观的态度去撰写，做到调查报告的真实性和准确性，争取能够为企业的决策者提供一份有价值的调查结果。总之，市场调查的目的是为市场销售提供信息，为决策者提供决策依据。调查报告的目的是为了更清楚地反映市场或者消费者或者竞争对手的真实情况，做到客观即可。如何撰写调查报告，需根据企业或部门的需要，采用内容侧重点不同的方法。

第三节　调查报告写作原则与技巧

市场调查通过一定的科学方法对市场的了解和把握，在调查活动中收集、整理、分析市场信息，掌握市场发展变化的规律和趋势，为政府和企业进行市场预测和决策提供可靠的数据和资料，从而确立正确的发展战略。所以，调查报告要遵循实事求是、目的明确、突出重点的原则，为市场决策提供可靠的依据。

一、写作原则

市场调查报告是对市场的全面情况或某一方面、某一问题进行调查研究之后撰写出来的报告，是针对市场状况进行的调查分析，是进行市场决策的重要依据，因此，市场调查报告的写作应遵循以下原则：

1. 实事求是

实事求是是市场调查报告首要的、最大的特点。这一特点要求调查人员必须树立严谨的科学态度，写出真实可靠、对工作具有指导意义的市场调查报告。

2. 目的明确

市场调查报告是供客户阅读和使用的，是要为客户解决问题的，因此，调查报告的内容就要反映调查组织者所要求的有关市场的信息资料和符合这些信息资料的结论、建议，以及得出这些结论和建议的分析处理方法的科学性、正确性的证明。这样的调查报告才是调查组织者所需要的，也才能为其所用。

3. 突出重点

在调查内容的编排上，既要保证对市场信息做全面、系统的反映，又要突出重点，特别是对调查目标的完成和实现情况的反映，要有极强的针对性和适用性。

二、写作技巧

简单来说，市场调查报告就是市场调查人员以书面形式，反映市场调查内容及工作过程，并提供调查结论和建议的报告。那么，除了在遵循上述原则之外，还应在市场调查报告起草过程、表达方法和图表使用方面注意使用适当的技巧。

1. 市场调查报告起草过程

市场调查报告的起草顺序与其文体结构的顺序正好相反，即从准备有关的图表和附件入手，进而草拟报告正文，最后再撰写调查报告摘要。其步骤：①准备分析图表；②起草报告正文；③撰写报告摘要；④整理报告其他部分。

在草拟调查报告正文之前，调查人员应对报告的文体结构、章节、段落有一个大概的写作思考框架，这需要反复的思考和构思才能形成。在起草时要条理性和系统性地集中阐明市场调查结论及其论据，注意突出重点，避免平铺直叙，面面俱到。报告草拟初稿形成后，应进行认真审查，仔细进行修改，使报告更加完整和丰满。

2. 表达方法

要写成一篇流畅的调查报告，在写作的过程中，一般运用叙述、说明、议论、语言的运用四种技巧。几种表达方法相互配合、相辅相成，使文章更具可读性，更有感染力。

（1）叙述。对于调查报告的开头，可运用叙述的方法，对调查的来龙去脉进行叙述，表明调查的目的和根据、调查的过程和结果，还可按时间顺序进行叙述，交代调查的目的、调查的对象、调查的经过等。

（2）说明。市场调查报告中常用数字说明、分类说明、对比说明、举例说明等方法进行表达。

（3）议论。调查过程中得到的调查信息就是论据。根据对调查信息的分析，得出结论的过程就是议论。调查所得的结果统称为数据。例如人的心态、对同一问题的看法等。议论是通过目标调查人群对一些问题的看法而得出的一种结论。

（4）语言的运用。在整个调查报告中，调查的结果很多是用数字表示的，因此，数字在调查报告中运用得较多。同时，陈述句、肯定句等都能使报告更具有说服力。

3. 图表使用

调查报告的撰写要充分利用各种图表的功能。因为图表不仅可以向读者提供一个简明系统的资料，而且还可以使读者迅速地利用图表进行直观的对比和分析，一目了然地了解调查工作的成果。使用图表相对于使用文字，在说明市场现象某种数量关系及其变化趋势等问题时，可以收到更为明显的效果。

三、市场调查报告的写作要求及写作要领

市场调查报告的核心是写作的重点和难点所在。它要完整、准确、具体地说明调查的基本情况，进行科学合理的分析预测，时刻掌握写作要领：主题要突出，结构要严谨，观点和材料要统一，语言力求准确、简洁、通俗易懂，要有严肃认真的写作态度，力争在此基础上提出有针对性的对策和建议。

1. 调查报告的写作要求

（1）深入调查，占有材料是写好调查报告的基础。调查报告是用事实说明道理的，而事实是客观存在的，有些事实对于写作者来说可能知之甚少或一无所知，只有经过深入细致的调查研究，详尽地占有材料，写作者才能对事物的本质有所了解、有所掌握，才能进行分析，才有写作的资本。因此，写作前一定要做好调查，详尽占有材料。

（2）认真分析，把握事物的本质特征是写好调查报告的前提。收集材料时难免良莠并存，纷繁复杂，写作时要对材料经过"去粗取精，去伪存真，由此及彼，由表及里"的分析、判断、归纳、综合，才能分清现象与本质、真实与虚假，从而找出事物的内在联系和发展变化规律，把握本质，引出正确的结论。这样的调查报告才能发挥指导作用。

（3）精心筛选，做到材料与观点的统一是写好调查报告的保证。调查报告的观点是从大量材料中提炼出来的，观点一旦形成就要统率材料，做到观点与材料的一致。因此，写作时对材料要进行认真筛选，筛选那些最能充分说明观点的材料，尤其要典型材料，用以支撑观点，说明观点。

2. 调查报告的写作要领

要做好市场调查研究前期工作。写作前，要根据确定的调查目的，进行深入细致的市场调查，掌握充分的材料和数据，并运用科学的方法，进行分析研究判断，为写作市场调查报告打下良好的基础。

（1）主题要突出。写统计分析报告，要确立主题。主题是统计分析报告的核心与灵魂。统计分析报告中对统计数据的选择、对问题的描述和分解、对分析方法的利用、对统计数据分析的要求，以及最后所作出的统计分析的结论等，都要为主题服务，都要以紧扣主题为原则。

统计分析报告的主题以简明的形式直接表现在"标题"中，以细化的层次体现在整个分析过程中，以观点鲜明的意见或建议体现在归纳性的结论中。统计分析报告应确保主题的集中，一篇分析报告只能有一个主题。

（2）结构要严谨。

1）统计分析报告的结构是指整个分析活动的叙述在逻辑和次序上的安排一般都直观地表现在分析提纲上。

2）结构严谨的三个方面。

其一，在整体结构上，服务主题的内容要完整，逻辑清晰、层次分明。

其二，段落层次的划分要体现问题分解的逻辑，即同一层次各部分之间、每部分各段落之间呈现统一的结构形式。每个段落应保证内容的"单一性"和"完整性"。所谓"单一性"，即一个段落原则上只能有一个中心意思，不能把一些互不相关的意思放在一个段落里，以免杂乱。所谓"完整性"，即一个意思要在一个段落里表达完整，不能将同一个意思放在不同的段落里拆散表达或重复表达。

其三，指结构安排应服从主题的需要。在问题分析过程中，可能会涉及方方面面，但一定要抓住关键因素、重点因素。因此，对资料的取舍、分析的详略、论述的先后与轻重等都要得当，都要以表现主题为标准。

（3）观点和材料要统一。

1）统计分析报告中的观点是指作者对问题的看法及结论，它表明作者对问题的一种基本理解、基本立场。

2）统计分析报告中的材料是与主题有关的各种统计数据和背景资料。

3）观点和材料要统一是指从论据（材料）到论点（观点）的论证要合乎逻辑，要合乎统计学及有关学科的学科规范。①基本观点的形成要以一定的背景事实为基础，这些事实提供了对基本观点起码的存在性证明。②从基本事实出发，借助于科学的分析方法，揭示出更多的事实，论证出更进一步的结论。而每一个新的事实和结论又总是对基本观点的进一步强化。分析步步深入的过程，就是呈现的材料不断丰富、论述的观点逐步清晰的过程。

（4）语言力求准确、简洁、通俗易懂。语言的准确是指统计分析报告写作要尽可能使用学科规范术语与事务规范用语，避免引起歧义。

简洁即言简意赅、朴素自然，使分析的逻辑更加清晰。

通俗易懂即语言的运用应充分考虑到读者的阅读习惯和理解能力，对于生僻的专业术语，应作必要的说明与解释。

对于需要使用大量统计数字的分析或说明，应借助相应的统计图或统计表等更简明、更直观的形式。

（5）要有严肃认真的写作态度。①统计分析报告写作中引用的数据和背景资料应确保准确与真实，采用的分析方法应确保科学与规范，引申的观点应确保合乎逻辑，经得起推敲。②在时间许可的范围内，应对统计分析报告的结构、材料、方法与语言等进行反复修改。

总之，要以严肃认真的写作态度创造高质量的统计分析成果。

第四节　调查报告的评价与发布

调查报告的评价是由市场调查的组织者、委托者或者其他社会组织和个人按照一定的标准，对市场调查的结果所做的评价；调查报告的发布就是根据调查项目委托方的要求通过各种媒介将调查结果向社会公布，这些过程中需要注意的问题下面将作简单的说明。

一、评价的含义

所谓评价，即评定事物的价值，主要由三方面组成：价值观、评价主体与评价标准。

二、调查报告的评价

调查报告的评价要求可从问题的复杂性、数据的真实性、方法的可靠性和结论的确定性四个方面进行。其评价标准为：选题准确；资料可靠；时效性强；主题突出。

三、数据发布

数据发布是指通过各种媒介将调查结果向社会公布。通常，调查项目的委托人（调查的出资方）是不愿意把调查结果向外界公布的，他们出资进行调查的目的是要自己掌握这些信息而不是让大家（尤其是竞争对手）分享这些信息。但是，有些调查项目的内容是社会热点问题，是公众感兴趣的问题，或具有公益性质的问题，调查项目委托人出资进行这项调查，不仅仅是自己的需要，而且是要把调查结果向社会公布，使公众对这些问题有所了解，同时不排除利用数据发布引起社会的关注，产生广告效应。

数据发布可通过多种方式，如新闻发布会、电视采访、各类出版物、电子媒体（如互联网）等。数据发布中特别需要注意的是保护被调查者的权益，即调查机构应当为被调查的个人信息保密。所以，在数据发布（包括调查报告）中，对敏感（即有泄密危险）的数据，要有预防的措施。必须注意，对被调查者个人情况的保密是统计法所要求的，也是调查行业的职业规范。良好的保密工作有助于提高回答率，提高数据质量和公众对调查机构的信任。

第三篇 实践案例篇

本书前两篇重点对市场调查理论和分析方法进行了详细的介绍，第三篇主要是对其进行实际应用，因此，结合本书需要选入了内蒙古财经大学大学生市场调查大赛获奖作品，即四个案例，对进一步了解和应用市场调查理论和方法提供了实践指导。

| 第十章 |

关于"微信电话本"的沉默原因调查

一、调查背景

在 2013 年"双 11"的狂欢气氛下，腾讯公司推出了"微信电话本"软件。打着 Wifi 环境下通话免费的旗号，一出世就受到众多追捧。其实类似的软件之前就有推出过，并不新鲜，那为什么大家当时会这么关注，就是因为运营商本身服务在改变。运营商服务从过去按市场、数量计费，开始向套餐收费改变。那套餐的核心支撑业务是什么呢？是数据业务而不是话音业务。两年之前，腾讯公司推出了微信，据 DCCI 互联网数据中心统计，全国运营商的整体短信量比前一年下降了 20%，彩信量下降了 25%，电话业务量甚至也下降了 5%。那么在微信电话本推出之后，它是否也会大量蚕食占据运营商半壁江山的话音业务呢？这是人们最关心的问题。不过相比起旁观者的紧张，运营商们都很淡定，因为在运营商内部，数据业务收入取代话音业务成为运营商收入新支柱的趋势已经非常明显。不过它是否能够填补甚至超出被抢走业务的业绩，还有待观察。

二、调查目的

通过对"微信电话本"软件的使用意向及程度的调查，了解其优势，分析其发展潜力，探讨它的发展是否会如微信一样对运营商的业务产生重大的影响。

三、调查内容

此次调查的主要内容包括人们使用微信的状况、人们使用微信电话本的状况、对微信电话本的满意程度、是否愿意推广微信电话本。

四、调查方式

本次调查主要采用问卷调查的方式。即用不同的形式（如面访、网络等）向调查对象发放问卷，然后回收整理分析，从而得出结论。

五、调查对象及范围

本次调查对象为不同地区不同年龄使用智能手机的人。

六、抽样设计

1. 目标总体

本次调查目标总体为不同地区不同年龄使用智能手机的人。

2. 抽样方法

调查抽样采取分层抽样，多阶段抽样与简单随机抽样相结合的方法。将我国划分为东北地区、中南地区、华东地区、华北地区、西南地区、西北地区，从中抽选要调查的城市，发放一定量的网络问卷。

3. 调查精度

本次调查共发放 400 份问卷，回收有效问卷 319 份，问卷的有效率约为 80%。

七、数据分析方法

为深刻了解群众对"微信电话本"软件的使用意向及程度，本次调查采用了多种统计方法对收集到的数据资料进行深入分析。分析时所采用的方法有以下几种：

其一，两个独立样本的非参数检验——Mann Whitney U 检验法，观察两个独立样本的分布是否相似。

其二，卡方检验。用来观察两组变量之间是否存在相关关系。

其三，定性分析。对取得的结果做基础的分析、描述。

其四，K-S 检验可以对连续性资料分布进行考察。

其五，Wald–Wolfowitz Runs 检验是属于游程检验的一种，检验的是总体分布情况是否相同。

其六，回归分析，用回归方程描述两个变量之间的关系。

八、调查结果假设

假设一：微信的流量使用占每月流量使用较大部分。

假设二：微信电话本的使用会对传统打电话的频率产生较大的影响。

假设三：微信电话本的使用在 Wifi 环境下的使用频率高。

假设四：微信电话本对传统打电话方式的影响和微信对短信的影响程度相同。

九、调查情况及简要分析

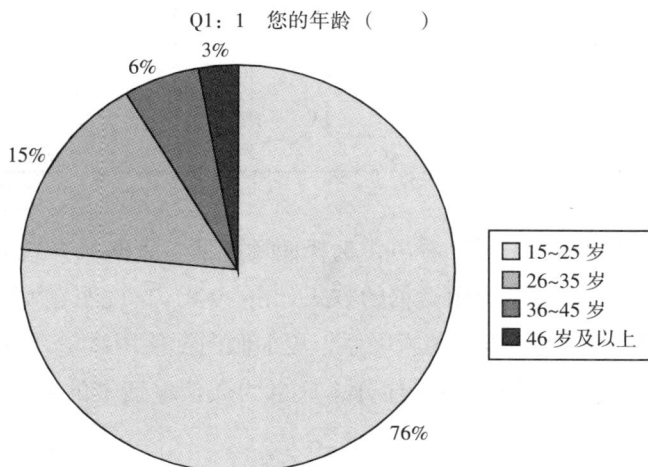

图 10-1 年龄比例

根据图 10-1 可知，受访人群中 15~25 岁的人居多，占 76%；26~35 岁的人占 15%；36~45 岁的人占 6%；46 岁及以上的人占 3%。

Q2: 2 您经常使用什么方式与人联系（　　）
（请按照经常使用的程度排序）

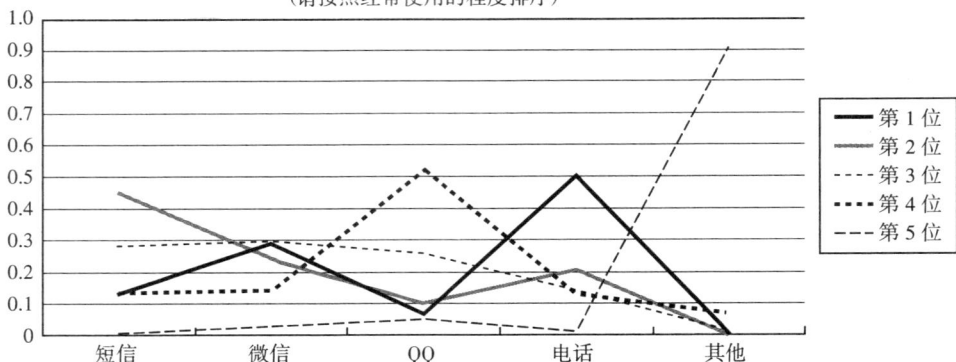

图 10-2 联系方式经常使用程度排名

表 10-1 联系方式经常使用程度排名表

	第 1 位（%）	第 2 位（%）	第 3 位（%）	第 4 位（%）	第 5 位（%）	平均排名
短信	13	45	28	13	1	2.4329
微信	29	24	30	14	3	2.3824
QQ	7	10	26	52	5	3.3828
电话	50	21	14	13	1	1.9373
其他	1	0	2	7	91	4.8656

　　由图 10-2 和表 10-1 可以看出，选择使用电话与人联系方式的人数占 50%，排在第一位，第二位是选择用微信的方式，占 29%，这说明在发达的通信时代，人们除了使用原有的电话方式与人联系，更加倾向于使用微信，所以微信已经成为大部分人生活中不可缺少的一部分，这也为微信电话本的发展奠定了一定的基础。

　　调查结果如图 10-3 所示，受访人群中只有 1% 的用户不用微信，26% 的重度用户，49% 的中度用户，24% 的轻度用户。可见微信的受众面极广，多数人都在不同程度地使用微信，那么作为微信系列产品的微信电话本，是否会受微信的影响而获得大批用户？下面对此作进一步探究。

　　根据图 10-4 中的百分比可以看出，平均每月使用微信所消耗的流量占整月流量的 20%~40% 的人居多，为 39%，40%~60% 的占了 21%，微信所消耗的流量的比重加起来几乎达到了每个月所需要的流量的一半，由此我们得出结论，人们每天使用微信的频率很高，在微信上花费的流量也成为了每个月使用流量的重要

Q3：3　您是微信用户吗（　　）

1%

24%

26%

49%

□ 重度用户
■ 中度用户
■ 轻度用户
■ 不用微信

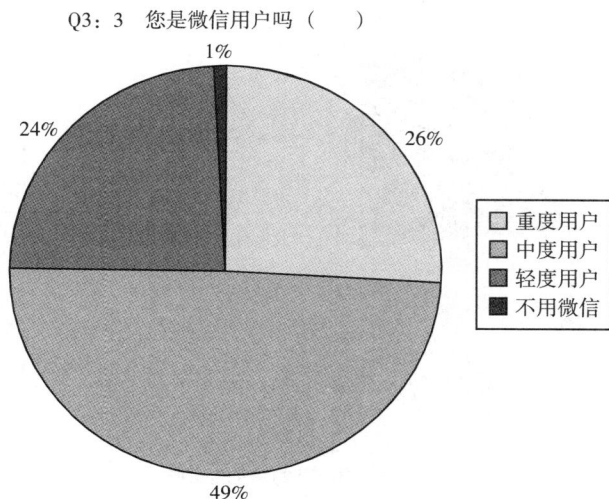

图 10-3　微信使用程度比例

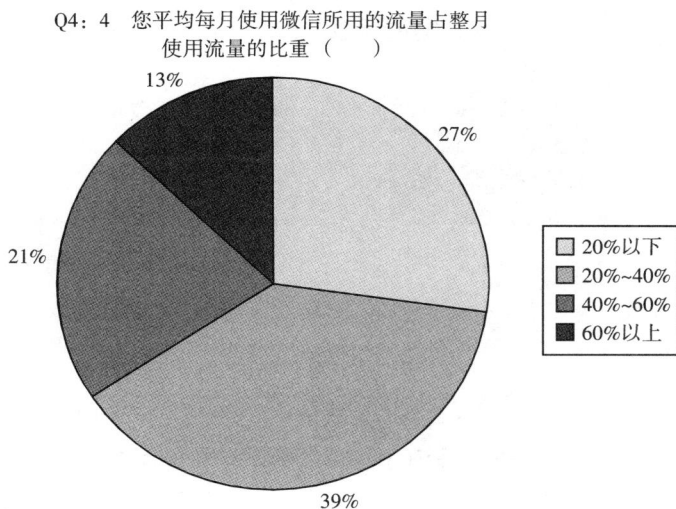

Q4：4　您平均每月使用微信所用的流量占整月
使用流量的比重（　　）

13%

27%

21%

39%

□ 20%以下
■ 20%~40%
■ 40%~60%
■ 60%以上

图 10-4　流量使用占总流量的百分比

部分，所以人们依赖微信与人联系的程度很高。微信对人们来说不仅仅是普通的娱乐性软件，也成了主要的通信手段。

如图 10-5 所示，77%的受访者在使用微信后减少了短信使用次数，只有23%的人表示短信的使用次数未下降。可以推断出微信对于短信业务的影响极大，同样，下文探究微信电话本是否会对移动运营商的电话业务产生大的影响？

Q5: 5 您在使用微信后，使用短信的次数下降了吗（　　）

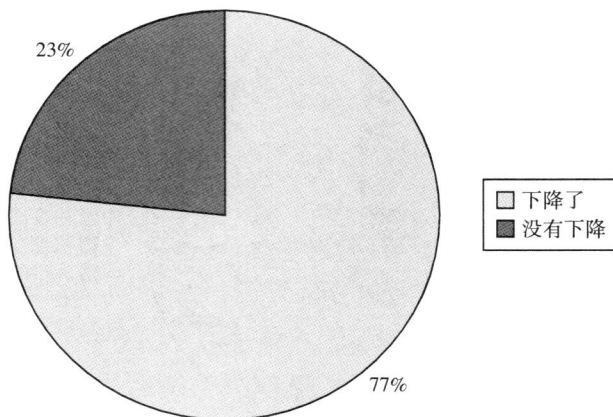

图 10-5 微信对短信的影响

Q6: 6 微信电话本通话 1 分钟消耗约 300K 的流量，在 Wifi 环境下是完全免费的，您会使用它吗（　　）

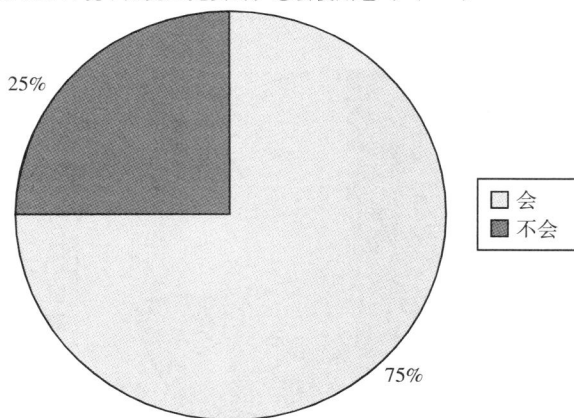

图 10-6 是否在 **Wifi** 条件下使用微信电话本

　　关于资费，腾讯官方是这样介绍的，微信电话本在 2G/3G/4G 网络下通话一分钟消耗约 300K 流量；待机时消耗流量不到 1K/小时。目前，运营商流量资费 1K 大致在 0.0001~0.0005 元，根据此价格进行换算，使用微信电话本在 2G/3G/4G 网络下通话一分钟花费约为 0.03~0.15 元。相比于使用电话方式，微信较为便宜，不过，通过调查发现，如果在 Wifi 环境下，"微信电话本"的资费为零，在这个条件下，人们也就更愿意使用微信电话本。

Q7：7 您正在使用微信电话本吗（ ）

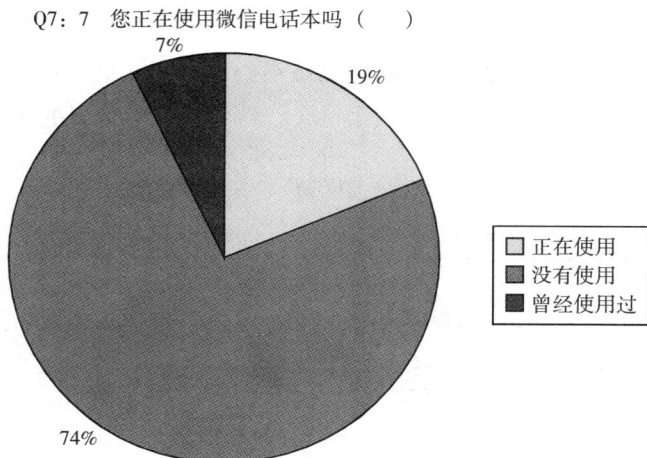

图 10-7 微信电话本使用情况

通过图 10-7 可以大致了解到，微信电话本的使用人群还不是很广泛，与"微信"的影响力大相径庭。高达 74% 的受访者没有使用过微信电话本，7% 的受访者曾经使用过，只有 19% 的人表示正在使用。原因可能有两种，一是微信电话本的宣传力度还不够，二是微信电话本并没有突出的使用优势。

Q8：8 您是通过什么渠道了解到微信电话本的（ ）

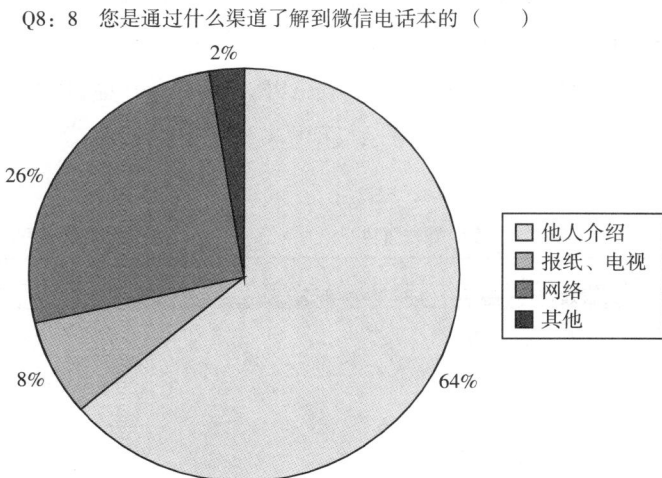

图 10-8 了解微信电话本的方式

通过图 10-8 我们清晰地了解到，通过他人介绍才了解到微信电话本的人数占了 64%，通过网络的为 26%，通过电视、报纸的为 8%。这说明由了解过的人宣传微信电话本是很好的途径，网络宣传也是不错的途径，可以让更多的人了解微信电话本，使更多的人选择使用微信电话本。由此，我们建议腾讯公司可以通过微信平台推广微信电话本，提供试用机会，这样会吸引更多的用户。

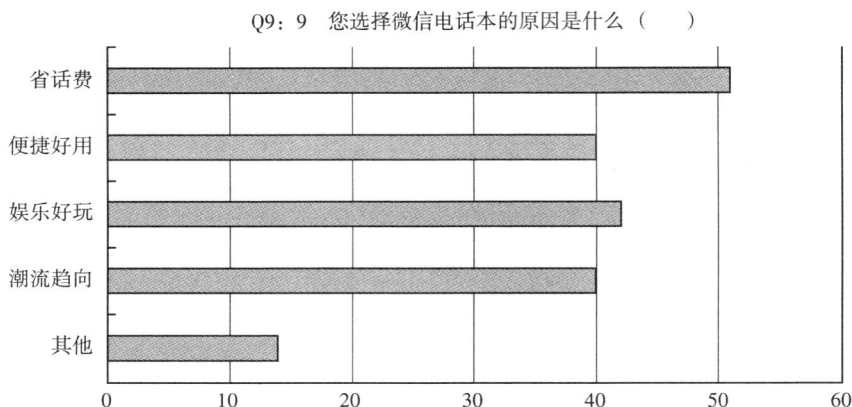

图 10-9　微信电话本使用原因

由图 10-9 可以看出，用户使用微信电话本的大部分原因是省话费，便捷好用、娱乐好玩、潮流趋向也是一部分原因。可以推断使用微信电话本的人群大部分是对它的省话费功能满意，还有一部分人喜欢尝试新鲜事物，他们初次下载微信电话本 APP 的原因可能就是其具有潮流性；从另一方面考虑，另一些不愿意赶潮流或尝试新鲜事物的人，就不会下载 APP，也不会知道微信电话本的方便之处。这需要商家做进一步的宣传推广，让更多人了解微信电话，并促使更多人成为其用户。

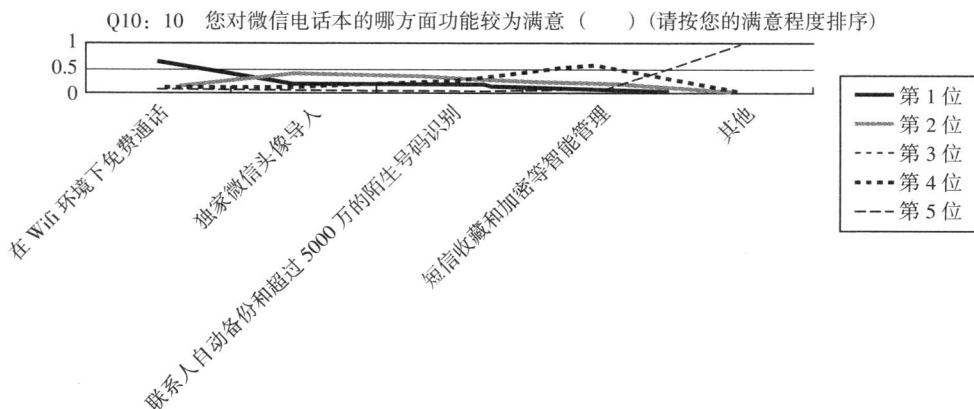

图 10-10　对微信电话本哪个功能满意排名

表 10–2 对微信电话本哪个功能满意排名表

	第 1 位 (%)	第 2 位 (%)	第 3 位 (%)	第 4 位 (%)	第 5 位 (%)	平均排名
在 Wifi 环境下免费通话	64	18	8	6	5	1.7125
独家微信头像导入	14	35	41	9	1	2.4875
联系人自动备份和超过5000万的陌生号码识别	20	28	30	23	0	2.55
短信收藏和加密等智能管理	0	20	20	59	1	3.4125
其他	3	0	1	4	92	4.8375

根据表 10-2 我们可以看出，在第一位的功能满意中，调查对象选择最多的是在 Wifi 条件下通话免费，在调查人数中占的比例为 64%；对独家微信头像导入、联系人自动备份等功能满意的人数分别仅占了 14%、20%，这说明人们愿意选择微信电话本更多的原因还是因为 Wifi 环境下通话免费。在第二位的功能满意中，所占比例最大的是独家微信头像导入，接下来是联系人自动备份。从以上结果来看，调查对象对于微信功能的满意度主要在于微信电话本区别于其他免费通话软件以及传统打电话方式的地方。因此，腾讯公司可以开发更多的新功能以吸引用户。

Q11: 11 您在哪种环境下使用微信电话本的频率较高（　　）

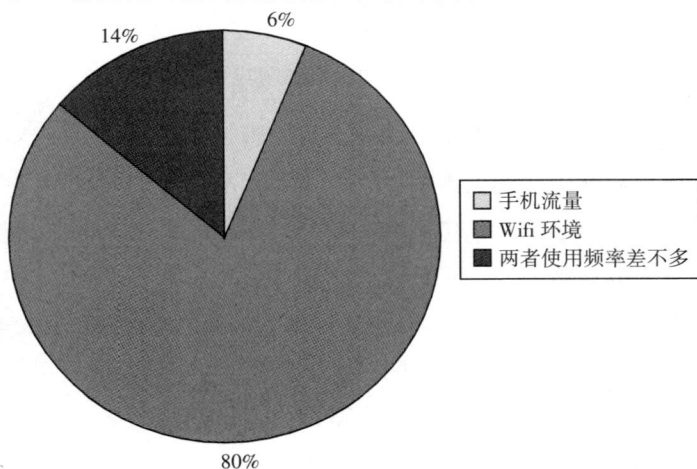

图 10–11 微信电话本使用环境

通过调查微信电话本的用户，得出使用微信电话本的高频环境为 Wifi 环境，结果如图 10-11 所示。80%的受访者在 Wifi 环境下使用微信电话本的频率高，只有 6%的人经常在手机流量的环境下使用，14%的用户表示两种环境下使用频率差不多。结合实际情况考虑，存在一些地方无 Wifi 或是用户无某地 Wifi 密码等限制因素，导致个人使用 Wifi 受空间限制，那么相应地微信电话本的使用也会受限。虽然微信电话本使用手机流量的情况为 300KB/分钟，但显然用户不太愿意使用手机流量拨打电话；另一方面，多数情况下人们是处于非 Wifi 环境的，这也是微信电话本使用受限的一个原因。

Q12：12 您在使用微信电话本之后，使用
传统打电话方式的频率下降了吗（ ）

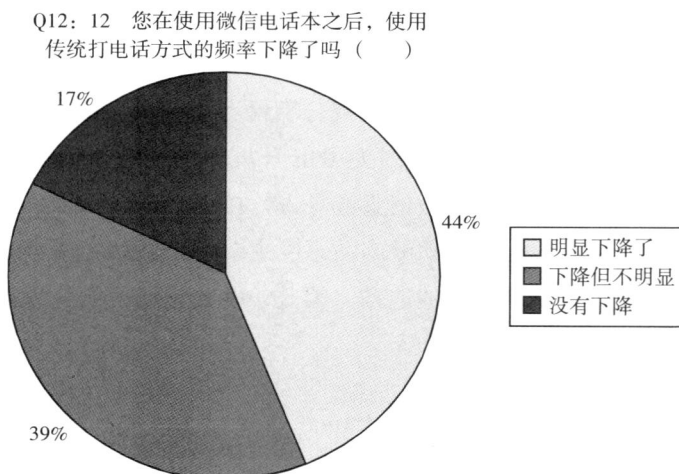

图 10-12　微信电话本对传统打电话方式的影响

在使用微信电话本的人群中，我们了解到选择使用微信电话本后使用传统打电话方式的频率明显下降的人占了 44%，下降但不明显的人数占了 39%，没有下降的人数占 17%。这表明微信电话本的使用对于传统打电话的方式是带来一定影响的，具有很大的竞争力。

在微信电话本的用户中，有 44%的人觉得微信电话本为自己的生活带来了好处，只有 9%的人觉得几乎没有带来好处。说明微信电话本的实用性较强。

在调查中发现，大多数人没有开通微信电话本的原因是因为没有听过这个软件，其次是因为周围人使用的少，这说明微信电话本的宣传力度并不够，大家都不是特别了解这个 APP。而且微信电话本存在一个很大的弊端，就是必须用户双方同时安装软件才可以实现通话，这也是限制很多人没有使用微信电话本的一个

重要原因。如果可以在此方面做一些改进，相信会更有利于推广。

Q13：13 微信电话本是否对您的
生活带来了好处（   ）

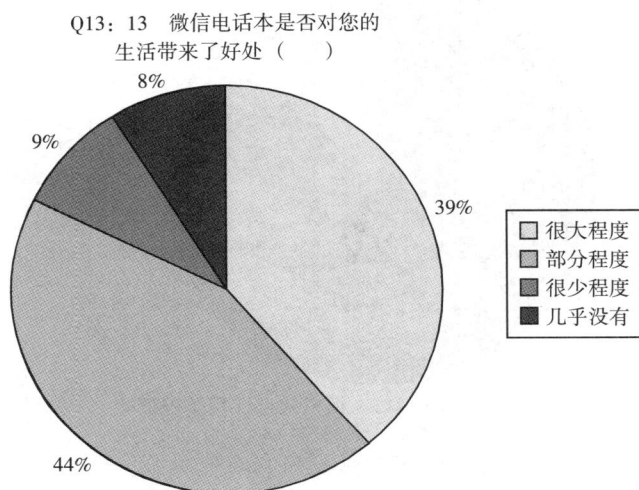

图 10-13 微信电话本使用体验

Q14：14 您没有开通微信电话本的原因是什么（   ）

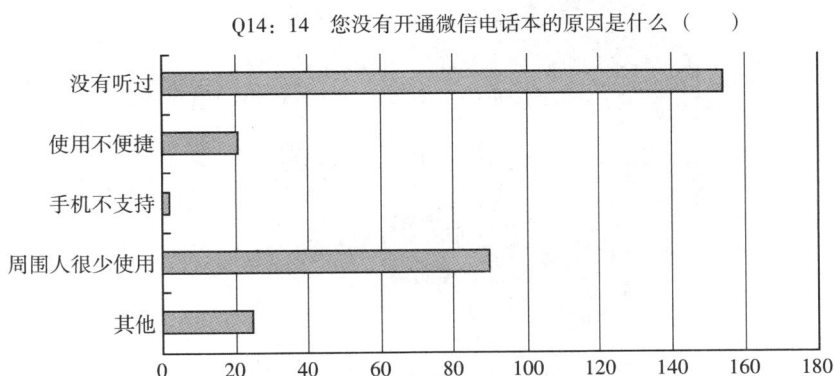

图 10-14 未开通微信电话本的原因

在微信电话本推出之前，也有很多与其功能相似的软件（如 Skype 等），那么它们的使用情况如何？通过调查，我们得到的结果如图 10-15 所示，多达 59% 的受访者表示没有使用过和微信电话本功能相似的软件，27% 的人曾经使用过类似软件，14% 的人正在使用。可以推测出，目前利用流量或 Wifi 打电话的 APP 的受众面不是很广，有待进一步推广。

Q15：15　您使用过和微信电话本功能相似的软件吗（　　）

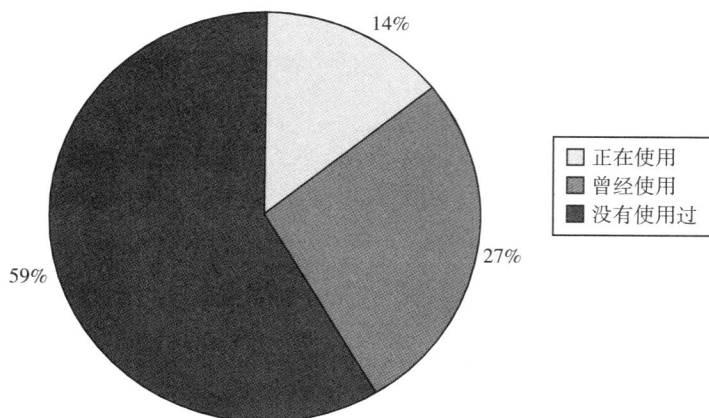

14%

正在使用
曾经使用
没有使用过

59%

27%

图 10-15　相似软件使用情况调查

Q16：16　您周围使用微信电话本的人多吗（　　）

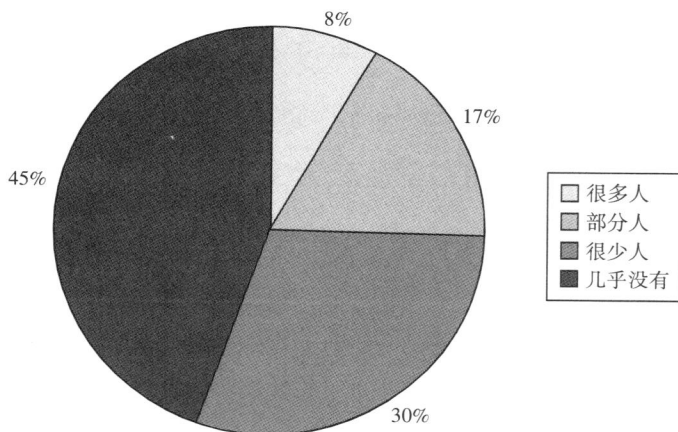

8%

17%

很多人
部分人
很少人
几乎没有

45%

30%

图 10-16　周围人使用微信电话本的情况

通过图 10-16 我们发现，受调查者周围没有使用微信电话本的人占了 45%，周围有很多人使用的占了 8%，由此我们猜测当人们了解这个 APP 时会很愿意使用，在自己的交际圈中都是使用这个软件联系，而不了解的人们并不是很喜欢使用，并且自己的周围也没有愿意使用的，使用这个 APP 的概率就更小。因此，要想人们能更多地使用微信电话本，就应该加大宣传力度，让人们更清楚地了解这个 APP 的优点，在人群中普及微信电话本。

Q17：17 您愿意将微信电话本推荐给周围的
朋友使用吗（　　　）

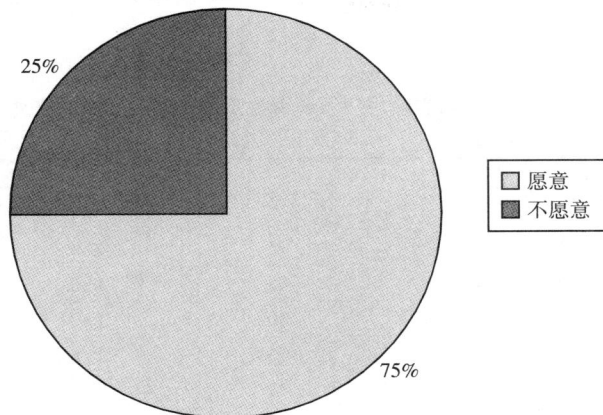

图 10-17　微信电话本推荐率

调查显示，75%的人愿意将微信电话本推荐给周围人使用，可见他们在了解微信电话本后，对于其功能还是比较满意的。

十、调查分析

表 10-3　年龄与是否正在使用微信电话本的交叉表

Q1*Q7 交叉制表

			Q7			合计
			1	2	3	
Q1	1	计数	38	193	13	244
		Q1 中的（%）	15.6	79.1	5.3	100.0
	2	计数	16	27	5	48
		Q1 中的（%）	33.3	56.3	10.4	100.0
	3	计数	6	9	3	18
		Q1 中的（%）	33.3	50.0	16.7	100.0
	4	计数	0	8	1	9
		Q1 中的（%）	0	88.9	11.1	100.0
合计		计数	60	237	22	319
		Q1 中的（%）	18.8	74.3	6.9	100.0

从表 10-3 可以看出，15~25 岁的年龄段中，有 15.6%的人正在使用微信电话本，26~35 岁的年龄段中，有 33.3%的人正在使用，这个比例与 36~45 岁的年龄

段相同。而 46 岁以上的年龄段没有人在使用。这表明微信电话本的使用人群主要集中在中青年之间，趋于年轻化。他们使用微信电话本的主要用途是在工作和聊天。

表 10-4　是否为微信用户与是否会使用微信电话本的交叉表

Q3*Q6 交叉制表

			Q6		合计
			1	2	
Q3	1	计数	71	12	83
		Q3 中的（%）	85.5	14.5	100.0
	2	计数	120	37	157
		Q3 中的（%）	76.4	23.6	100.0
	3	计数	47	29	76
		Q3 中的（%）	61.8	38.2	100.0
	4	计数	1	2	3
		Q3 中的（%）	33.3	66.7	100.0
合计		计数	239	80	319
		Q3 中的（%）	74.9	25.1	100.0

表 10-5　问题 3、问题 6 的卡方检验结果

	值	df	渐进 Sig.（双侧）
Pearson 卡方	14.855[a]	3	0.002
似然比	14.400	3	0.002
线性和线性组合	14.012	1	0.000
有效案例中的 N	319		

注：a. 2 单元格（25.0%）的期望计数少于 5；最小期望计数为 0.75。

设显著性水平为 0.05，P 值均小于 0.05，则卡方检验显著。从交叉表和卡方检验显著可以得出，对微信依赖程度越强的用户，使用微信电话本的意向更大。

表 10-6　是否为微信用户与是否正在使用微信电话本的交叉表

Q3*Q7 交叉制表

			Q7			合计
			1	2	3	
Q3	1	计数	35	45	3	83
		Q7 中的（%）	58.3	19.0	13.6	26.0
	2	计数	22	121	14	157
		Q7 中的（%）	36.7	51.1	63.6	49.2

续表

			Q7			合计
			1	2	3	
Q3	3	计数	3	68	5	76
		Q7 中的（%）	5.0	28.7	22.7	23.8
	4	计数	0	3	0	3
		Q7 中的（%）	0.0	1.3	0.0	0.9
合计		计数	60	237	22	319
		Q7 中的（%）	100.0	100.0	100.0	100.0

表 10-6 为是否为微信用户与是否正在使用微信电话本的交叉分布表，从表 10-6 中可以很清晰地看出，微信重度用户中有 58.3% 的人正在使用微信电话本，19.0% 的人没有使用，13.6% 的人曾经使用。在微信中度用户中，36.7% 的人在使用，51.1% 的人没有使用，49.2% 的人曾经使用。微信轻度用户中 5.0% 的人正在使用，28.7% 的人没有使用，1.3% 的人曾经使用。而没用使用微信的用户则都没有使用过微信电话本。由此可以看出，频繁使用微信的人使用微信电话本的概率更大。至于是因为抽样误差所致还是总体中的确存在此趋势，还需要通过假设检验进一步确认。

表 10-7　问题 3、问题 7 的卡方检验结果

	值	df	渐进 Sig.（双侧）
Pearson 卡方	45.223[a]	6	0.000
似然比	44.630	6	0.000
线性和线性组合	27.555	1	0.000
有效案例中的 N	319		

注：a. 3 单元格（25.0%）的期望计数少于 5；最小期望计数为 0.21。

从表 10-7 中可以看出，卡方检验的结果是显著的。这说明是否为微信用户与是否使用微信电话本有相关性。使用微信越频繁的用户使用微信电话本的概率越高。

表 10-8　回归结果

Dependent Variable: Y				
Method：Least Squares				
Date：04/23/15　　Time：15:51				
Sample: 1319				
Included observations: 319				
Variable	Coefficient	Std. Error	t-Statistic	Prob.
C	1.485224	0.076844	19.32783	0.0000
X	0.198137	0.036130	5.483974	0.0000
R-squared	0.586650	Mean dependent var		1.880878
Adjusted R-squared	0.583769	S.D. dependent var		0.493586
S.E. of regression	0.472460	Akaike info criterion		1.344523
Sum squared resid	70.76028	Schwarz criterion		1.368129
Log likelihood	−212.4514	Hannan-Quinn criter		1.353950
F-statistic	30.07398	Durbin-Watson stat		1.615659
Prob （F-statistic)	0.000000			

由表 10-8 可得方程：$Y = 1.4852 + 0.1981X$，其中 Y 表示正在使用微信电话本的用户，X 表示正在使用微信的用户。在参数的显著性检验方面，t 检验值均大于经验值 2，P 值均小于显著性水平 0.05，检验通过。在模型的有效性检验方面，可决系数值为 0.58，模型拟合效果较好。结果表明，每当微信用户增加 1，微信电话本用户将增加 0.1981。这表明微信用户是"微信电话本"推广的一个很重要的方向。

表 10-9　是否为微信用户与短信使用次数是否下降的交叉表

Q3*Q5 交叉制表

			Q5		合计
			1	2	
Q3	1	计数	72	11	83
		Q3 中的（%)	86.7	13.3	100.0
	2	计数	129	28	157
		Q3 中的（%)	82.2	17.8	100.0
	3	计数	44	32	76
		Q3 中的（%)	57.9	42.1	100.0
	4	计数	0	3	3
		Q3 中的（%)	0	100.0	100.0
合计		计数	245	74	319
		Q3 中的（%)	76.8	23.2	100.0

表 10-10　问题 3、问题 5 的卡方检验结果

	值	df	渐进 Sig.（双侧）
Pearson 卡方	32.324ª	3	0.000
似然比	29.958	3	0.000
线性和线性组合	24.266	1	0.000
有效案例中的 N	319		

注：a. 2 单元格（25.0%）的期望计数少于 5；最小期望计数为 0.70。

在是否为微信用户与使用短信次数有无下降的卡方检验中，检验结果显著。说明二者之间存在相关性。从交叉表 10-9 中可以观察出，微信重度用户中有 86.7% 的人表示使用短信的次数明显下降了，这个比例在中度用户中为 82.2%，在轻度用户中为 57.9%，都超过了半数。这说明微信的使用严重影响了用户短信的使用次数。

表 10-11　是否使用微信电话本与是否使用与其相似软件的相关性分析

		Q7	Q15
Q7	Pearson 相关性	1	0.277**
	显著性（双侧）		0.000
	N	270	270
Q15	Pearson 相关性	0.277**	1
	显著性（双侧）	0.000	
	N	270	270

注：** 在 0.01 水平（双侧）上显著相关。

设显著性水平为 0.05，通过相关性检验表可知 P 值均小于显著性水平，表明是否正在使用微信电话本与之前是否使用过与其功能相似的软件有着正相关性。

表 10-12　是否使用微信电话本与是否使用与其相似软件的交叉表
Q7*Q15 交叉制表

			Q15			合计
			1	2	3	
Q7	1	计数	25	18	17	60
		Q7 中的（%）	41.7	30.0	28.3	100.0
	2	计数	16	60	161	237
		Q7 中的（%）	6.8	25.3	67.9	100.0
	3	计数	4	9	9	22
		Q7 中的（%）	18.2	40.9	40.9	100.0
合计		计数	45	87	187	319
		Q7 中的（%）	14.1	27.3	58.6	100.0

表10-13　问题7、问题15的卡方检验结果

	值	df	渐进 Sig.（双侧）
Pearson 卡方	57.724[a]	4	0.000
似然比	50.675	4	0.000
线性和线性组合	21.763	1	0.000
有效案例中的 N	319		

注：a. 1 单元格（11.1%）的期望计数少于 5；最小期望计数为 3.10。

　　从交叉表 10-12 和卡方检验中可以看出，正在使用微信电话本的用户有 41.7%也正在使用类似软件，28.3%的用户曾经使用过类似软件。在使用过微信电话本的用户中，有 6.8%的人正在使用类似软件。67.9%的人曾经使用过。以上结果表明，使用过类似微信电话本软件的人对用户是否使用微信电话本有正向影响，他们更倾向使用手机免费电话软件，是很好的推广对象。

表10-14　是否使用微信电话本与使用其后传统打电话方式是否下降的交叉表

Q7*Q12 交叉制表

			Q12			合计
			1	2	3	
Q7	1	计数	34	19	6	59
		Q7 中的（%）	57.6	32.2	10.2	100.0
	3	计数	1	12	8	21
		Q7 中的（%）	4.8	57.1	38.1	100.0
合计		计数	35	31	14	80
		Q7 中的（%）	43.8	38.8	17.5	100.0

表10-15　问题7、问题12卡方检验结果

	值	df	渐进 Sig.（双侧）
Pearson 卡方	19.281[a]	2	0.000
似然比	22.521	2	0.000
线性和线性组合	18.364	1	0.000
有效案例中的 N	80		

注：a. 1 单元格（16.7%）的期望计数少于 5；最小期望计数为 3.68。

　　由交叉表 10-14 中可以看出，正在使用微信电话本的用户有 57.6%表示传统打电话的次数下降了，32.2%也表示有所下降，在曾经使用微信电话本的用户中 57.1%表示传统打电话的方式有所下降。卡方检验结果显著，证明使用微信电话本对传统打电话的方程的确产生了很大的影响。

表 10-16 问题 5 与问题 12 的假设检验结果
假设检验汇总

	原假设	测试	Sig.	决策者
1	Q12 的分布在 Q5 类别上相同	独立样本 Wald–Wolfowitz 运行检验	0.927[1]	保留原假设
2	Q12 的中位数在 Q5 类别上相同	独立样本中位数检验	0.009	拒绝原假设
3	Q12 的分布在 Q5 类别上相同	独立样本 Mann–Whitney U 检验	0.003	拒绝原假设
4	Q12 的分布在 Q5 类别上相同	独立样本 Kolmogorov–Smirnov 检验	0.093	拒绝原假设
5	Q12 的分布在 Q5 类别上相同	独立样本 Kruskal–Wallis 检验	0.003	拒绝原假设

注：显示渐进显著性，显著性水平是 0.05。
打算记录组间的结时，使用运行的最大数量来计算。

Mann–Whitney U 检验是和参数 T 检验相对应的一种非参数检验方法，用来检验两个独立样本是否取自同一主体。K–S 检验可以对连续性资料分布进行考察。Wald–Wolfowitz Runs 检验是属于游程检验的一种，检验的是总体分布情况是否相同。从表 10-16 的结果来看，在以上 5 种不同的检验中，三种检验的结果表明使用微信后短信次数是否下降与使用微信电话本后传统打电话的频率是否下降两个问题的分布存在显著性差异。而另外两种检验则认为两者的分布相同。

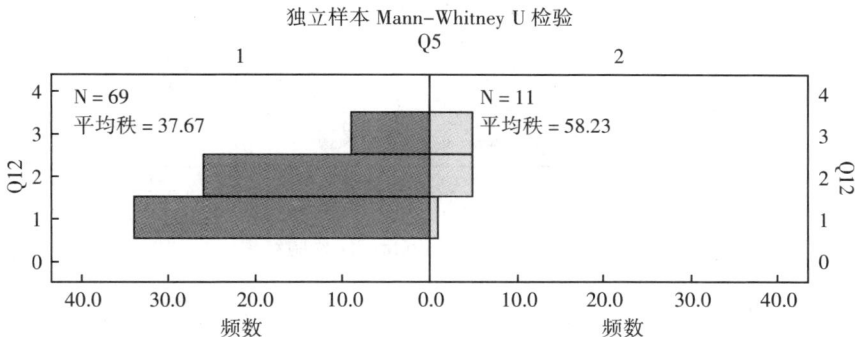

图 10-18 Mann–Whitney U 检验结果

从图 10-18 中的检验量可以看出，Z 统计量的值为 574.5，P 值为 0.003。因此拒绝原假设，认为微信后短信次数是否下降与使用微信电话本后传统打电话的频率是否下降两个问题的分布存在显著性差异。

独立样本 Wald–Wolfowitz 运行检验
Q5

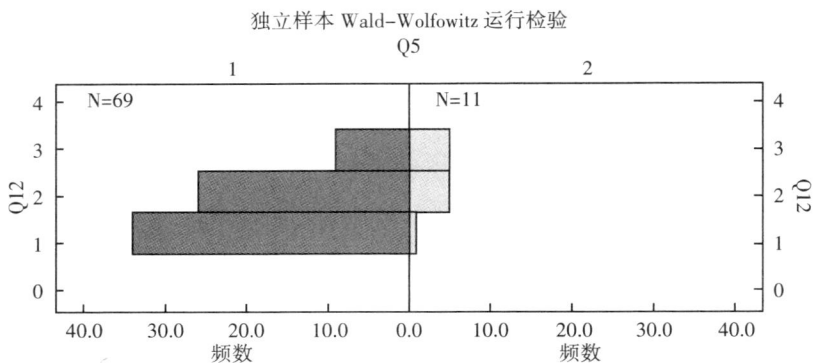

	总计 N	80
最小可能值	检验统计量[1]	4.000
	标准误	2.078
	标准化检验统计量	−7.688
	渐进显著性（2–sided 检验）	0.000
最大可能值	检验统计量[1]	23.000
	标准误	2.078
	标准化检验统计量	1.456
	渐进显著性（2–sided 检验）	0.927

1. 检验统计量是运行数量。
[1] 有 3 个组间结，涉及 80 条记录。

图 10-19 Wald–Wolfowitz 检验结果

Wald–wolfowitz Runs 检验是检验总体分布情况是否相同。更准确地说，只要两样本各自所在总体有任何一点分布上的差别，无论是集中趋势、离散趋势、偏度还是波动情况，通通都可以检测出来。检验统计量值为 23，P 值为 0.927，因此保留原假设，认为微信后短信次数是否下降与使用微信电话本后传统打电话的频率是否下降两个问题的分布不存在显著性差异。

十一、结论和建议

1. 结论
通过以上的调查分析，我们得出以下结果：

（1）对于大多数人来说，微信在通信方面的使用程度仅次于打电话。受访者中只有1%不使用微信。微信所耗费的流量几乎占每月流量的50%。77%的受访者表示使用微信之后，短信的使用次数明显下降。

（2）微信电话本的功能对于受访者来说还是有很大的吸引力，超过半数的人表达了愿意使用微信电话本的意向。但是正在使用微信电话本的人数却很少，仅占受访者人数的14%。在接下来的调查中表明，宣传力度不够是造成此结果的主要原因。

（3）对于微信电话本的了解途径，超过半数的人是通过他人介绍，其次是通过网络了解。

（4）微信电话本的吸引要素主要还是在Wifi环境下免费通话，可以节省话费，这一点从84%的用户表示是在Wifi环境下使用它也可看出；其次是它与微信相联系的一些功能，第三则是潮流的趋向。

（5）在使用微信电话本对传统打电话的方式是否产生影响方面，近半数的人认为明显下降，而表示下降的人数占到了70%以上。这表明微信电话本对于传统的打电话方式还是存在较大的影响。

（6）分析结果表明，对于微信依赖程度越强的用户，使用微信电话本的意向就越高。在交叉表分析中也明显显示，微信重度用户中有58.3%的人正在使用微信电话本，中度用户中36.7%的人正在使用，轻度用户中5.0%的人正在使用。回归分析也表明，每当微信用户增加1，微信电话本用户将增加0.1981。

（7）使用过类似微信电话本软件的人对用户是否使用微信电话本有正向影响，他们更倾向使用手机免费电话软件。

（8）使用微信后短信次数是否下降与使用微信电话本后传统打电话的频率是否下降两个问题的分布存在显著性差异。

调查结果假设证明，从调查结果来看，假设一至假设三都是成立的，但是假设四不成立，探讨认为原因如下：

第一，微信电话本的使用人数远低于微信的使用人数。

第二，微信电话本的功能与传统电话的功能相类似，并不像微信那样与短信相比存在很大的功能优势。

第三，由于网络环境的原因，微信电话本的通话质量不如传统打电话方式那样好。

第四，在手机话费的套餐中，赠送的语音时长很多，导致微信电话本的主要优势——省话费不能很好体现，因此对传统电话方式的影响也减弱了。

第五，微信电话本要求用户双方都安装APP这也减轻了它的影响力。

根据调查结果以及现在的趋势，我们认为微信电话本的发展潜力是很大的。它极有可能像微信一样冲击着运营商的业务。首先，它有着微信这一金字招牌，在微信的强大影响力下，它更加容易推广。有人质疑它的优势会败在套餐中赠送的语音时长上，可是对于跨盟市、跨省市的通话来说，漫游费是很贵的，而用微信电话本通话则不存在这一问题。用户反映微信电话本的通话质量不好，造成这一结果的主要原因还是网络环境的问题。尽管中国网速提升很快，但平均速度仍低于全球平均水平，还有很大的提升空间。相信在未来的几年内网络建设将是国家所关注的热点问题。而微信电话本的通话质量无疑也会提升。综合以上，我们认为微信电话本有很大的发展潜力。它是否将对运营商的业务产生影响，这个答案是肯定的。微信电话本将会促使运营商向两个方向转变，一是对Wifi进行收费，这也是必然趋势，发达国家已经开始实行。二是实现通话免费，流量费用的收取将会是运营商收入的主要来源，是否薄利多销这要根据未来的情况而定。

2. 建议

根据以上结论，提出的建议如下：

（1）增强宣传力度，推广微信电话本。微信用户和手机免费通话软件的用户应该为主要的推广对象。在推广渠道方面，由于用户对他人介绍方面十分青睐，所以可以给正在使用的用户一些奖励，请他们帮忙宣传。其次则是网络手段。

（2）研发新的功能。现有的功能吸引力较小，应该研发更多的新功能增强吸引力。

附件
关于微信电话本软件的使用意向及程度的调查

尊敬的用户：

您好！"微信电话本"是腾讯公司出品的一款免费打电话的软件。恳请您花几分钟时间如实填写，甚为感谢！本问卷采用匿名方式，所有信息仅用作学术研究，不涉及任何其他目的，绝不对外公开。

——内蒙古财经大学微信电话本调查小组

（1）您的年龄（　　　）

1. 15~25 岁　　　　2. 26~35 岁　　　　3. 36~45 岁　　　　4. 46 岁及以上

（2）您经常使用什么方式与人联系（　　　）（多选，请按照经常使用的程度排序）

1. 短信　　　　　2. 微信　　　　　3. QQ　　　　　4. 电话

5. 其他

（3）您是微信用户吗（　　　）

1. 重度用户　　　2. 中度用户　　　3. 轻度用户　　　4. 不用微信

（4）您平均每月使用微信所用的流量占整月使用流量的比重（　　　）

1. 20%以下　　　2. 20%~40%　　　3. 40%~60%　　　4. 60%以上

（5）您在使用微信后，使用短信的次数下降了吗（　　　）

1. 下降了　　　　2. 没有下降

（6）"微信电话本"通话 1 分钟消耗约 300K 的流量，在 Wifi 环境下是完全免费的，您会使用它吗（　　　）

1. 会　　　　　2. 不会

（7）您正在使用微信电话本吗（　　　）（选 2 则跳至 14 题，其他则继续作答）

1. 正在使用　　　2. 没有使用　　　3. 曾经使用过

（8）您是通过什么渠道了解到"微信电话本"的（　　　）

1. 他人介绍　　　2. 报纸、电视　　　3. 网络　　　　4. 其他

（9）您选择"微信电话本"的原因是什么（　　　）（多选）

1. 省话费　　　　2. 便捷好用　　　3. 娱乐好玩　　　4. 潮流趋向

5. 其他

（10）您对"微信电话本"的哪方面功能较为满意（　　　）（多选，请按您的满意程度排序）

1. 在 Wifi 环境下免费通话　　　　2. 独家微信头像导入

3. 联系人自动备份和超过 5000 万的陌生号码识别

4. 短信收藏和加密等智能管理　　　5. 其他

（11）您在哪种环境使用"微信电话本"的频率较高（　　　）

1. 手机流量   2. Wifi 环境   3. 两者使用频率差不多

（12）您在使用"微信电话本"之后，使用传统打电话方式的频率下降了吗（　　）

1. 明显下降了   2. 下降但不明显   3. 没有下降

（13）"微信电话本"是否对您的生活带来了好处（　　）（答完此题直接跳至15题）

1. 很大程度   2. 部分程度   3. 很少程度   4. 几乎没有

（14）您没有开通"微信电话本"的原因是什么（　　）（多选）

1. 没有听过   2. 使用不便捷   3. 手机不支持   4. 周围人很少使用

5. 其他

（15）您使用过和"微信电话本"功能相似的软件吗（　　）

1. 正在使用   2. 曾经使用   3. 没有使用过

（16）您周围使用"微信电话本"的人多吗（　　）

1. 很多人   2. 部分人   3. 很少人   4. 几乎没有

（17）您愿意将"微信电话本"推荐给周围的朋友使用吗（　　）

1. 愿意   2. 不愿意

第十一章
关于中国搜索满意度调查研究

在搜索引擎竞争激烈的大背景下，中国搜索（chinaso.com）于 2014 年 3 月 21 日正式上线，其独有的频道内容更大程度满足了用户信息需求。本章通过问卷调查法进行调查研究，并对有效问卷采用图表分析法、列联表分析法和 Logistic 模型进行两方面的分析研究，一方面是对中国搜索的满意度评价，并有针对性地提出提高中国搜索用户满意度的对策；另一方面是对没有使用过中国搜索的用户，就其使用其他搜索引擎的行为习惯分析，了解用户的使用偏好，以及目前中国其他搜索引擎的优缺点，从而可以更好地进行中国搜索的下一步计划及改进。

一、市场调查背景及目的

中国搜索引擎市场的市场规模在 2012 年高速增长。2014 年全年，中国搜索引擎市场规模将达 283.3 亿，增长 51.1%。到 2015 年，中国搜索引擎市场规模达 950 亿。在竞争格局方面，市场集中程度加剧，2014 年 5 月百度市场份额占 58.31%，相比 2013 年下降 9.24 个百分点；360 搜索市场份额占 25.18%，相比 2013 年增长 10 个百分点；同时，搜狗、有道等运营商也都积极拓展市场。根据统计数据显示，中国搜索引擎市场呈现快速增长的态势且市场竞争日趋激烈。

在这样激烈竞争的大背景下，中国搜索（chinaso.com）应运而生。中国搜索于 2013 年 10 月开始筹建，在 2014 年 3 月 21 日正式上线。首批推出新闻、报刊、网页、图片、视频、地图、网址导航七大类综合搜索服务，以及国情、社科、理论、法规、时政、地方、国际、军事、体育、财经、房产、汽车、家居、购物、食品、智慧城市等 16 个垂直频道和"中国新闻"等移动客户端产品和服务。中国搜索成立至今，许多基本设施正在逐步完善。此时做关于中国搜索满意度的调查，可以更方便快捷地了解用户对于刚成立的中国搜索的态度，从而可以更好地进行中国搜索的下一步计划及改进。

二、数据质量控制

本次调查采取的是网络调查问卷与实地调查问卷相结合的方式，共发放份问卷 600 份，其中网络调查问卷 270 份，实地调查问卷 330 份。经统计，共收回 583 份问卷，其中有效问卷 542 份，无效问卷 41 份，回收率为 93.0%。

1. 规范分析与实证分析相结合

通过对调查数据进行规范分析的同时，运用实证分析方法，对热门中文搜索引擎的用户检索习惯进行实证研究。在分析的基础上，通过比较、归纳和概括，总结出中国搜索应遵循的新的发展方向。

2. 问卷设计质量的信度检验

信度的概念来源于心理测试中关于测验的可靠性研究，当建构和评估测量时，通常使用信度这个技术性指标。因此我们采用问卷的信度分析来评估其测量能力，进而实现对问卷设计质量的检验。

本调查问卷为一次性问卷，在调查时采用不记名调查，所以不存在重复调查。为此，在设计此调查问卷时为了检验被调查者的数据是否可靠，故设置问卷中第 3 题[①] 与第 6 题[②]、第 2 题[③] 与第 5 题[④] 均为相似题，在收回的调查问卷中我们把这四道题作为检验样本，检验每组题目答案的一致率，就可以检验出被调查者的调查数据是否可信，统计每个问题的一致率，大于 65%，则数据可信。而本次调查的两组题目经使用 SPSS 中的信度检验得知 Alpha 系数均大于 0.65，说明本次调查的信度较好，整体上不需要进行修改，每个项目都可以保留。

---

① 您觉得中国搜索的结果摘要是否实用？
② 通过使用中国搜索，您对搜索结果的内容是否满意？
③ 通过中国搜索，您是否可以迅速、准确地找到所需要信息？
④ 您对中国搜索的搜索速度是否满意？

三、调查问卷分析

1. 调查对象背景分析

本次调查研究对象的选取具有一定的针对性，涉及不同年龄、不同学历、不同行业的几个群体，综合体现了不同群体对搜索引擎的使用习惯和特点。

此次调查问卷从问题的设计到具体实施过程都考虑到了被调查者的行业特点，问卷调查的测度项包含了对研究对象群体进行分类的问题，主要针对不同年龄、不同学历、不同行业的搜索引擎用户进行问卷调查与数据分析，由图 11-1、图 11-2 和图 11-3，可以直观地反映出统计数据所显示的参与此次调查的人员的基本背景状况统计。

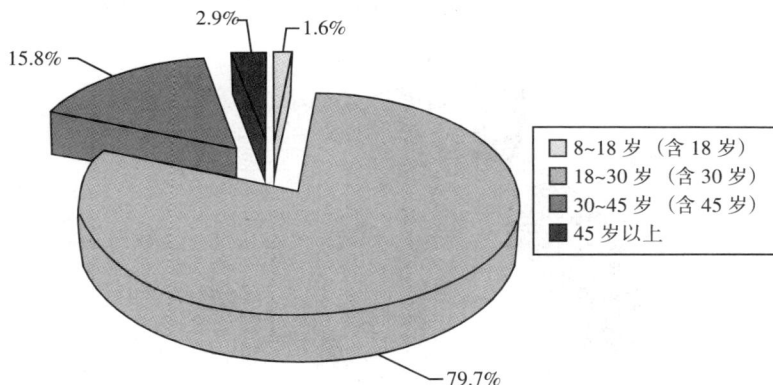

图例：
- 8~18 岁（含 18 岁）
- 18~30 岁（含 30 岁）
- 30~45 岁（含 45 岁）
- 45 岁以上

图 11-1 用户年龄构成

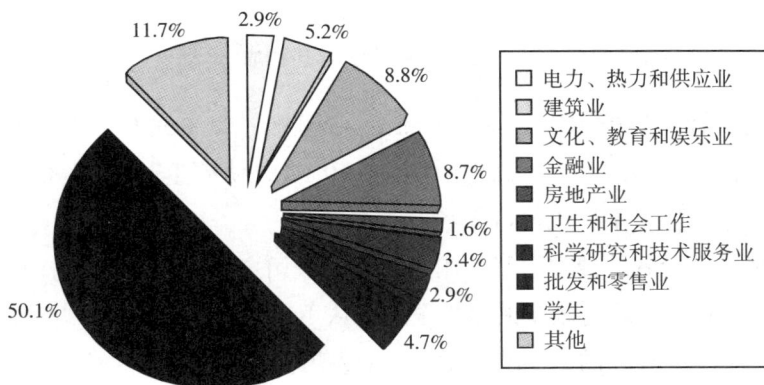

图例：
- 电力、热力和供应业
- 建筑业
- 文化、教育和娱乐业
- 金融业
- 房地产业
- 卫生和社会工作
- 科学研究和技术服务业
- 批发和零售业
- 学生
- 其他

图 11-2 用户行业构成

由图 11-1 可以看出，受访者的年龄构成方面主要以 18~30 岁（含 30 岁）为主，约占受访者总体的 79.7%，其次是年龄段处于 30~45 岁（包含 45 岁）的用户，占 15.8%，而 8~18 岁（含 18 岁）与 45 岁以上两年龄段的用户占据比例都极小，不足 3%，分别为 1.6% 与 2.9%。即搜索引擎用户的年龄分布比较集中，青年用户最多，中年次之，老年及少年比例最小。

图 11-2 表明，在此次被调查者中，约 50% 为学生，其他行业如理发师等服务业次之，文化、教育和娱乐行业排在第三位，为 8.8%，金融业所占比例约为 8.7%，之后是建筑业，所占比例为 5.2%，批发零售业约占 4.7%，卫生和社会工作行业仅为 3.4%，而电力、热力和供应业、房地产业、科学研究和技术服务业所占比例均不超过 3%。在此次调查中，虽然学生为多数，但其他行业群体也占有一定比例，应全面地补充搜索数据库的内容，以满足各行业的信息需求。

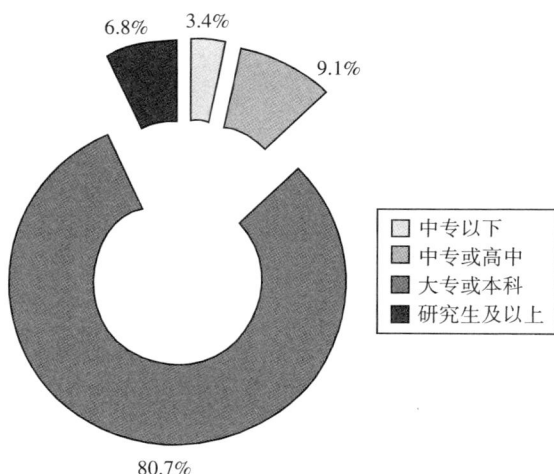

图 11-3　用户学历构成

在被调查者学历构成方面，由图 11-3 可知，大专或本科学历占主导地位，约占总数的 80.7%，中专或高中学历约占 9.1%，研究生及以上学历的用户约占 6.8%，而中专以下学历也仅占 3.4%。

显然，在所有的搜索引擎使用中，大多数用户经常使用搜索引擎，约 1/5 的用户会偶尔使用，只有较少的用户很少或从不使用。由此可以看出，使用搜索引擎的现象是普遍存在的，同时搜索引擎的发展前景是很可观的。

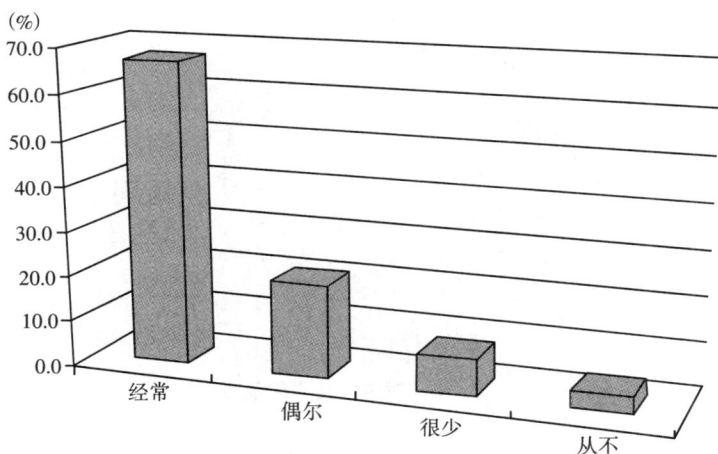

图 11-4 用户使用搜索引擎的频率

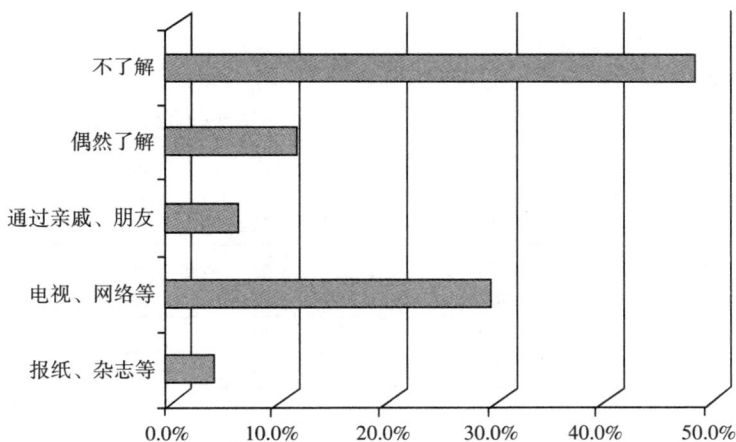

图 11-5 对于中国搜索的了解程度和渠道

以上信息表明，在此次调查中，接近一半的搜索引擎使用者不了解中国搜索，而了解中国搜索的用户，约 29.6% 的受访者是从电视、网络的渠道获取的，还有近 11.7% 的用户是偶然了解的，6.2% 的受访者是通过亲戚、朋友了解到中国搜索，只有约 4% 的人是通过报纸、杂志等了解到中国搜索。这间接地表明，中国搜索传播的渠道还有很大的拓展空间，可以通过电视、网络等渠道让更多的人了解中国搜索，使中国搜索得到进一步推广。

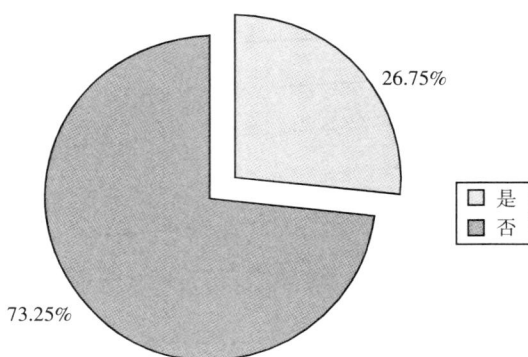

图 11-6　对中国搜索的使用

26.75%

73.25%

□ 是
□ 否

通过此次调查发现，只有 26.75%的受访者使用过中国搜索，而没有使用过中国搜索的用户大约是其 3 倍，所以中国搜索的推广是十分必要的。

2. 基于使用中国搜索的用户调查分析

（1）关于用户信息需求的分析。

1）用户信息需求的频率分析。就中国搜索提供的 16 个垂直频道，针对用户的查询信息需求方面的问卷调查数据结果显示如表 11-1 所示。

表 11-1　用户查询信息需求统计

用户的查询信息需求	所占比例（%）	用户的查询信息需求	所占比例（%）
国情	58.4	体育	40.6
社科	52.5	财经	40.6
理论	35.6	房产	30.7
法规	33.7	汽车	28.7
时政	60.4	家居	21.8
地方	35.6	购物	41.6
国际	37.6	食品	31.7
军事	34.7	智慧城市	14.9

由表 11-1 所示，用户的查询信息需求为多方面的，因此，就统计结果而言，在所有被调查者中，有 60.4%的用户选择了时政，也就是说大多数人都很关注时事，在使用搜索引擎时都会查看时事，因此有必要就时政频道及时、准确地更新信息，以便于民众能够及时掌握时政动态。

对于国情、社科频道，均有超过 50%的人关注其内容，因此，就这两个频道而言，同样应扩充其内容，并及时更新信息，有助于搜索引擎用户能够更快地找到有用的信息。

　　而购物、财经、体育三个频道的信息需求率均在 40% 以上，但不超过 50%，表明各搜索用户在关心时政、国情等大事，查询社科类知识之外，还经常了解自己感兴趣的内容，例如财经消息、体育时事以及购物方面，这些内容都能更好地满足人们的业余生活与精神需求，因此也应该大力推广，不断扩充其信息量，让人们在更大程度上满足自己的需求。

　　当然，除智慧城市外，其余 9 个垂直频道的信息需求量都在 30%~40%，也应当适当补充其内容，使频道信息更加丰富、多元，以便于用户更准确地获取所需信息。而对于智慧城市，因大家都不了解其内容，信息需求自然降低，所以应进一步推广该频道，从而提高其信息使用率。

　　2）行业与信息需求的相关性。通过将被调查者所从事的行业与其信息需求进行列联表分析，得到如图 11-7 所示结果：

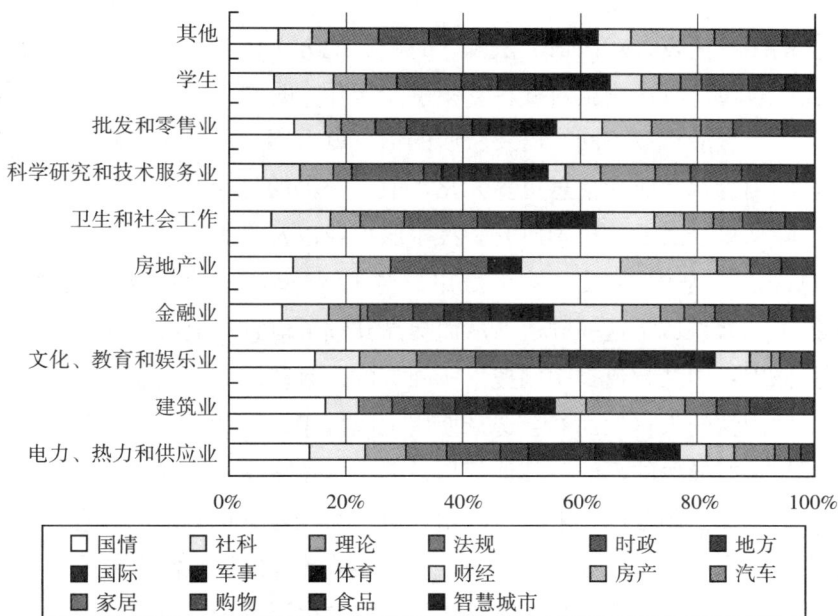

图 11-7　行业与信息需求的相关性

　　由图 11-7 可以看出，在此次调查中，从事电力、热力和供应业的用户对于国情的信息需求最大，其次是对于社科、时政、体育的信息需求；从事建筑业的用户对于国情和汽车的信息需求是排在首位的，而对于体育、食品的信息需求排在第二位；文化、教育和娱乐业的用户对于国情的信息需求量是最大的，其次是对时政和军事的信息需求，排在第三位的是对理论和法规方面的信息需求；而金融业的用户则是对财经类的信息需求排在首位，其次是国情和购物的信息需求，排在第三位的是社科和时政，以及国际方面的信息需求。反观房地产的用户，他们对于时政、财经、房产的信息需求是并列第一位的，其次是国情以及社科的信息需求；从事卫生和社会工作行业的用户，将时政的信息需求放在了第一位，排在第二位的则是对社科与财经类的信息需求，第三位则是对国情、法规、地方、体育、购物方面的信息需求；从事科学研究和技术服务业的搜索引擎用户对于信息的需求更专注于时政，而对于军事、汽车、购物以及食品方面的信息需求则排在第二位；对于批发和零售业的用户，则是将国情、地方方面的信息需求排在了首位，其次是对财经、房产、汽车、购物方面的信息需求；对于学生来说，大多更着重于时政、社科方面信息的获取，而对购物、国情、体育方面的需求排在了第二位，排在第三位的则是对地方、国际、食品以及军事方面的信息需求；对于其他行业的用户而言，对国情、法规、时政、地方、体育、房产 6 个方面的信息需求排在了首位，其次则是对社科、军事、国际、购物、食品方面的信息需求。

可见，从事的行业不同，需要获取的信息就不同，所以应针对各行业丰富其所需信息的内容，使所含信息更多元化。值得一提的是，对于智慧城市方面的信息需求，除从事金融业、科学研究和技术服务业以及学生之外，其余 7 个行业用户的信息需求均为 0，突出了大多数用户对于智慧城市不够熟悉，更需要推广，使更多人了解智慧城市这一频道，从而提高其频道信息的提取、利用率。

究其原因：国情频道是中国搜索所独有的，且范围广、信息量大，所以大多数想要了解国情的人自然而然会选择使用中国搜索，这就是无论哪一行业对国情信息需求加大所导致的而对于其他信息，因中国搜索正式上线时间较短，推广范围不够广，因此使用范围有限，所以用户对于财经等其他频道的信息需求会通过其他搜索引擎来满足，造成了中国搜索财经类等频道的信息需求减少。

（2）关于中国搜索结果摘要满意度分析在本次调查中，就中国搜索的结果摘要是否实用这一问题进行了了解，结果如图 11-8 所示。

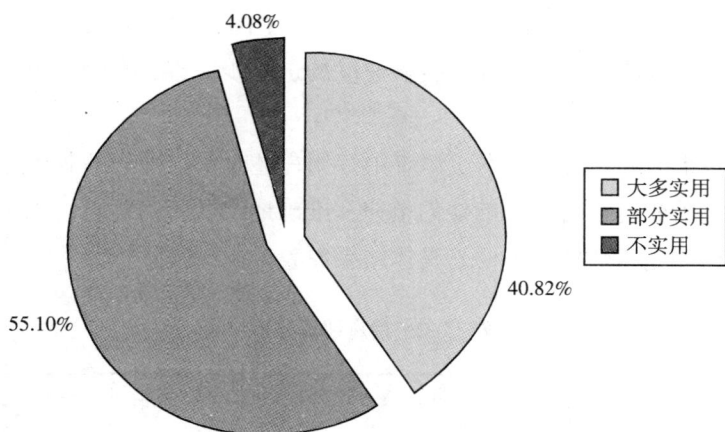

图 11-8　用户对结果摘要的评价

由图 11-8 可知，超过一半的用户认为中国搜索的结果摘要只有部分实用，超过 40% 的用户认为其结果摘要大多是实用的，只有不足 5% 的用户认为其不实用。即使大多数的用户都较倾向于其结果摘要较实用，但由于过半的用户认为其部分实用，说明其数据库内容有待充实，结果摘要的设置还需进一步改善。

（3）关于中国搜索的搜索速度评价。在本次调查中，用户对中国搜索的搜索速度进行了评价，结果如图 11-9 所示。

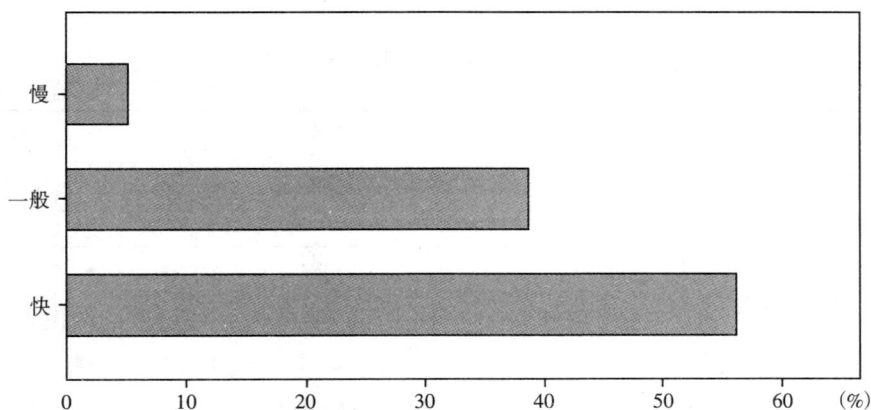

图 11-9　用户对搜索速度的评价

由图 11-9 可以看出，在使用过中国搜索的用户中，对中国搜索的搜索速度持肯定态度的评价居多，约 56.1%，约有 38.8% 的用户对其搜索速度的评价一般，只有 5.1%的用户觉得其搜索速度不够快。说明中国搜索的搜索速度就总体而言还是较快的，但还有可提升空间。搜索速度的进一步完善，会吸引更多的人使用中国搜索。

（4）其他指标的评价。在本次调查中，用户还对中国搜索的其他方面进行了评价，如中国搜索是否可以帮助他们迅速、准确地找到所需信息，以及对于中国搜索的界面使用是否快捷、方便，具体结果如表 11-2 所示。

表 11-2　用户评价体系

单位：%

问题＼评价	是	一般	否
您是否可以迅速、准确找到所需信息	58.2	37.8	4.1
中国搜索的界面在使用时是否方便、快捷	80.6	—	19.4

由表 11-2 可以看出，大部分使用过中国搜索的用户对于中国搜索是持肯定态度的，认为使用中国搜索可以迅速、准确地找到所需信息，且它的界面设置在使用时方便、快捷；只有很少的用户对于中国搜索的使用效果表示不是很理想。说明中国搜索总体能满足用户的需求，但仍有改进空间。

在本次调查中，还进行了用户对中国搜索的热搜词及搜索结果的满意程度调查，结果如表 11-3 所示。

表 11-3　满意度调查结果

单位：%

问题＼满意度	满意	一般	不满意
中国搜索提供的热搜词	51	45.9	3.1
搜索结果的内容	51	43.9	5.1

由表 11-3 可知，半数的用户对于中国搜索的相关内容如热搜词的设置以及搜索结果的内容表示满意，只有很少部分的用户对其相关内容表示不满意，当然也有相当一部分的用户保持中立态度，说明中国搜索在这些方面还有待加强，以赢得更多人的青睐。

（5）用户搜索目的分析。对于搜索用户的使用目的调查结果如表 11-4 所示。

表 11-4 使用目的调查结果

使用目的	比例（%）
完成工作、作业	60.2
了解生活常识	55.1
娱乐、放松	54.1
关注时事	42.9
其他	9.2

由此可知：中国搜索引擎的用户超过一半的人使用其来完成工作、作业，或是了解生活常识，或是进行娱乐、放松；不足一半的用户的使用目的是关注时事；而不到10%的用户使用其来进行其他活动。由此可以看到，大家对于自己需要的工作、作业信息的需求是很大的，所以可以适当地将各专业的领域内容进行扩充，而那些生活常识以及娱乐内容也应该适当地增加，以适应用户们的需求。

搜索目的与年龄的相关性分析如图 11-10 所示。

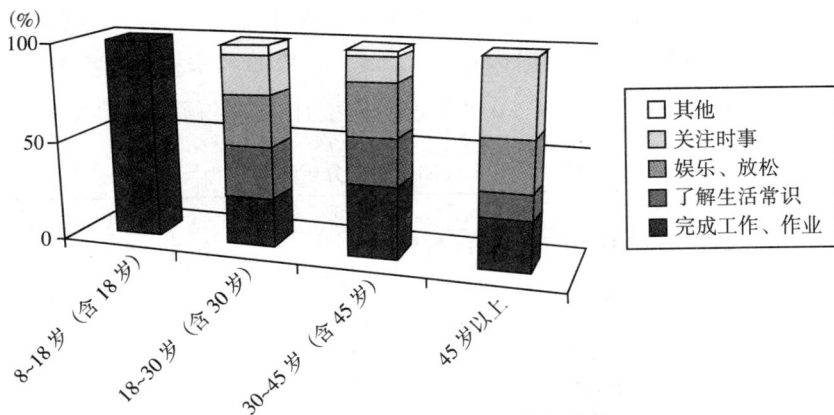

图 11-10 搜索目的与年龄的相关性

由以上结果明显看出，在本次调查中：18 周岁以下少年使用搜索引擎几乎都是为了完成作业；而青年人更偏向于了解生活常识，因为其正处于中间年龄段，所以需要更多地了解生活常识，以确保自己的生活质量；而中年人已经拥有了一定的阅历、经验，因此他们更注重于完成工作，将工作放在第一位；而 45 岁以上用户则更多地用来关注时事，了解时事。除此之外还可以看到，除 18 岁以下少年以外，娱乐、放松也是用户们使用搜索引擎的另一重要目的，这样就可以让他们在紧张、充满压力的生活中适当地放松自己，放松心情，以便于以更好的姿态对待今后的工作、生活。

所以，不同的年龄，对于使用搜索引擎的目的也是很有影响的。因此，有必要针对不同的使用群体，加强其群体所需信息的内容，使得各个群体都能通过中国搜索获得自己想要获得的信息，满足自己的信息需求，从而提高中国搜索的影响力。

（6）中国搜索信息准确性、摘要、热搜词、搜索速度、搜索结果以及界面与中国搜索满意度的关系评价。Logistic 回归的因变量可以是二分非线性差分方程类的，也可以是多分类的，但是二分类的更为常用，也更加容易解释。在本书中由于因变量不是连续的，而是二分类变量，所以采用二分类的 Logistic 回归进行分析。

表 11-5　Hosmer and Lemeshow 检验

Step	Chi-square	df	Sig.
1	12.610	7	0.082

在 Hosmer and Lemeshow 检验中，取显著性水平 0.05，自由度数为 7，查表可知卡方临界值 14.067。作为 Hosmer-Lemeshow 检验的卡方值 12.610 < 14.067，检验通过。后面的 P 值为 0.082 > 0.05，说明模型有一定的解释能力。

表 11-6　Logistic 回归分析结果

		B	S.E.	Wald	df	Sig.	Exp（B）
Step1[a]	B_2	1.153	0.510	5.117	1	0.024	3.169
	B_3	0.605	0.574	1.112	1	0.292	1.831
	B_4	−0.412	0.547	0.569	1	0.451	0.662
	B_5	0.589	0.514	1.311	1	0.252	1.802
	B_6	−0.483	0.577	0.700	1	0.403	0.617
	B_7	0.797	0.694	1.320	1	0.251	2.219
	Constant	−4.526	1.150	15.482	1	0.000	0.011

注：a. Variable（s）entered on step 1：B_2，B_3，B_4，B_5，B_6，B_7。

由表 11-6 可知变量 B_2、B_3、B_4、B_5、B_6、B_7 的 P 值分别为 0.024、0.292、0.451、0.252、0.403、0.251。显然，B_2 的 P 值小于显著性水平 0.05，所以只有变量 B_2 具有统计意义。说明"是否可以迅速、准确地找到所需信息"对于"是否会经常使用中国搜索"具有重要影响作用。即迅速、准确地找到用户所需信息是用户坚持长期使用中国搜索的重要原因。

（7）对于中国搜索逐步增开的应用服务和搜索频道的分析。

由图 11-11 可知，在接受调查的人群中，有 73.3%的人认为百科这个平台实用性高；其次是文库和音乐，有 50%左右的人支持开放这两大平台。所以在中国搜索接下来的发展中，应将音乐、百科以及文库放在发展的首要位置，尽快开放这些受到广大群众青睐的平台。而教育和阅读这样特殊的新型频道也有 40%左右的受访者支持开放，未来这两大频道将会是中国搜索的创新点所在，其独有的频道会吸引更多的搜索引擎用户。

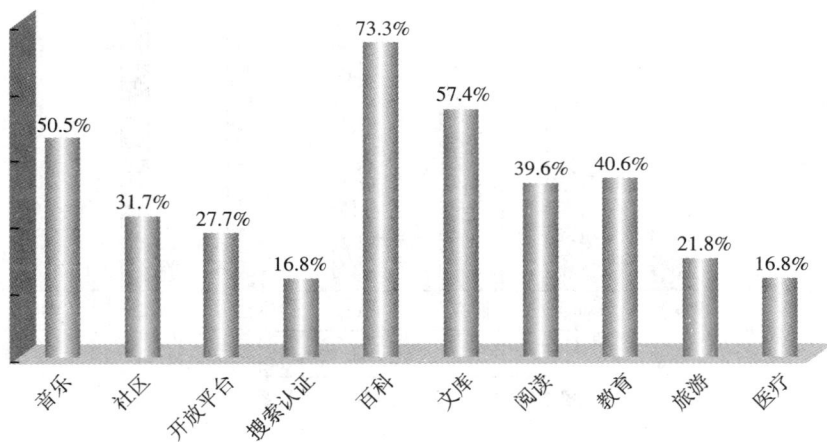

图 11-11　中国搜索的应用服务和搜索频道的频数分析

（8）中国搜索缺点统计分析。

由图 11-12 可知，"信息量不够大"和"内容更新不及时"所占比例最高，分

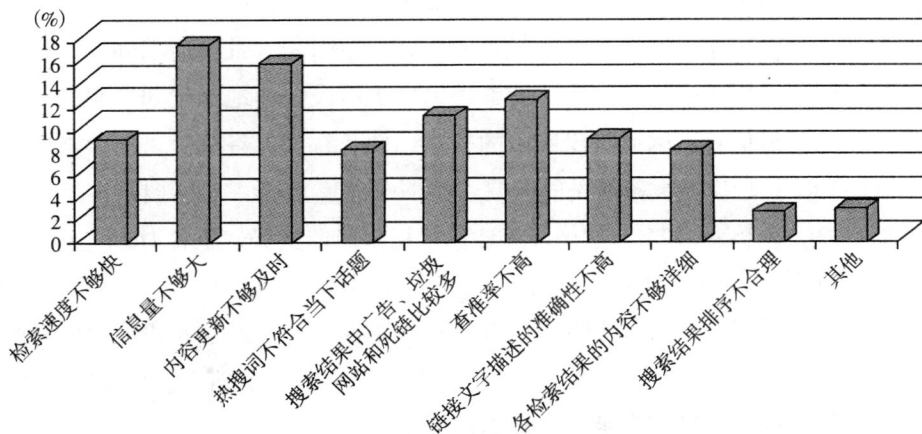

图 11-12　中国搜索缺点的频数分布直方图

别为 17.8%、16.1%。由于中国搜索刚成立不久，不像百度等其他热门搜索引擎多年来积累了庞大的信息库可供查询，且各项内部组织工作还没有完善，导致了信息量不够大和内容更新不及时这两大缺点的存在。

3. 基于未使用过中国搜索的用户调查分析

（1）用户使用其他搜索引擎的调查分析。此题为多选题，在收回的所有问卷中，被调查者经常使用其他搜索引擎的具体分析情况如下：

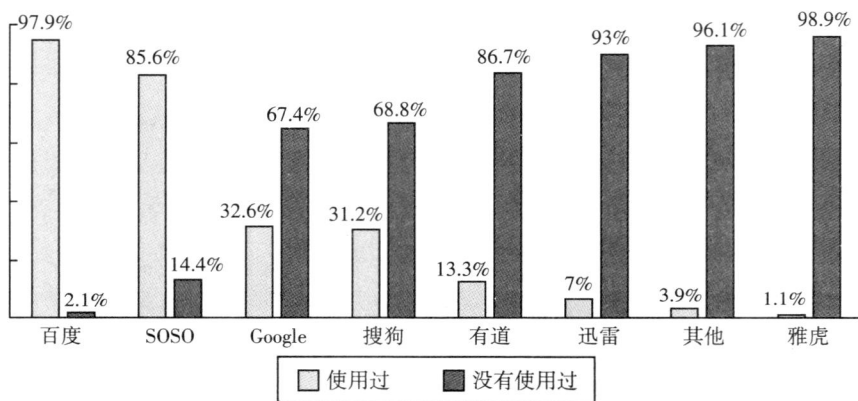

图 11-13　搜索引擎频数分布图

由以上分布图可以看出各大搜索引擎的使用情况。百度、SOSO、Google 是所占份额最大的三大搜索引擎，其中，使用过百度搜索的占 97.9%，SOSO 搜索占 85.6%，Google 搜索占 32.6%。中国搜索可以借鉴这三种搜索引擎的成功之处来弥补自身的不足，进而提高其质量，增加中国搜索的用户量。

例如，百度搜索是目前世界上最大的中文搜索引擎，具有高准确性、高查全率、更新快以及服务稳定的特点，能够帮助广大网民快速地在浩如烟海的互联网信息中找到所需信息，因此深受网民的喜爱。而与百度、谷歌提供的搜索服务不同，SOSO 似乎更专注年轻网民的需要，如服务中新增了"论坛搜索"选项，并发挥拥有 QQ 这个最大 TM（网络即时通信）用户群的优势，整合 QQ 群、Q-Zone 等资源，在其独有的"搜吧"服务中，可直接用 QQ 号登录。这意味着，SOSO 推出之始就获得了 1.5 亿的注册量。Google 的优点是它的容量大和范围广，其数据库如今是最大的，包括了 PDF、DOC、PS 及其他许多文件类型，而且它的网页缓存归档，浏览过的网页被编入索引。

（2）用户搜索内容的调查分析。

1）基本分布情况。

对于表 11-7，在所有的有效观测值中，选择影视的占 16.5%，新闻为 15.2%，音乐为 14.8%，购物为 12.1%，图片为 9.3%，这五者为用户搜索最多的内容（表中 Percent 表示选择次数占总选择次数的比例，Percent of Cases 表示所有受访者中选择相应内容占总人数的比例）。

表 11-7 各种搜索引擎的搜索内容分布表

单位：%

内容	占总选择次数比例 Percent	占总人数比例 Percent of Cases
影视	16.5	68.8
新闻	15.2	63.5
音乐	14.8	61.8
购物	12.1	50.5
图片	9.3	38.9
社科	8.3	34.7
地图/天气/交通	6.8	28.4
软件	6.5	27
财经	4.8	20
游戏	3.4	14
其他	2.4	10.2
合计	100	417.9

2）搜索内容与学历的列联表分析。

表 11-8 搜索内容与学历的列联表分析

单位：%

内容	中专以下	中专或高中	大专或本科	研究生及以上	合计
影视	0.4	1.8	29.9	2.8	34.9
新闻	2.1	4.2	51.4	6.0	63.7
音乐	1.1	5.3	52.8	2.5	61.6
购物	1.4	4.6	58.1	4.6	68.7
图片	0.0	2.8	33.8	2.1	38.7
社科	0.4	0.0	17.3	2.5	20.1
地图/天气/交通	0.4	3.9	41.9	4.2	50.4
软件	0.4	1.1	22.5	2.8	26.8
财经	0.0	1.1	23.9	3.5	28.5
游戏	1.1	1.4	11.6	0.0	14.1
其他	0.4	0.7	8.1	1.1	10.2
合计	2.8	8.1	82.0	7.0	100

从表 11-8 中可以看出，不同学历用户的共同点是：他们的搜索内容范围都比较集中在影视、新闻、音乐、购物和图片板块。

针对不同学历的用户群体调查问卷结果数据显示，学历在中专以下的群体经常搜索的内容为新闻、购物、音乐和游戏；学历在中专或高中的用户群体以及学历在大专或本科的用户群体经常搜索的内容为音乐、购物、新闻和地图/天气/交通；学历在研究生及以上的群体经常搜索的内容为新闻、购物、地图/天气/交通和财经。通过表 11-8 总体可以得出：不同学历的用户群体搜索最为频繁的是新闻和购物两个板块的内容。所以中国搜索应加大对新闻和购物这两个板块的关注，例如及时更新时事新闻，增加新闻类型，如社会热点新闻，时尚娱乐新闻，也可分地区开通当地热点新闻。由于全民网上购物是当今的热潮，所以应丰富商品种类，加大对网上商品质量的监管，为消费者营造一个良好的购物环境。

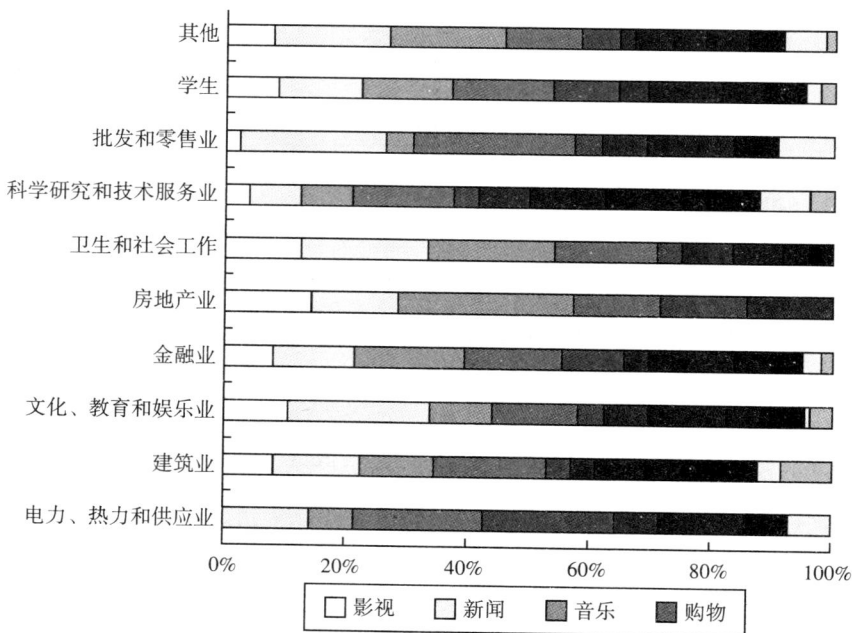

图 11-14 搜索内容与行业的相关图

由图 11-14 可以看出，在此次调查中，从事电力、热力和供应业的用户搜索最多的为购物和图片，其次为音乐和财经，最后为新闻；从事建筑业的用户经常搜索的内容依次为购物、新闻、财经、音乐和影视；文化、教育和娱乐业的用户经常搜索的内容为新闻，其次为购物，然后为音乐和影视；而金融业的用户经常搜索的内容排名前三的是音乐和购物，地图/天气/交通；反观房地产的用户，他们最主要的搜索内容为音乐，对于影视、图片、购物、社科需求是并列的；那些从事卫生和社会工作的用户，将新闻和音乐的搜索需求放在第一位，排在第二位的则是购物和影视；而从事科学研究和技术服务业的搜索引擎用户对于搜索的需求更专注于软件和财经；对于批发和零售行业的用户的搜索内容则依次为购物、地图/天气/交通、财经；对于学生来说，大多更着重于购物，而音乐和影视排在了第二位，排在第三位的则是地图/天气/交通。

可见，虽然受访者所从事行业不同，但经常搜索的内容大体相同，都集中在了购物、音乐、影视方面。所以应主要针对这三个板块的建设，丰富其搜索结果的内容。

3）搜索内容与年龄的列联表分析。

表 11-9　搜索内容与年龄的列联表分析

单位：%

年龄	8~18 岁 （含 18 岁）	18~30 岁 （含 30 岁）	30~45 岁 （含 45 岁）	45 岁以上	合计
影视	0.60	29.17	5.04	0.96	35.77
新闻	0.60	50.06	12.00	1.68	64.35
音乐	0.48	54.02	6.24	0.60	61.34
购物	0.48	58.58	9.24	0.96	69.27
图片	0.48	35.29	3.60	0.00	39.38
社科	0.36	15.25	4.68	0.84	21.13
地图/天气/交通	0.24	42.98	6.96	1.20	51.38
软件	0.36	23.41	3.96	0.00	27.73
财经	0.00	24.61	5.40	0.00	30.01
游戏	0.00	11.52	1.56	0.12	13.21
其他	0.60	8.40	1.32	0.00	10.32
合计	1.2	82.4	14.5	1.92	100.00

从表 11-9 可以看出，不同年龄用户的共同点是：他们的搜索内容范围集中在购物、新闻、音乐、地图/天气/交通和图片。

针对不同年龄的用户群体调查问卷结果数据显示，年龄在 8~18 岁（含 18 岁）的用户经常搜索的内容为新闻、影视和购物；年龄在 18~30 岁（含 30 岁）的用户搜索内容为购物、音乐、新闻和地图/天气/交通；年龄在 30~45 岁（含 45

岁）的用户经常搜索的内容为新闻、购物、音乐和地图/天气/交通；学历在 45 岁以上的用户经常搜索的内容为新闻、购物、地图/天气/交通和影视。通过表 11-9 总体可以得出，不同年龄的群体也都在搜索新闻和购物。中国搜索应根据受访者不同的年龄层次，有针对性地进行对新闻和购物的排版。例如若受访者中 30 岁以下的人群多，则在新闻板块可多增加时尚娱乐类的新闻，也可在购物板块多增加有关时尚类的衣服饰品的模块。

（3）使用搜索引擎目的的调查分析。

1）基本情况分析。

从图 11-15 可以看出，关于搜索引擎使用目的最多的是用于娱乐放松，其次是完成作业，再次是了解生活常识，最后是关注时事，还有 4.79% 的受访者是用于其他。由样本推断总体可以得出，在所有使用搜索引擎的人群中，接近 1/3 的人是用来娱乐放松的，这个结论也与问卷中用户经常搜索的内容的结论相吻合，即通过搜索内容分别与年龄、学历、行业的列联表分析得知，在经常搜索的内容中，影视和购物占的比重最大，也就可以解释为什么娱乐放松在使用目的中占的比例相对较大。因此，中国搜索应提升娱乐度。对于娱乐度的提升，应及时添加影视剧和流行音乐，或者应及时更新实时新闻，包括社会新闻的准确性，娱乐新闻的真实性。

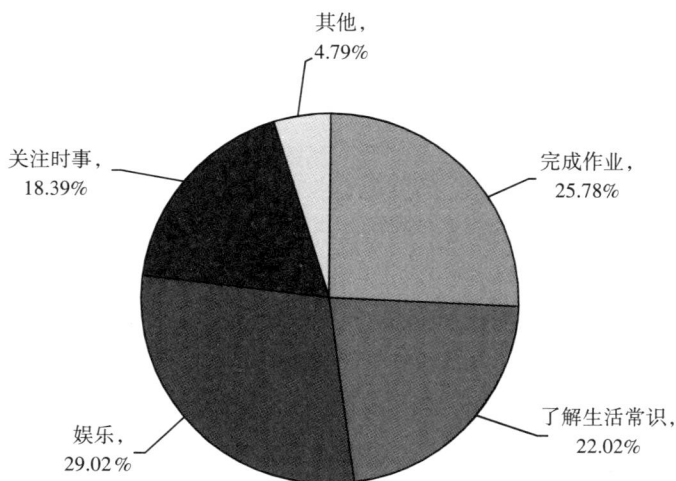

图 11-15　使用搜索引擎目的频数分布图

2）使用目的与搜索频率的列联表分析。

通过表 11–10 可以得出，在收回的问卷中，经常使用搜索引擎的用户，有
50.71%的人是用来娱乐放松的；偶尔使用搜索引擎的人，几乎都是用来娱乐和了
解生活常识。在很少上网的人群中，受访者最常用搜索引擎的目的是娱乐和关注
时事。

表 11–10　使用目的与搜索频率的列联表分析

单位：%

使用频率	经常	偶尔	很少	从不	合计
完成作业	50.71	10.64	7.09	1.42	69.86
了解生活常识	43.26	10.28	4.61	1.77	59.93
娱乐	56.38	12.06	7.45	2.84	78.72
关注时事	34.04	9.57	4.26	2.48	50.35
其他	7.80	2.84	2.13	0.35	13.12

（4）用户对搜索引擎性能偏好的调查分析。

1）基本情况分析。

由图 11–16 可以看出，受访者看重引擎搜索结果的准确性，占 27.25%，其
次是搜索速度，为 25.71%。相对来说，品牌并不是受访者在意的。所以不论品
牌知名度的大小如何，最重要的应该是搜索引擎中搜索结果的准确性和搜索
速度。

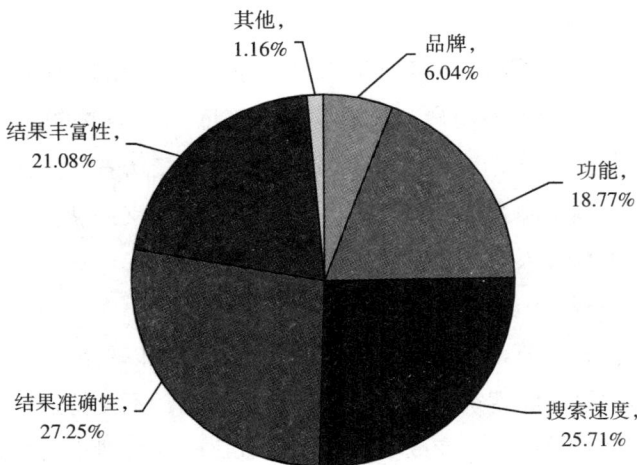

图 11–16　搜索引擎性能分布

2）搜索性能与年龄的列联表分析。

通过表 11-11 可以看出，不同年龄用户看重的搜索性能大体是相同的。对于 8~18 岁（含 18 岁）的人群，他们最看重搜索速度，然后是搜索结果的准确性；对于 18~30 岁（含 30 岁）的人群，他们最看重的三个性能依次为搜索结果的准确性、搜索速度和结果丰富性；对于 30~45 岁（含 45 岁）的人群，他们认为搜索速度和搜索结果的准确性是同等重要的，而搜索引擎的功能却比搜索结果的丰富性重要；对于 45 岁以上的人群，他们同样认为搜索速度和搜索结果的准确性是同等重要的，但搜索引擎的功能和搜索结果的丰富性却是同等重要。那么引擎的搜索速度与搜索结果的准确性就应成为今后提高搜索引擎性能的重点所在。

表 11-11 搜索性能与年龄的列联表分析

单位：%

年龄	8~18 岁（含 18 岁）	18~30 岁（含 30 岁）	30~45 岁（含 45 岁）	45 岁以上	合计
品牌	0	10.95	5.30	0.35	16.61
功能	0.71	42.40	7.77	0.71	51.59
搜索速度	1.41	58.66	8.48	1.77	70.32
结果准确性	1.06	63.25	8.48	1.77	74.56
结果丰富性	0.35	50.88	5.65	0.71	57.60
其他	0	2.12	1.06	0	3.18

（5）关于搜索引擎跟踪记录的调查分析。

1）基本情况分析。

通过图 11-17 可以看出，对于搜索引擎跟踪记录用户的搜索历史，并收集其偏好，在以后的搜索中帮助用户筛选出可能的信息，有 41% 的受访者表示支持，他们认为这样比较人性化，能节约搜索时间；38% 的受访者认为搜索引擎应该透明化，让用户自己选择是否跟踪记录；而 14% 的人群不支持搜索引擎跟踪搜索历史记录。总之，大部分人赞同搜索引擎跟踪记录。

2）搜索引擎跟踪记录与学历的相关分析。

从表 11-12 搜索引擎跟踪记录与学历的列联表中可以看出，学历在中专以下的人群认为搜索引擎跟踪搜索记录是对隐私权的侵犯，不支持这样的行为；中专或高中学历的人群和学历在大专或本科的受访者比较支持搜索引擎跟踪搜索记录的行为，因为这样比较人性化，可以节约时间；但是学历在研究生及以上的人群是希望搜索引擎能透明化，让客户自己选择是否跟踪记录，而且表 11-13 也印证了这一结论。

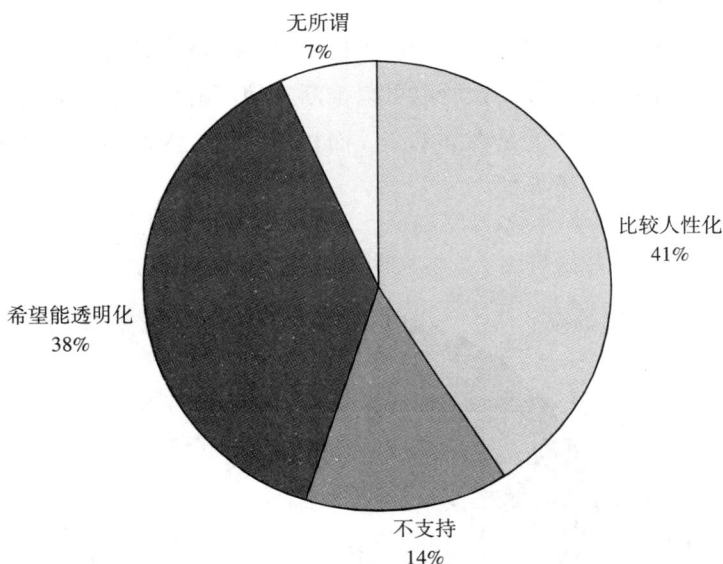

图 11-17　搜索引擎跟踪记录频数图

表 11-12　搜索引擎跟踪记录与学历的列联表分析

单位：%

学历	比较人性化	不支持	希望能透明化	无所谓	合计
中专以下	0	1.06	0.70	1.06	2.82
中专或高中	4.23	1.06	1.06	1.75	8.10
大专或本科	35.91	9.86	32.39	3.88	82.04
研究生及以上	1.06	2.11	3.87	0	7.04

表 11-13 中的右侧是蒙特卡罗法计算出的 P 值可信区间，可见 P 值远远小于 0.05，同样也认为搜索引擎跟踪记录与学历有关。因此中国搜索运营商可以根据

表 11-13　搜索引擎跟踪记录与学历的卡方检验表

	统计量值	自由度	P 值
卡方值	42.72	9.00	0.00
校正的卡方值	38.99	9.00	0.00
Fisher's 精确概率法	36.51		0.00
线性相关卡方值	0.64	1.00	0.44
有效值	284.00		

用户的不同学历层次的比例来决定是否推行搜索引擎跟踪搜索记录这一措施。

（6）搜索引擎优缺点的调查分析。

1）基本情况分析。

通过图 11-18 可以看出，受访者的人群中有 44% 的人认为搜索引擎最重要的优点是搜索引擎的查准率较高，所以可以推断在使用搜索引擎的人群中，有近半数的人认为搜索引擎重要的是查准率高。而相对来说，人群中认为搜索引擎的二次搜索和高级搜索是不重要的。

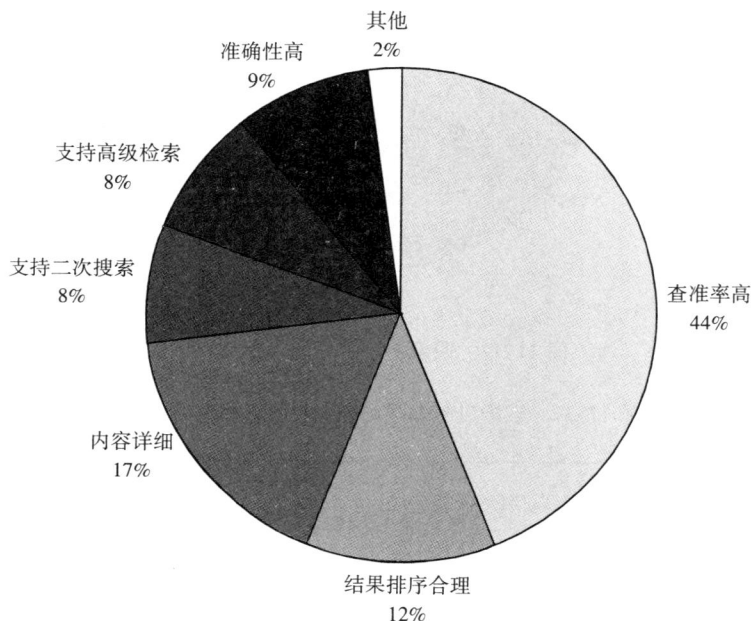

图 11-18　搜索引擎优点分析

通过图 11-19 可以看出，受访者的人群中有 45.3% 的人认为搜索引擎最明显的缺点是搜索结果中广告、垃圾网站和死链接比较多，所以可以推断在使用搜索引擎的人群中，有近半数的人认为搜索引擎最明显的缺点是搜索结果中广告、垃圾网站和死链接比较多。而相对来说，人群中认为搜索引擎的信息量小和热搜词不符合当下话题是可以忽略的缺点。

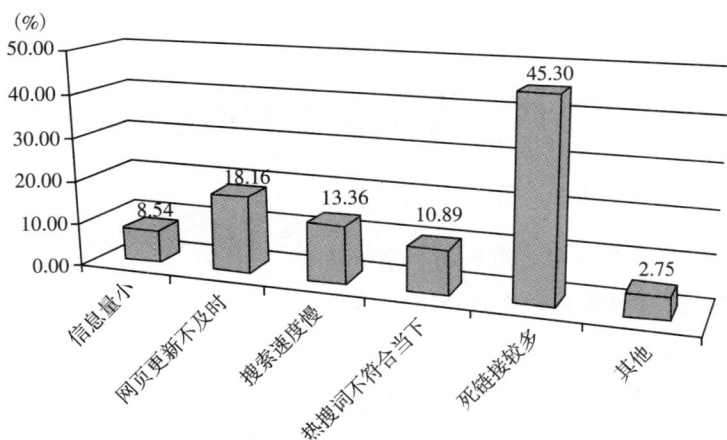

图 11-19　搜索引擎缺点分析

2）搜索引擎优点与搜索界面的列联表分析。

通过表 11-14 可以看出，对于使用过的搜索引擎，用户认为其搜索界面在使用时方便快捷与用户认为搜索引擎的优点是有关联的。例如，认为搜索界面在使用时方便快捷的用户，同时也认为支持高级检索是搜索引擎的优点之一；而持否定观点的用户，则认为支持二次检索是搜索引擎的优点之一，两者是有区别的。

表 11-14　搜索引擎优点与搜索界面的列联表分析

单位：%

	查准率高	结果排序合理	内容详细	支持二次搜索	支持高级检索	准确性高	其他
是	75.34	20.55	29.68	12.33	13.70	14.16	3.20
否	8.22	2.28	3.20	2.74	1.83	2.74	0.91
合计	83.56	22.83	32.88	15.07	15.53	16.89	4.11

（7）中国搜索推广度的调查分析。

对于收回的问卷中，关于本次调查后，您是否会尝试使用中国搜索的问题，有 83.16%的受访者在调查结束后，会尝试使用中国搜索，也有 16.84%的受访者在调查结束后，拒绝尝试使用中国搜索。由调查结果可以得出，近 3/4 的搜索引擎用户会尝试接触中国搜索，所以这与本次问卷的初衷之一是吻合的，即通过此次调查，可以使受访者知道中国搜索，提高中国搜索的知名度，同时也可能驱使一些用户尝试使用中国搜索，这样也扩大了中国搜索的用户群。

四、调查结论与建议

1. 基于使用中国搜索的用户调查分析结果

（1）将国情、时政频道作为重点的同时，也要注重其他频道的发展，实现全面发展。一国的国情在一定程度上决定着一个国家或地区人民生活的水平，而大多数有关国情的最新信息是需要从互联网上获取的。在本次调查中，各个行业使用中国搜索获取信息最多的是国情和时政，可见人们对于中国搜索最满意的是国情和时政这两大频道，这也是中国搜索的创新点所在，是目前热门搜索引擎所缺少的重要频道，所以在今后的发展中，要充分地发挥出这两大频道的优势。而另一方面也反映出中国搜索的其他频道还有待加强，在日后的发展中应注重其他频道的发展。

（2）积极扩充自身的信息库，及时更新时事新闻。由上述中国搜索的缺点分析可知，"信息量不够大"和"内容更新不及时"是影响中国搜索使用率的主要问题。由于中国搜索刚成立不久，不像百度等其他热门搜索引擎多年来积累了庞大的信息库可供查询，且其各项内部组织工作还没有完善，导致了信息量不够大和内容更新不及时这两大缺点的存在。因此，在以后的改善中应积极扩充自身的信息库，并及时更新时事新闻。

（3）可以将开发应用服务平台作为后续工作重点，同时开发其他创新频道。在中国搜索准备逐步增开的应用服务和搜索频道中，音乐、百科、文库的支持率是最高的。其实，音乐是人们休闲放松必不可少的元素，百科是日常生活中人们必须具备的常识，而文库是目前学者交流学术问题的主要场所之一。所以在今后的科研领域中，应最先研究开发音乐、百科、文库这三个应用服务，从而吸引更多的搜索引擎用户使用中国搜索。而教育和阅读这样特殊的新型频道也有40%左右的受访者支持开放，未来这两大频道将会是中国搜索的创新点所在，其独有的频道会吸引更多的搜索引擎用户。

（4）完善后台检索器，提高信息的查找准确性。在所需信息准确性、摘要、热搜词、搜索速度、搜索结果以及界面与中国搜索满意度的关系分析中，对中国搜索满意度影响最大的是"所需信息的准确性"。可见，是否可以迅速、准确地找到用户的所需信息是用户坚持长期使用中国搜索的重要前提。在日后的发展中，应特别注重信息的真实性、严谨性以及后台检索器这部分的完善，从而可以更好地根据用户的查询在索引库中快速检索文档，进行相关度评价，对将要输出的结果排序，并按用户的查询需求合理反馈信息。

（5）实现搜索结果摘要和搜索速度的进一步发展。关于用户对中国搜索结果摘要和搜索速度的评价中，只有5%左右的受访人群分别认为结果摘要不实用、搜索速度慢。可见在这两方面中国搜索取得了很大的成功，但是一半左右的受访者认为这两方面一般，也就是说在今后的发展中还有很大的改进空间。

2. 基于未使用过中国搜索的用户调查分析结果

（1）逐渐丰富购物、音乐的搜索内容，同时注重其他频道的推广。随着互联网高潮来临，中国网络购物的用户规模不断上升。网上购物已经遍及各个年龄，各个阶层的人群，不论男女老少，大人小孩，都在接触网上购物。互联网的普及，使得网络购物的优点更加突出，日益成为一种重要的购物形式。因此，加大对购物网站的制度化管理，丰富购物网站的内容，使购物网站分类清晰明了，重要的是监督产品的质量，这样可以增加中国搜索的实用度。在竞争压力之大的社会背景下，音乐是用来表达的思想感情与社会现实生活的一种最主要的艺术形式。作为释放压力的主要形式，音乐承载着越来越重要的作用。因此，丰富音乐的类型，音乐应有不同的类型，可供不同人群欣赏下载，而且也应该增强音乐的音质效果，纯正的音色是使用者所共同追求的，所以应保证音乐的质量。同时，对于其余的搜索内容也应兼顾。例如，不同学历的人群大部分人对于影视的搜索率较高，所以应加强影视搜索内容的投资。及时更新网站的热播影视剧，及时刷新热播影视剧的排行榜。又如对于地图/天气/交通的管理，互联网的发展也带动了人们对于地图/天气/交通等实用网站的使用，对这些实用性的网站，应增加其实用度和及时性，比如地图应增加实用性，对于旅游名胜应标清周围的住吃行，而天气和交通应增加其及时性。

（2）从搜索目的提升娱乐度，同时兼顾实用度。关于搜索引擎使用目的最多的是用于娱乐放松，其次是完成作业，最后是了解生活常识。这个结论与问卷中得经常搜索哪些内容的结论相吻合，即在经常搜索使用内容中，音乐和购物占的比重最大，所以可以解释为什么娱乐放松在使用目的中占的比例相对较大。因此，中国搜索应提升娱乐度和实用度。对于娱乐度的提升，应及时添加影视剧和流行音乐，或者应及时更新实时新闻，包括社会新闻的准确性，娱乐新闻的真实性。对于实用度的提升，应增加搜索知识的准确性，以及这个其延展知识的丰富性。

（3）关注搜索结果的准确性，提高搜索速度。对于搜索引擎的知名度，并在于名牌的大小，而在于搜索引擎的质量，质量包括搜索结果的准确性和搜索速度。检索结果能标示丰富的网页属性（如标题、网址、时间、大小、编码、摘要等），并突出用户的查询串，便于用户判断是否阅读原文。搜索结果是否准确直接关系到搜索引擎网站的访问量及其品牌的知名度。搜索速度是指索引的速度，一般搜索引擎都能在一秒钟之内搜出成千上万个网页，但我们的个人电脑在本地计算机搜索一个文件还要几分钟。因此提高搜索速度，能一定程度地增加访问量。

（4）提高搜索引擎的查准率，减少搜索结果中广告、垃圾网站和死链接。搜索引擎的查准率是衡量某一检索系统从文献集合中检出相关文献成功度的一项指标，即指检索出的相关信息量占检索出的信息总量的比例。查准率与搜索结果的准确性相关，都一定程度上关系到搜索引擎网站的访问量及其品牌的知名度。垃圾网页泛指一切不是真为访客提供有价值内容或者信息为目的，而以欺骗搜索引擎、骗取点击获得利益的网页。主要指依靠采集工具大量复制抄袭其他网站内容的网页。简单地讲，死链接是指页面已经无效化，无法给用户提供任何有价值信息的页面。不要无视一个死链接带来的影响，要知道用户忠诚度也是要靠积累起来的。用户体验才是网站最终发展的基石。时常检测网站并排除死链接，对网站的搜索引擎优化非常重要，因为大量死链接存在会降低用户和搜索引擎对网站的信任。

第十二章

新生代农民工自我身份认同调查报告

　　新生代农民工对建设和谐社会，加快城市化进程和维持社会稳定具有重要意义。本次调查主要为问卷调查为主，访谈调查为辅，以新生代农民工为主要调查对象，同时加入第一代农民工作对比，旨在了解新生代农民工在城市工作、生活现状及存在的问题和自身的感受，从而进一步分析农民工自我身份认同及其影响因素。

　　本报告以问卷调查得到的数据为分析资料，首先对所有数据做聚类分析，将总体聚为新生代农民工和第一代农民工两类，从就业、经济生活、社会生活及未来打算等方面做了详细的对比描述分析，然后用卡方分析和因子分析找出主要影响因素，报告最后将新生代农民工自我身份定位和其影响因素做 Logistic 回归，以分析各影响因素是如何影响新生代农民工自我身份认同的。本报告得出的结论：在社会、经济和新生代农民工自我心理认同等方面存在的问题是阻碍其自我身份认同的主要影响因素。因从这几方面寻找解决之策，促使新生代农民工更好地适应城市生活，融入城市。

一、相关概念界定

1. 自我身份认同的含义

　　身份认同基本含义是指个人与特定社会文化的认同。是人们在社会生活中，对所获得的、被大众也被自身所能接纳的社会身份的认可或认知，包括自我认同与社会认同。自我身份认同强调的是自我的心理和身体体验，以自我为核心。农

market

市场调查 | MARKET RESEARCH

民工群体是介于城乡之间的特殊群体，其身份认同是基于农村和城市居民差异的认识而产生的，并从他人那里了解到自己在社会中的身份、地位后，形成的感情或行动归属的主观性态度，并且这一主观性态度与社会大环境的接纳状况是相互作用、相互影响的。

2. 新生代农民工界定

目前学术界有关"新生代农民工"的界定主要是指"80后、90后"农民工，结合已有学者的研究，本书所提出的新生代农民工是指 16~35 周岁在城市打工的农村人口。他们出生以后就上学，上完学以后就进城打工，相对来讲，没有务农经验；另外，他们又渴望融入城市社会。

二、调查基本情况

1. 调查对象、方式和内容

本次调查的目的是通过深入了解新生代农民工在城市工作、生活现状及存在的问题和自身的感受，从而得出新生代农民工自我身份认同情况的结论及分析影响新生代农民工自我身份认同的因素；调查主要针对在城市工作 6 个月以上的第一代农民工（35 周岁以上）和新生代农民工（16~35 周岁），我们主要从在呼和浩特市内正式或非正式就业、在市区定居经商和打工的农村人口中选取。在调查中采用问卷、访谈相结合的调查方式，由调查员与被调查员进行面对面直接交流，以了解新生代农民工的个人基本情况，在城市的工作、生活现状，包括就业状况、经济生活、社会生活状况及其自我身份定位和未来打算为调查内容。

2. 调查实施过程的简述

本小组在正式调查之前先做预调查，共发放问卷 40 份，有效问卷 32 份，针对问卷中存在的问题做了修改。正式调查主要安排在 2013 年 4 月 1 日至 4 月 10 日进行，由调查员对被调查者进行问卷调查，对其中个别被调查者针对一些问题进行访谈调查，并记录访谈内容。本次调查共发放问卷 380 份，问卷回收率为 100%，其中有效问卷 346 份，有效回收率达 91%。其中废卷主要由于部分农民工拒绝回答、未按照要求填答或未填答完整等造成。

3. 调查样本分布情况

本次调查的样本分布情况可以按五类划分，如表 12-1 所示。

表 12-1　样本分布表

	样本特征	频数	频率（%）		样本特征	频数	频率（%）
年龄	35 岁及以下（新生代农民工）	239	69.07	行业	住宿餐饮业	104	30.1
					建筑装潢业	93	26.9
	35 岁以上（第一代农民工）	107	30.93		居民和社会服务业	49	14.2
					零售批发业	41	11.8
来源	省内	201	58.1		物业管理业	21	6.1
	省外	145	41.9		运输物流业	14	4
文化程度	小学及以下	51	14.7		加工制造业	11	3.2
	初中	167	48.3		其他（包括无业）	13	3.8
	高中（包括职高）	57	16.5	职位	普通打工者	264	76.3
	中专（包括技校）	25	7.2		管理者	27	7.8
	大专及以上	46	13.3		自主创业者	47	13.6
					无业	8	2.3

三、调查结果分析

首先我们选出反映农民工基本信息和生活现状的指标，共有 16 个变量。对这些数据做两步聚类，聚类结果为两类且聚类效果较好（聚类结果见图 12-1）。两类在各方面的差异都比较大，其中第一类代表第一代农民工，第二类代表新生代农民工，这与我们最初设计问卷的思路相符合，在调查中之所以调查第一代农民工就是为了将新生代和第一代作对比分析，想了解两代农民工在哪些方面存在差异。下面将根据聚类后结果，将两代农民工在各方面进行对比分析。

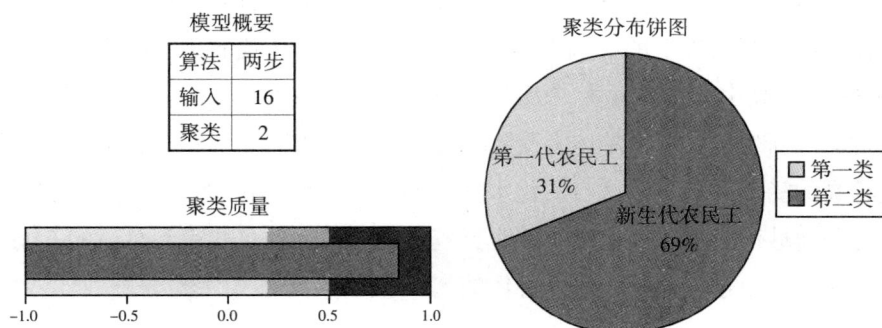

图 12-1　聚类结果

1. 基本构成

根据表 12-2 显示，第一代民工 107 人，其中男性 78 人，有效百分比为

72.9%，女性 29 人，有效百分比为 27.1%；新生代农民工 239 人，其中男性 137 人，占 53.7%，女性 102 人，占 42.3%。分析数据可知，无论是第一代农民工还是新生代农民工，男性的比例都高于女性的比例，农民工群体中以男性外出务工为主；而新生代农民工中女性比例明显高于第一代农民工中女性比例，新生代女性与第一代女性相比，她们有更高的追求。第一代农民工中未婚比例为 4.6%，而新生代农民工中未婚比例为 47.7%，这意味着近一半的新生代农民工群体要在外出务工期间解决从恋爱、结婚、生育到子女上学等一系列的重要问题。

表 12-2　调查样本基本情况

样本特征		第一代农民工		新生代农民工	
		频数	频率（%）	频数	频率（%）
性别	男	78	72.9	137	53.7
	女	29	27.1	102	42.3
婚姻状况	未婚	5	4.6	114	47.7
	已婚	102	95.3	125	52.3
学历	小学及以下	39	36.4	12	5
	初中	53	49.5	114	47.7
	高中	12	11.2	45	18.8
	中专	1	0.9	24	10
	大专及以上	2	1.9	44	18.4
合计		107	100	239	100

　　在受教育水平方面，第一代农民工和新生代农民工都以初中学历为主，第一代农民工中小学及以下的比例为 36.4%，明显高于新生代农民工中小学及以下的比例 5%，而高中、中专、大专及以上的比例反而较低，大专及以上仅占 1.9%。由此可见，新生代农民工总体上受到过相对规范的教育，与第一代农民工相比呈现出较高的受教育水平，这与文化水平差异的调查结果相吻合，第一代农民工中认为与普通城市人相比文化水平差距比较大和非常大的总共占到总体的 71%，而新生代农民工中这两项的比例占总体的 33%。

　　2. 主要经历

　　从表 12-3 的数据可以看出，新生代农民工进城之前的主要经历是读书，占新生代农民工总体的 44.4%，而第一代农民工进城前读书的仅有 4.7%；有务农经历的新生代农民工为 13.8%，第一代农民工有务农经历的占第一代农民工总体的

55.1%。从这两方面可以看出新生代农民工和第一代农民工进城前在主要经历上有明显不同，在访谈的过程中发现，新生代农民工很少愿意从事农业生产，这也是他们进城打工的原因之一。

表 12-3　进城前的主要经历

		读书	经商	当兵	务农	在农村打工	其他
新生代农民工	频数	106	16	4	33	31	49
	频率（%）	44.4	6.7	1.7	13.8	13	20.5
第一代农民工	频数	5	9	2	59	17	15
	频率（%）	4.7	8.4	1.9	55.1	15.9	14

3. 进城动机

从表 12-4 调查情况来看，选择"挣钱养家，农村干活收入太低"为进城务工动机的新生代农民工和第一代农民工分别占各总体的 66% 和 37.5%，主要原因是新生代农民工中近一半的人未婚，家庭负担较第一代农民工减轻，所以比例下降；选择进城动机为"希望找一份稳定的工作并寻找留在城市的机会"的新生代农民工比第一代农民工多 12%，"向往城市生活"的比例也有增加，说明新生代农民工更加希望以后留在城市生活，在访谈中了解到他们认为进城务工是改变他们生活方式和生活环境的重要途径之一，同时新生代农民工认为在城市中更有利于个人的发展。新生代农民工的进城动机与第一代农民工相比更加多样化。

表 12-4　农民工进城动机

	第一代农民工		新生代农民工	
	频数	频率（%）	频数	频率（%）
1. 挣钱养家，农村干活收入太低	95	66.0	115	37.5
2. 希望找一份稳定的工作并寻找留在城市的机会	36	25.0	109	35.9
3. 只是向往城市生活，想出去看看	3	2.1	15	4.9
4. 去城市学些技术，有利于回乡发展	2	1.4	17	5.6
5. 不会干农活	2	1.4	16	5.3
6. 其他	6	4.2	33	10.9
合计	144	100.0	304	100.0

四、城市农民工就业及工作状况

1. 农民工就业情况

（1）农民工就业的行业分布情况。将第一代农民工和新生代农民工各行业所占百分比进行对比，可以发现在住宿餐饮业、建筑装潢业、物业管理业有明显差异。第一代农民工就业主要集中在建筑装潢业，占这一总体的41.1%，从访谈中得知，建筑装潢业虽然工作负荷大，但工资高，这也是有20.5%的新生代农民工愿意从事这一行业的原因。与此相反的是新生代农民工在住宿餐饮业的比例较大，为40.6%，而第一代农民工在这一行业的比例仅为6.5%，远小于新生代农民工。这与住宿餐饮业自身性质和农民工自身原因有关系，住宿餐饮业需要大量的年轻员工，而新生代农民工又不愿意干太苦重的工作。从物业管理业来看，第一代中的比例为18.7%，新生代中的比例为0.4%，从事物业管理的多为50岁以上的农民工。

表 12-5　农民工就业情况

行　业	第一代农民工		新生代农民工	
	频数	频率（%）	频数	频率（%）
住宿餐饮业	7	6.5	97	40.6
建筑装潢业	44	41.1	49	20.5
加工制造业	1	0.9	10	4.2
运输物流业	5	4.7	9	3.8
居民和社会服务业	10	9.3	39	16.3
物业管理业	20	18.7	1	0.4
零售批发业	14	13.1	27	11.3
无业	4	3.7	5	2.1
其他	2	1.9	2	0.8
合计	107	100.0	239	100.0

（2）农民工就业形势。从调查数据得知，在第一代农民工中有74.8%的人认为在城市找工作不容易或者不太容易，在新生代农民工中此类人群占到59.8%，可以看出第一代农民工和新生代农民工多数认为在城市找工作是不容易的，新生代农民工较第一代要容易些。从访谈内容得知，农民工认为找工作不容易的原因主要有两点，一是他们的就业渠道比较狭窄，求职信息主要来源于"老乡"、亲

戚的介绍；二是农民工认为求职的最大障碍和困难是没有技术。

表 12-6　认为找工作很容易

	第一代农民工		新生代农民工	
	频率（%）	累积频率（%）	频率（%）	累积频率（%）
不符合	42.1	42.1	24.7	24.7
不太符合	32.7	74.8	35.1	59.8
基本符合	19.6	94.4	24.7	84.5
比较符合	3.7	98.1	10.5	95
完全符合	1.9	100	5	100

（3）农民工就业稳定性。由图 12-2 可知，农民工工作稳定时间为 2 年，在 0 到 2 年内，不换工作的频率很大。2 年过后，换工作频率逐渐增大，换工作的人逐渐增多。一直到第 5 年后，出现了大量的换工作的情况。可以看出，5 年是人工作成绩的一个瓶颈，同样也是人心理预期目标实现的一个时间点，如果没有达到预期目标，或没有在这 5 年内干出成绩，就会换工作。如果过了这个时间点，又有一个工作稳定时间，持续时间又为 5 年，到第 10 年时又会有一个工作稳定点，只不过走到第 10 年的人不太多。

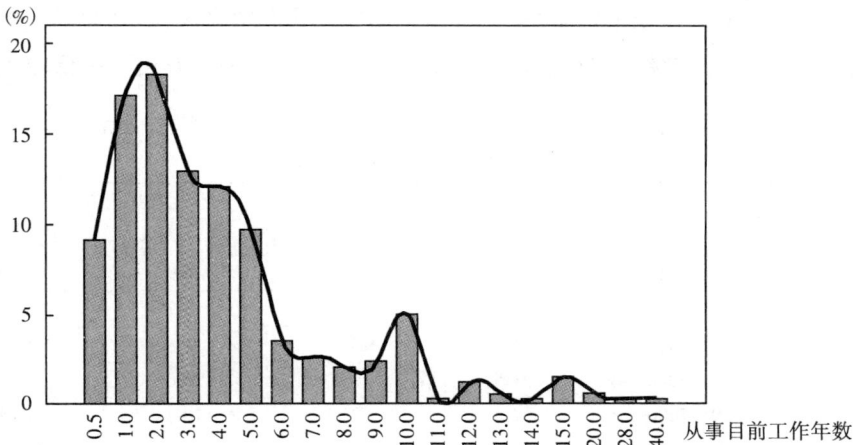

图 12-2　就业稳定情况

2. 农民工工作情况

（1）工作时间。根据访谈了解到，农民工的工作时间与所在的行业有直接关系。从事加工制造业、居民和社会服务业及物业管理业的农民工每天的工作时间为 8 小时；住宿餐饮业、零售批发业、运输物流业的日工作时间为 8~10 小时；从事建筑装潢业的农民工日工作在 10 小时以上，新生代农民工与第一代农民工的劳动强度并没有显著的差异。

表 12-7　农民工休闲时间满意度

	第一代农民工		新生代农民工	
	频率（%）	累积频率（%）	频率（%）	累积频率（%）
不满意	14.0	14.0	16.7	16.7
不太满意	20.6	34.6	26.4	43.1
一般	36.4	71.0	36.4	79.5
比较满意	29.0	100.0	19.7	99.2
非常满意	—	—	0.8	100.0

由表 12-7 可以看出，农民工对休闲时间的满意程度较低，仅三成的第一代农民工对休闲时间比较满意；新生代农民工中对休闲时间比较满意的有 19.7%，非常满意的不足 1%。总体来说，农民工的劳动时间过长，大部分农民工没有正常的周末休息日和节假日，休息时间太短。

（2）工作待遇。从调查数据分析可知，月平均收入 1200 元以下的在第一代农民工中占 8.7%，在新生代农民工中仅占 0.9%；月平均收入 5000 元以上的在第一代农民工中占 15.5%，在新生代农民工中占 6.8%。第一代农民工中低收入和高

表 12-8　农民工收入情况

		第一代农民工		新生代农民工	
		频率（%）	累积频率（%）	频率（%）	累积频率（%）
月平均收入（元）	1200 以下	8.7	8.7	0.9	0.9
	1201~2000	14.6	23.3	19.7	20.5
	2001~3000	28.2	51.5	36.8	57.3
	3001~4000	16.5	68.0	25.6	82.9
	4001~5000	16.5	84.5	10.3	93.2
	5000 以上	15.5	100.0	6.8	100.0
对目前收入满意度	不满意	15.9	15.9	14.6	14.6
	不太满意	19.6	35.5	20.9	35.6
	一般	22.4	57.9	45.6	81.2
	比较满意	39.3	97.2	17.2	98.3
	非常满意	2.8	100	1.7	100

收入群体均多于新生代农民工，新生代农民工的工资比较集中。这与他们所从事的行业有直接关系，从上文就业行业分布情况可知，第一代农民工从事建筑装潢业的较多，因此工资也较高，而新生代很少有从事这个行业的，多为第一代农民工从事的保安行业的较多，工资相对要低得多。从总体上看，不论是第一代农民工还是新生代农民工，月平均收入主要集中在 2000~4000 元，占总体的 56.9%，月平均收入均值为 3051.34 元，农民工的收入总体处于中等偏下水平。

从收入满意度分析，将比较满意和非常满意都归为满意，第一代和新生代农民工对自己收入满意的分别为 42.1% 和 18.9%，第一代农民工较新生代农民工更容易满足，新生代农民工提高自身收入的欲望或许更大。从访谈中我们还得知，有些外来务工人员不能按时拿到工资，用人单位存在工资拖欠问题。

通过卡方分析（见表 12-9），农民工的工资情况与自身所处职位的卡方检验 Sig 值为 0.000，通过检验，说明二者显著相关。表现为普通打工者随着收入的增加，人数占总体的百分比减少，而管理者和自主创业者随着收入的增加人数占总体的百分比增加。

表 12-9　月平均收入与所处职位列联分析

			所处职位			合计
			普通打工者	管理者	自主创业	
月平均收入（元）	1200 以下	频率（%）	90.0	0.0	10.0	100.0
	1201~2000	频率（%）	96.7	0.0	3.3	100.0
	2001~3000	频率（%）	80.0	5.2	14.8	100.0
	3001~4000	频率（%）	75.3	10.4	14.3	100.0
	4001~5000	频率（%）	70.7	9.8	19.5	100.0
	5000 以上	频率（%）	46.9	28.1	25.0	100.0

（3）技能培训。由表 12-10 数据分析可知，第一代农民工所从事的行业不需要专业技能的占 40.6%，大多数缺乏专业技能，有 44.4% 的人没有接受过专业技能培训，仅有 33% 的农民工经常接受技能培训；新生代农民工在工作中不需要专业技能的有 19.1%，需要强专业技能的占其总体的 47.2%，接受过技能培训的新生代农民工占其总体的 73.2%。较第一代农民工来说，新生代农民工掌握了更多的技能，他们更愿意从事技术型的工作而不是大量的体力劳动。同时，新生代农民工相比第一代农民工，认为接受专业技能培训更加重要。

表 12-10 技能培训情况

		第一代农民工		新生代农民工	
		频率（%）	累积频率（%）	频率（%）	累积频率（%）
经常接受技能培训	不符合	20.8	20.8	10.6	10.6
	不太符合	23.6	44.3	16.2	26.8
	基本符合	22.6	67.0	30.6	57.4
	比较符合	24.5	91.5	20.0	77.4
	完全符合	8.5	100.0	22.6	100.0
工作需要较强的专业技能	不符合	17.0	17.0	6.8	6.8
	不太符合	23.6	40.6	12.3	19.1
	基本符合	17.9	58.5	33.6	52.8
	比较符合	16.0	74.5	25.1	77.9
	完全符合	25.5	100.0	22.1	100.0

五、城市农民工生活状况

1. 农民工经济生活状况

（1）农民工消费情况。农民工月平均收入为 3051.34 元，属中等偏下水平。而第一代农民工的月平均收入为 3216.5%，新生代农民工月平均收入为 2978.63 元，差异是由于新生代农民工偏向于轻体力劳工。农民工总体月平均消费支出为 1719.53 元，第一代农民工月平均支出为 1621.7 元，新生代农民工月平均支出为 1763.29 元。相对于第一代农民工，新生代农民工的收入偏低，消费偏高，他们有强烈的消费欲望，但是消费满意度偏低。

表 12-11 收入支出情况表

	收入（元）	支出（元）	支出比（%）
总体水平	3051.34	1719.53	56.35
第一代水平	3216.50	1621.70	50.42
新生代水平	2978.63	1763.29	59.20

（2）农民工住房状况。根据表 12-12 新生代农民工和第一代农民工目前城市住房状况对比分析表得知：新生代农民工和第一代农民工主要是靠单位来提供住房，这一比例近似占到 50%，新生代农民工外出务工租房现象达到 26.8%，自己买房的比例仅有 17.6%；而相对新生代农民工，第一代农民工租房的状况反而有所改变，第一代农民工租房的比例仅有 17.8%，自己买房子的比例大大地增加，

高达30.8%，比新生代农民工买房子的比例多13.2%，究其原因是第一代农民工主要集中在建筑装潢业，在建筑装潢业中农民工的比例占到41.1%，而新生代农民工仅仅占到20.5%；他们的月平均收入比新生代农民工要多，而月平均支出又远小于新生代农民工。

表 12-12　目前城市住房状况

住房状况	第一代农民工		新生代农民工	
	频数	频率（%）	频数	频率（%）
租房	19.0	17.8	64.0	26.8
借住亲戚朋友家	2.0	1.9	5.0	2.1
单位提供宿舍	50.0	46.7	109.0	45.6
自己买房	33.0	30.8	42.0	17.6
其他	3.0	2.8	19.0	7.9
合计	107.0	100.0	239.0	100.0

2. 农民工社会生活状况

（1）社会保障。农民工作为一个特殊的群体，社会保险对于他们的生存和发展具有更重要的意义。但是在调查的过程中了解到，很大一部分农民工未签订劳动合同，农民工所在的大多数工作单位没有为其参加任何社会保险。80%的农民工自己参加了农村合作医疗保险，8.6%的农民工拥有城镇医疗保险；部分单位为农民工购买了工伤保险，较其他保险来说享受工伤保险的人数比例较高，占农民工总数的28.5%；第一代农民工中参加养老保险的占34.5%，新生代农民工参加养老保险的仅有15%；城镇医疗保险、失业保险、生育保险参加的比例都非常低，不到10%。

表 12-13　参加的社会保险

参加保险状况	第一代农民工		新生代农民工	
	频数	频率（%）	频数	频率（%）
农村合作医疗	84	80.0	160	75.8
城市医疗	9	8.6	22	10.4
养老保险	37	35.2	36	17.1
失业保险	3	2.9	11	5.2
工伤保险	21	20.0	54	6.6
生育保险	0	0.0	14	25.6
商业保险	22	21.0	28	13.3
合计	176	167.6	325	154.0

（2）娱乐休闲。从业余活动频率表中可以看出：由于新生代农民工和第一代农民工的年龄、思想观念的不同，在业余时间，他们选择休闲娱乐的方式也有所差异，第一代农民工主要倾向于传统的休闲方式，比如看电视、下棋、打牌。相比于第一代农民工，新生代农民工的休闲娱乐方式趋向多样化，他们不仅选择看电视、报纸、下棋、打牌作为娱乐活动，更倾向于上网、去娱乐场所、旅游。同时，与第一代农民工相比，新生代农民工选择传统的休闲方式的比例有较大幅度的下降，第一代农民工选择"看电视"的比例占总体比例的84.1%，而新生代农民工在此选择上仅占了65.7%；而在"上网"、"去娱乐场所"的选择上，新一代农民工的比例分别达到38.5%和20.9%，而第一代农民工选择"上网"、"去娱乐场所"的比例仅仅有9.3%和1.9%。所以，新生代农民工的休闲娱乐方式和第一代农民工相比有很大的差异。

表 12–14 娱乐休闲活动

住房状况	第一代农民工		新生代农民工	
	频数	频率（%）	频数	频率（%）
看电视	90	84.1	157	65.7
下棋打牌玩麻将	43	40.2	59	24.7
走访亲友	11	10.3	34	14.2
逛街	26	24.3	91	38.1
上网	10	9.3	92	38.5
去娱乐场所	2	1.9	50	20.9
看书、报、杂志	21	19.6	63	26.4
旅游	4	3.7	18	7.5
其他	7	6.5	21	8.8
合计	214	200.0	585	244.8

（3）社会交往。进城务工的农民工的社会交往是指农民工从家乡来到城市工作后在城市中的交往和联系。在访谈中，大部分农民工反映与城市人比较好相处，说明农民工和城市人能够进行一定的社会交往，但是由于语言问题、生活习惯不同等因素，农民工交往最密切的人还是老乡和亲戚。当他们遇到困难时主要会找自己的老乡、亲戚和同学来帮忙，一般不会找市民和当地居委会帮忙。新生代农民工的社会交往空间狭窄，集中表现为对亲缘和地缘的依赖。

（4）社会生活的感受。调查结果显示：九成新生代农民工喜欢城市生活，已经习惯城市生活的新生代农民工占其总体的 82%，第一代农民工在这两方面的比例低于新生代农民工，说明新生代农民工更加喜欢和习惯城市生活。由于第一代农民工有较重的恋乡情结，所以在城市中的归属感没有新生代农民工强烈，有41%的新生代农民工感觉到在城市中有归属感，并且他们认为在城市中更能得到认可。80%的第一代农民工感觉在城市中的机会不平等，75%的第一代农民工认为在城市中找工作很困难，相对于第一代农民工，新生代农民工文化水平较高，接受的技能培训较多，所以，新生代农民工认为找工作的困难有所减少。

表 12-15　城市生活感受

		第一代农民工		新生代农民工	
		频率（%）	累积频率（%）	频率（%）	累积频率（%）
感觉在城市机会不平等	不符合	2.8	2.8	9.2	9.2
	不太符合	17.8	20.6	20.5	29.7
	基本符合	26.2	46.7	29.7	59.4
	比较符合	31.8	78.5	23.8	83.3
	完全符合	21.5	100	16.7	100
在城市没有归属感	不符合	7.5	7.5	13.4	13.4
	不太符合	20.6	28	27.6	41
	基本符合	26.2	54.2	28.5	69.5
	比较符合	28	82.2	18	87.4
	完全符合	17.8	100	12.6	100
已经习惯城市生活	不符合	5.6	5.6	3.8	3.8
	不太符合	17.8	23.4	14.2	18
	基本符合	22.4	45.8	28	46
	比较符合	45.8	91.6	36.4	82.4
	完全符合	8.4	100	17.6	100
经济收入差距	没差距	3.7	3.7	3.8	3.8
	差距不太大	13.1	16.8	13.8	17.6
	差距一般	11.2	28	33.5	51
	差距比较大	45.8	73.8	35.6	86.6
	差距特别大	26.2	100	13.4	100

　　在经济收入差距方面，72%的第一代农民工认为与城市人的差距大，49%的新生代农民工认为与城市人的差距大。由此看来，新生代农民工的经济收入逐步地接近城市人的收入；在文化水平方面，71%的第一代农民工认为与城市人的差距大，34%的新生代农民工认为与城市人的差距大，说明新生代农民工的文化素

质有所提高；在生活方式上，59%的第一代农民工感觉与城市人的差距大，68.6%的新生代农民工认为与城市人的差距不大，所以可以看出，新生代农民工在生活方式上更接近城市人。

（5）未来打算。与第一代农民工相比，新生代农民工愿意留在城市的比重一直在增加，而只要能挣钱无所谓在哪儿的人大幅度减少，由41.12%减至21.76%，降幅50%，如图12-3所示。这充分说明了新生代农民工越来越有自己的追求，他们已不把单一挣钱作为主要目的，而是更加注重自身的发展需求。在农民工回流问题上，由数据得知目前还不存在明显的回流现象，而单方向的进城是当下的主流趋势。

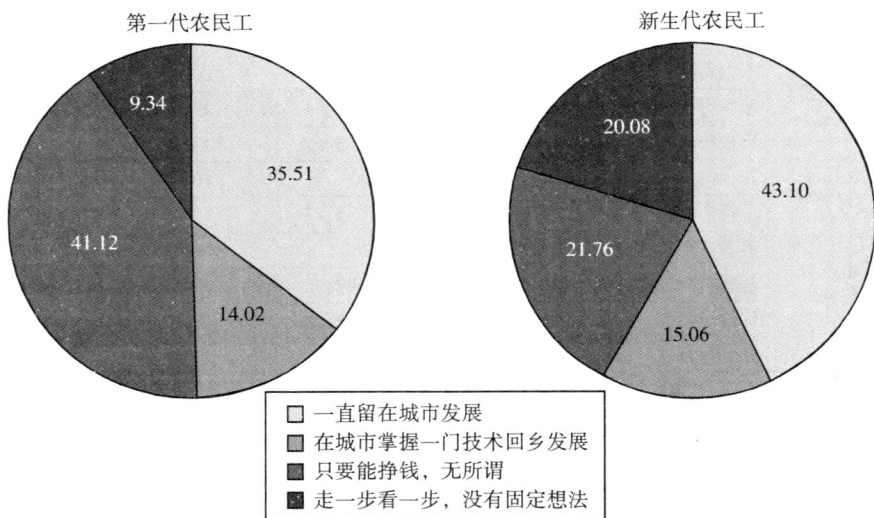

图 12-3　未来打算分析图

六、新生代农民工自我身份定位及影响因素

1. 自我身份定位影响因素

（1）卡方分析。将各变量分别与"自我身份定位"变量做卡方检验，看各变量在不同取值下，对"自我身份的定位"的取值（"农村人"、"城市人"、"半个农村人，半个城市人"、"不清楚"）是否存在显著差异，如果通过检验，则拒绝原假设，说明存在显著差异，即此变量是影响自我身份定位的因素。表12-16列出了在95%置信度下通过卡方检验的变量。

表 12-16　通过卡方检验的变量

序　号	变　量	卡方值	Sig 值
1	工资能满足生活需要	36.941	0.000
2	根据当前收入很可能在城市定居	31.737	0.002
3	已经习惯城市生活	37.366	0.000
4	被城市人歧视的经历	30.292	0.000
5	住房状况满意度	28.850	0.004
6	是否愿意定居城市	24.814	0.016
7	是否喜欢城市生活	31.433	0.002
8	文化水平差异	44.127	0.000
9	生活方式差异	50.977	0.000
10	是否愿意回到农村生活	19.319	0.004

（2）因子分析。将以上变量通过因子分析提取出 3 个公因子，第一公因子代表已经习惯城市生活、是否愿意定居城市、是否喜欢城市生活、是否愿意回到农村生活等变量，命名为心理认同；第二公因子代表被城市人歧视的经历、文化水平差异、生活方式差异等变量，命名为社会融入；工资能否满足生活需要、根据当前收入在城市定居的可能性、住房状况满意度等变量用第三公因子代表，命名为经济融入。问卷设计最初就从这三个方面考虑对自我身份定位的影响，而因子分析结果也恰好验证了问卷设计的合理性。因子分析综合结果如表 12-17 所示。

表 12-17　因子分析综合结果

题项	因子命名	方差贡献率（%）	累积贡献率（%）	抽取的因素 心理认同载荷	社会融入载荷	经济融入载荷	共同度
已经习惯城市生活	心理认同	24.891	24.891	−0.623			0.440
是否愿意定居城市				0.743			0.620
是否喜欢城市生活				0.821			0.676
是否愿意回到农村生活				−0.500			0.469
被城市人歧视的经历	社会融入	16.911	41.802		0.526		0.352
文化水平差异					0.750		0.563
生活方式差异					0.826		0.695
工资能满足生活需要	经济融入	12.389	54.191			0.729	0.540
根据当前收入很可能在城市定居						0.582	0.559
住房状况满意度						0.701	0.506

2. 自我身份定位 Logistic 回归

因子分析中体现出了各变量对自我身份定位有影响，但是影响有多大我们却不得而知，因此将因子分析中影响自我身份定位的 10 个因素为自变量，"自我身份定位"为因变量，用 Logistic 回归模型进行拟合。为了便于分析，将"自我身份定位"取值为"农村人"、"半个农村人，半个城市人"和"不清楚"的都归为一类，定义为"不是城市人"。全部因素都加入回归方程不显著，因此剔除似然比检验中 P>0.05 的变量，最终得到的最佳模型保留了 5 个因素，对各变量赋值，如表 12-18 所示。

表 12-18 变量赋值表

	变量	变量定义
因变量	自我身份定位 Y	Y=1 城市人；Y=2 不是城市人
自变量	工资能满足生活需要 X1	X1=1 不符合；X1=2 不太符合；X1=3 基本符合；X1=4 比较符合；X1=5 完全符合
	很可能在城市中定居 X2	X2=1 不符合；X2=2 不太符合；X2=3 基本符合；X2=4 比较符合；X2=5 完全符合
	喜欢城市生活 X3	X3=1 非常喜欢；X3=2 比较喜欢；X3=3 一般；X3=4 不太喜欢；X3=5 不喜欢
	生活方式差距 X4	X4=1 没差距；X4=2 差距不太大；X4=3 一般；X4=4 差距比较大；X4=5 差距特别大
	是否愿意回到农村 X5	X5=1 不愿意；X5=2 愿意；X5=3 不清楚

表 12-19 为总模型的似然比检验结果，可见最终模型和只含有常数项的无效模型相比，Deviance 从 136.510 下降到了 79.715，似然比卡方检验结果 P<0.01，表示至少有一个自变量系数不为 0，模型有意义。

表 12-19 模型拟合信息表

模型	模型拟合标准	似然比检验		
	-2 倍对数似然值	卡方	df	显著水平
仅截距	136.510			
最终	79.715	56.795	18	0.000

表 12-20 显示的是软件分别对每个自变量的作用进行的似然比检验，原假设就是该效应的所有参数均为 0。在拟合的方程中，可以看到各变量在 0.05 的显著水平下拒绝原假设，认为各变量均显著，也就是说各自变量对自我身份定位的影响显著。

表 12-20　似然比检验

效应	模型拟合标准	似然比检验		
	简化后的模型的-2 倍对数似然值	卡方	df	显著水平
截距	79.715	0.000	0	
X1	94.970	15.255	4	0.004
X2	90.213	10.498	4	0.033
X3	95.715	16.000	4	0.003
X4	94.741	15.026	4	0.005
X5	87.420	7.705	2	0.021

表 12-21 输出的是参数估计结果，以自我身份定位为城市人为参考，在 X1 工资能满足生活需要、X2 很可能在城市定居、X3 喜欢城市生活、X4 生活方式差距、X5 是否愿意回到农村 5 个自变量下，和自我身份定位不是城市人进行对比。

在"工资能满足生活需要"这一因素，认为"比较符合"的 $X^2 = 1.080$，P = 0.042 < 0.05，通过显著性检验，说明认为"比较符合"的人相比认为"不符合"、"不太符合"、"基本符合"的人其自我身份定位更偏向于城市人，更容易融入城市，并且从表 12-21 中可得知，认为"比较符合"的 Exp（B）值即 OR 值为 0.163，表示在"工资能满足生活需要"这一因素上认为"比较符合"的人融入城市的概率比要比其他水平下的概率比高 0.163 倍，而"不太符合"，"不符合"及"基本符合"的 P 值均大于 0.05，没有通过检验，表明这三类人群融入城市的概率比没有差别。

表 12-21　参数估计结果

自我身份定位（a）			回归系数 B	标准误差 SE	Wald 统计量	自由度 df	概率 P 值	概率比 Exp（B）
变量		取值						
不是城市人	X1	截距	21.291	2.905	53.701	1	0.000	
		不符合	−1.693	1.750	0.936	1	0.333	0.184
		不太符合	0.463	1.689	0.075	1	0.784	1.588
		基本符合	1.087	1.654	0.432	1	0.511	2.966
		比较符合	−1.816	1.748	1.080	1	0.042	0.163
		完全符合	0（b）	—	—	0	—	—

续表

自我身份定位（a）		回归系数 B	标准误差 SE	Wald 统计量	自由度 df	概率 P 值	概率比 Exp（B）
变量	取值						
不是城市人	X2						
	不符合	0.614	1.602	0.147	1	0.701	1.848
	不太符合	−1.47	1.276	1.327	1	0.249	0.230
	基本符合	−2.026	1.310	2.392	1	0.122	0.132
	比较符合	−2.787	1.310	4.523	1	0.033	0.062
	完全符合	0（b）	—	—	0	—	—
	X3						
	非常喜欢	−17.003	1.256	183.136	1	0.000	4.13E−08
	比较喜欢	−16.95	1.058	256.636	1	0.000	4.35E−08
	一般	−13.832	0.000	—	1	—	9.84E−07
	不太喜欢	0.633	0.000	—	1	—	1.883
	不喜欢	0（b）	—	—	0	—	—
	X4						
	没差距	−3.297	1.505	4.803	1	0.028	0.037
	差距不太大	−0.372	1.462	0.065	1	0.799	0.690
	差距一般	−0.512	1.404	0.133	1	0.715	0.599
	差距比较大	−1.244	1.455	0.730	1	0.393	0.288
	差距特别大	0（b）	—	—	0	—	—
	X5						
	不愿意	2.532	1.172	4.667	1	0.031	12.581
	愿意	0.079	0.683	0.013	1	0.908	1.082
	不清楚	0（b）	—	—	0	—	—

注：a 表示参考类别是城市人；b 表示因为此参数冗余，所以将其设为零。

在"可能在城市中定居"因素中，认为"比较符合"的人（$\chi^2 = 4.523$，P = 0.033 < 0.05）相比其他符合度，自我身份定位更偏向于城市人，更容易产生城市认同感，并且认为"比较符合"的人认为自己是城市人的概率比要比选其他四项的人认为自己是城市人的概率比大 0.063 倍。在"喜欢城市生活"因素中，选"比较喜欢"的人相比选其他水平的人更容易产生城市认同感。（$\chi^2 = 256.636$，P = 0.000 < 0.05）。在"生活方式差距"因素中，认为"没有差距"的人比其他水平的人更偏向于认为自己是城市人（$\chi^2 = 4.803$，P = 0.028 < 0.05），且概率比高出 0.037 倍。在"是否愿意回到农村"因素中，"不愿意"的人相比"愿意"和"不清楚"的人能更容易产生城市认同感（$\chi^2 = 4.667$，P = 0.031 < 0.05），且概率比要高 12.581 倍。

七、结论

从分析中得出，新生代农民工与第一代农民工有着明显差异，具体体现为以下几方面：其一，受教育程度高，追求高。新生代农民工进城前主要经历是读书，基本不会干农活，进城务工不再是单纯为了挣钱。其二，在就业及工作稳定性方面，体现为工作时间长，工作稳定性差。新生代农民工多愿从事工作任务轻，技术性强的工作，而没有系统学习技术的缺陷使得他们工作稳定性较差，新生代农民工一直从事某一工作的时间最长达5~6年。其三，在经济生活方面，低收入，高消费。农民工整体收入偏低，新生代较第一代收入相对偏低，但是消费较高，因此多没有剩余的钱购买住房。其四，在社会生活方面，低保障，娱乐方式多样化。大多数农民工还只是参加了农村合作医疗，很少享受到城镇保障制度，很多工作单位也未对其提供应有的保障。新生代农民工相对于第一代农民工娱乐方式呈现出现代化、多样化，但社会交往对象都还普遍较窄。其五，未来打算方面，大多数人选择留在城市发展。生活方式差距感知度、工资对消费的支撑度、希望留在城市定居、喜欢城市生活、不再适应农村生活方式等因素是新生代农民工自我身份认同的主要影响因素。

八、政策及建议

从以上分析可以看到，新生代农民工已经成了农民工的主体，与传统农民工相比呈现出不同的特点，这个群体能否融入城市社会将深深影响我国城市化进程和经济社会发展。因此，需要在新生代农民工就业、社会保障、获得公共服务等方面提供更多的保障，使新生代农民工逐步融入城市，并且能够享受到与城市居民同等的权利，为切实解决他们在城市化过程中遇到的问题和困难提出以下几点建议。

1. 改善新生代农民工的就业环境

首先，政府和有关部门应该出台政策，鼓励中小企业积极吸纳新生代农民工，使新生代农民工就业方向多元化。其次，从农民工自身来看，应该努力提高自身素质，接受再教育和职业技能培训，提高就业水平。

2. 积极促进新生代农民工在城市中的社会保障

社会保障是影响新生代农民工融入城市和定居城市的重要因素。完善新生代农民工社会保障制度，提供社会保障咨询服务，提高医疗保险、养老保险、失业保险、工伤保险和生育保险的参保率。

3. 改善新生代农民工在城市里的居住环境

居住环境的好坏直接影响着新生代农民工的生活质量和对城市生活的满意度。有关部门应该制定政策保障外来务工人员的住房。对新生代农民工提供廉价的出租房，减小新生代农民工的住房压力，使他们的生活得到改善，更好地融入城市。

第十三章
新生代农民工对宏观生活的满意度调查
——以内蒙古为例

随着新生代农民工大量地从农村涌入城市，使得新生代农民工的群体状态成为社会主流意识矛盾的焦点。为了进一步了解新生代农民工，下面对新生代农民工对宏观生活的满意度进行了调查研究。本研究所指的宏观生活是指与新生代农民工生活密切相关的各种生活指标的总体，包括新生代农民工的就业、收入、婚恋等一系列问题。

本章主要研究了新生代农民工对住房情况、医疗条件、休闲娱乐、子女教育、就业状况、自身健康、收入状况等方面的满意度间的联系。本研究以设计有针对性的问卷和量表为主要方式，收集了内蒙古自治区 310 名新生代农民工对各个生活指标的满意度的资料，发现新生代农民工对其收入情况最不满意。在问卷中对此部分的问题采用李克特 5 级量表的评价方法。但收入情况满意度的均值仅有 2.57，而最满意的是自身健康状况，平均分达到 3.67。故本组做了收入情况与其余变量的相关关系的分析，由分析计算结果看出：新生代农民工的各方面生活情况都与其收入具有很大相关性，并且得到住房条件与收入情况的相关系数最大为 0.987。为此建立了一元线性回归模型研究其影响程度，又由于收入的高低与就业情况的好坏是分不开的，所以接着又选取了新生代农民工的就业情况与住房、收入、子女教育等建立了多元线性回归模型。通过对调查结果的分析得出：新生代农民工对自身健康的满意度最高，收入情况的满意度最低；受教育程度、婚姻状况、是否愿意放弃农村户口、是否有劳动保障、是否在城市定居与对宏观生活的满意度没较大的影响，而收入情况、住房情况、就业状况、医疗条件等对宏观生活的满意度存在显著影响。

一、研究背景

1. 问题的提出

农民工，即农民工人，他们是农业户口，但从事着非农业的工作。他们是我国特有的城乡二元体制的产物，是我国在特殊的历史时期出现的一个特殊的社会群体，他们生活、工作在城市，为城市的发展做出巨大的贡献。新生代农民工，主要是指"80后"、"90后"，在异地（户籍地之外）以非农就业为主的农业户籍人口。2010年2月1日，国务院发布的2010年中央一号文件中[①]，首次使用了"新生代农民工"的提法，并要求采取有针对性的措施，着力解决新生代农民工问题让新生代农民工市民化。时任总理温家宝[②] 2010年2月27日在北京考察工作时说，要像对待自己的孩子一样对待年轻农民工，让他们逐步融入城市生活。这引起社会对新生代农民工的更大关注。

2. 研究的意义

农民工是改革开放进程中成长起来的一支新型劳动大军，是现代产业工人的组成部分，是我国现代化建设的重要力量。而近年来，农民工群体已经发生了变化，年青一代农民工日益成为农民工的先行者和主要群体。与传统农民工相比，他们有一些新的特点。新生代农民工尽管在城镇就业和居住，有的已经成家在城里生活多年，但由于他们的户口还是农业户口，因此不能享有和城镇居民同等的就业和福利待遇。实现新生代农民工市民化，既是破除城乡分割二元体制改革的需要，又是推进城镇化快速健康发展的需要。加速新生代农民工市民化是从根本上解决好三农问题的需要，是推进城镇化健康发展的需要，是扩大内需、促进国民经济平稳、较快发展的需要，是加快产业结构优化升级的需要，是促进社会和谐发展的需要[③]。

本调查报告的整体思路是：第一，参考国家统计局以及近年来对新生代农民工的研究报告为切入点，剖析数据背后所反映的新生代农民工的生活状况的问

---

① 《关于加大统筹城乡发展力度，进一步夯实农业农村发展基础的若干意见》，中国 news.china.com.cn。
② 温家宝 gb.cri.cn/27824/2010/02/27/782s2768545.html。
③ 新生代农民工市民化问题研究，韩玉梅。

题。第二，根据以往文献及实际经验设计出问卷《新生代农民工对宏观生活的满意度》，从而分析新生代农民工对各项生活指标的满意度以及各变量之间的联系，以便确定单个或多个变量对生活满意度的影响。第三，针对各具体联系可能出现的困境提出建议或提升其幸福感。

3. 国内研究

自 2010 年以来，通过中国知网的数据可知，约有 37 篇有关新生代农民工宏观生活状况的学术论文，且逐年增加，可见新生代的农民工对宏观生活满意度逐渐引起学术界的关注。

辛闻[1] 2013 年通过《新生代农民工社会态度研究》一文揭示出：进入 21 世纪以来，出生于 20 世纪 80 年代之后的"新生代农民工"已悄然登场，正逐步占据农民工的多数，并已经开始充当农民工阵营中的主力军，对社会的影响也正一天天凸显。新生代农民工的生存图景是国家和政府民生工程的重要投射，其社会态度对于社会的稳定与良性运行具有重大的参考意义。梳理了国内外有关态度与社会态度的文献，深入分析既有文献的不足与缺失，引入历时性的变迁维度，通过对南京市 214 名新生代农民工的问卷调查以及对南京市 A 家具厂的实地参与观察，描绘了新生代农民工群体的收入及其变化的态度与预期、社会保障现状、工作满意度等方面的生存状态。采用定量研究与定性研究相结合的方法，探讨新生代农民工群体的社会态度，分析其影响因素，并将其放置于社会政治经济背景下予以阐释性说明，试图在研究发现的基础上提出优化新生代农民工社会态度的政策建议。本研究发现新生代农民工对自己的收入和工作较为看重，因为这是其向同辈群体证明自我能力的重要因素。

林林、胡乃宝、刘海霞、贾改珍、王萍玉、颜康康、马永辉[2] 等采用分层随机抽样方法对山东省不同地市的 7 个自然村 412 名新生代农民工进行问卷调查。结果新生代农民工生活满意度评价综合指数为 0.5282；6 个维度中社会保障、物质生活和就业状况的维度指数分别为 0.3672、0.4916 和 0.5211；22 个因子中 59.1%（13/22）的因子指数 <0.6，其中社会保障维度中养老保险覆盖率、失业保

① 辛闻. 新生代农民工社会态度研究 [D]. 中国农业大学硕士学位论文，2013.
② 林林、胡乃宝、刘海霞、贾改珍、王萍玉、颜康康、马永辉：《山东省新生代农民工生活满意度调查》。

险覆盖率和工伤保险覆盖率的因子指数分别为 0.18、0.17 和 0.17，均处于较低水平；采用聚类分析方法将新生代农民工分为 5 类人群，生活满意度评价综合指数小于 0.6 的人数占 41.5%（171/412）；多因素 Logistic 回归分析结果显示：文化程度（OR = 0.586）、物质生活满意度（OR = 1.883）、权益保护满意度（OR = 2.192）和社会保障满意度（OR = 4.195）是新生代农民工生活满意度的主要影响因素。结论山东省新生代农民工总体生活满意度较低。

黄莼[①] 在农民工满意度研究中以在本乡镇以外从业 6 个月以上的外出农民工为研究对象，以马斯洛需求层次论、赫茨伯格双因素理论和亚当斯的公平理论为基础，分析农民工的需求层次、农民工对工作满意的需求及农民工在城市工作生活的公平需求并提出研究假设。结合研究假设，综合国内外文献，本研究提出农民工工作满意度和生活满意度评价结构。农民工的工作满意度由七个维度构成：对工作条件的满意度、对工作回报的满意度、对管理措施的满意度、对管理者行为的满意度、对与同事合作关系的满意度、对工作本身的满意度和对培训的满意度与对发展的满意度。农民工生活满意度由七个维度构成：对生活条件的满意度、对居住环境的满意度、对社会保险的满意度、对公共服务与管理的满意度、对子女教育的满意度、对业余娱乐与生活的满意度和对社会交往的满意度。运用激励理论分析农民工的需求，确定了农民工工作满意度和农民工生活满意度评价结构，设计了农民工工作满意度和农民工生活满意度问卷量表。首次引入农村老家生活情况变量作为农村因素分析其对农民工满意度的影响，发现其对农民工满意度有正向显著影响，这对研究农民工问题提供了新的思路。

4. 研究方法

本研究采取设计有针对性的调查问卷和量表获得数据，运用多元回归模型建立模型，进行定量分析和实证研究。具体以内蒙古地区新生代农民工为调查对象，对新生代农民工对宏观生活的满意度进行了调查，对新生代农民工的主观评价各个满意度进行了定量分析。

5. 创新点

本章选择新生代农民工对宏观生活的满意度为研究主题，希望通过对此问题的深入分析，全面了解新生代农民工在城市生活中对各方面生活指标的主观满意

①黄莼，福建农林大学、农业经济管理专业 2011 级博士。

度等问题。而国内的研究多是就一个方面进行研究，例如就业状况、婚恋状况、收入情况、维权意识等问题。本案例足我国国情，借鉴国内外经验，把城市中出现的新生代农民工的就业状况、婚恋状况、社会融入、收入情况、维权意识等问题联系起来，通过网络问卷调查进行收集数据，了解新生代农民工对宏观生活满意度的情况，深入分析，进一步了解新生代农民工的主观意愿，并采用一元线性回归模型、多元回归模型对新生代农民工各项生活指标进行相关性分析。

6. 不足点

由于时间、人力、环境的有限，本调查由网络上发出，并未进行真正意义上的简单随机抽样，用了非概率抽样中的滚雪球抽样，尽管滚雪球抽样是特定总体的成员（比如进城务工的新生代农民工）难以找到时的最适合的一种方法。在滚雪球抽样中，通常随机地先选择一组调查对象，访问这些被调查者之后，再请他们提供另外一些属于所研究的目标总体的调查对象，根据所提供的线索，选择此后的调查对象。这一过程继续下去，形成滚雪球的效果。尽管最初选择调查对象时采用的是随机抽样，但是最后的样本都是非概率样本，被推荐或安排的被调查者比随机抽取的被调查者将在人口和心理特征方面更类似于推荐他们的那些人，所以极可能出现一些样本偏差，影响数据的准确度。

二、样本数据

为了能够对新生代农民工对宏观生活的满意度进行简捷、科学的实测，获得真实、有效的数字和统计结果，本研究自主设计了问卷调查表。

1. 问卷的设计及发放

2015 年 5 月中旬经过预调查以及指导老师的建议修改，并形成正式的问卷。5 月 25 日在网上发出，在问卷达到 310 份时，停止了问卷。获得有效问卷 247 份，问卷的有效回收率 79.6%（调查问卷见附录）。问卷的平均填写时间为 6 分 4 秒。

2. 问卷的结构及内容

（1）调查对象的基本特征。在 310 份问卷中，男性 150 份，有效 105 份，占有效问卷的 42.5%；女性 160 份，有效 142 份，占有效问卷的 57.5%，从表 13-1 调查对象的性别构成来看，有效的调查对象中女性比例略高于男性比例。但从调查对象的总体来看，男女比例基本持平。

表 13-1　性别

		频数	百分比	有效百分比	累计百分比
有效值	男	105	42.5	42.5	42.5
	女	142	57.5	52.5	100
总计		247	100	100	

表 13-2　年龄

	频数	百分比	有效百分比	累计百分比
18 岁以下	0	0.0	0.0	0.0
18~23 岁	59	23.9	23.9	23.9
24~29 岁	72	29.2	29.2	53.1
30~35 岁	54	21.8	21.8	74.9
35 岁以上	62	25.1	25.1	100.0
总计	247	100.0	100.0	

　　表 13-2 显示了调查对象的年龄分布，由于本调查旨在新生代农民工，故 18 岁以下的未成年人填写的问卷自动视为无效，而 18~23 岁，24~29 岁，33~35 岁及 35 岁以上的年龄段就总体分布均匀，如表 13-2 所示，被调查者当中 18~35 岁的有 185 人，占有效问卷的 74.9%；而 35 岁以上的被调查者有 62 人，占有效问卷 25.1%。可见，被调查者中，"80 后"居多，与近年来国内外对新生代农民工的调查基本相符。

表 13-3　文化程度

	频数	百分比	有效百分比	累计百分比
初中及以下	87	35.2	35.2	35.2
高中	60	24.3	24.3	59.5
专科	53	21.5	21.5	81.0
本科及以上	47	19.0	19.0	100.0
总计	247	100.0	100.0	

　　表 13-3 显示了被调查者的文化程度，在被调查者当中，初中及以下的有 87 人，占有效问卷的 35.2%；高中学历的有 60 人，占有效问卷的 24.3%；专科学历的有 53 人，占有效问卷的 21.5%；本科及以上的有 47 人，占有效问卷的 19%。可见在被调查者中，初中及以下文化程度的人居多，而本科及以上的人最少。

表 13-4　婚姻状况

	频数	百分比	有效百分比	累计百分比
已婚	154	62.4	62.4	62.4
未婚	86	35.2	35.2	97.6
离异	7	2.4	2.4	100.0
总计	247	100.0	100.0	

　　表 13-4 显示了被调查者的婚姻状况，已婚的有 154 人，占有效问卷的 62.4%。未婚的有 86 人，占有效问卷的 35.2%。离异的有 7 人，占有效问卷的 2.4%。

　　（2）被调查者的生活基本状况。由图 13-1 可得出，有 83.0% 的被调查者外出工作是为了挣钱，其次是学习知识技能，只占 30.0%，相距过大，可见新生代农民工主要是为了挣钱才外出务工，但也有学习知识技能的意识，排名第三的是在城市争取永久就业和定居，有融入城市的想法。

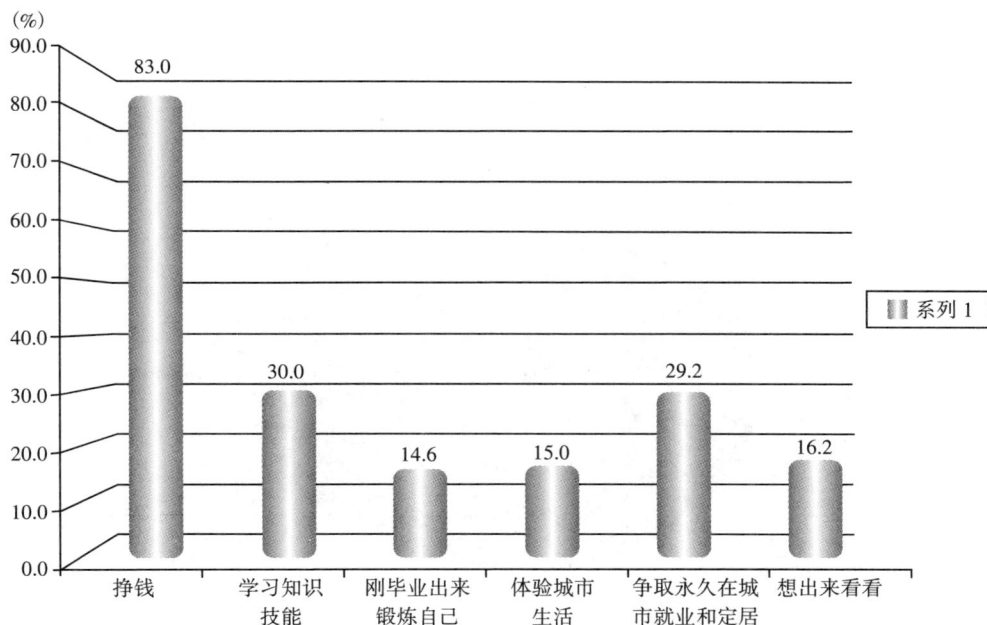

图 13-1　被调查者外出工作的原因

　　由图 13-2 可见，在务工地定居五年以上的被调查者所占百分比最大，为 39%，其次为短暂务工没有定居者 32%。

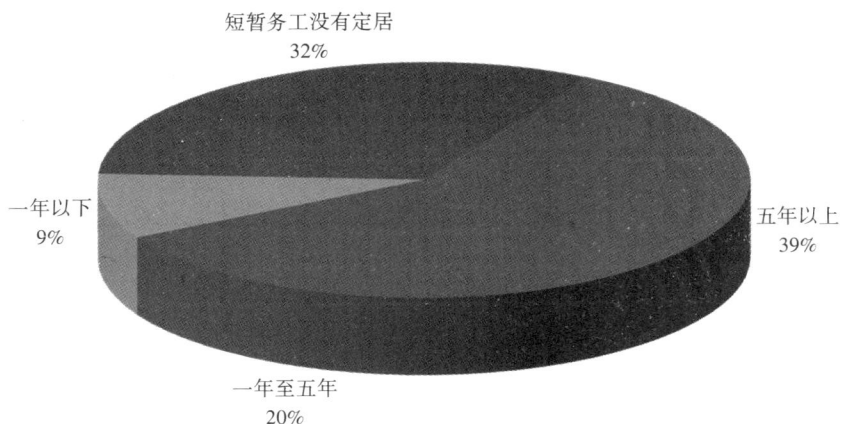

短暂务工没有定居
32%

一年以下
9%

五年以上
39%

一年至五年
20%

图 13-2　被调查者在务工地定居时间

由图 13-3 可知，在被调查者中没遇到过不公正待遇的人只有 34.8%，约占总体的 1/3，其余的人都受过不同程度的不公正待遇。与近年来国内外文献中提到的问题相符，政府还是应当解决新生代农民工受不公正待遇的问题。

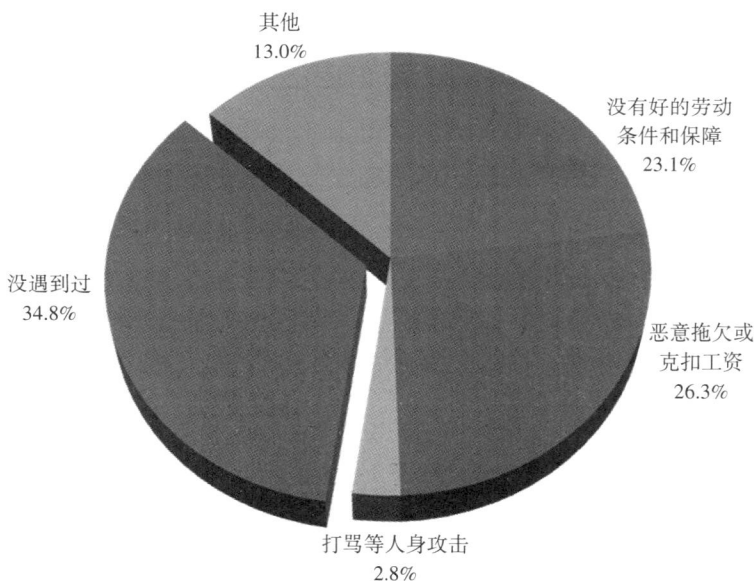

其他
13.0%

没有好的劳动
条件和保障
23.1%

没遇到过
34.8%

恶意拖欠或
克扣工资
26.3%

打骂等人身攻击
2.8%

图 13-3　被调查者遇到不公正待遇的情况

由图 13-4 可知，被调查者的维权意识与其收入是呈正相关的，收入越高的被调查者维权意识越高，在遇到不公正待遇时求助于相关部门的可能性越大。但是各个收入区间的新生代农民工在遇到不公正待遇时求助于相关部门的意识都很强，都在60%以上，只有一小部分人选择了用自己的方式讨回及息事宁人。这说明新生代农民工的维权意识正在逐渐加强，也说明了相关部门的确可以解决他们的问题。

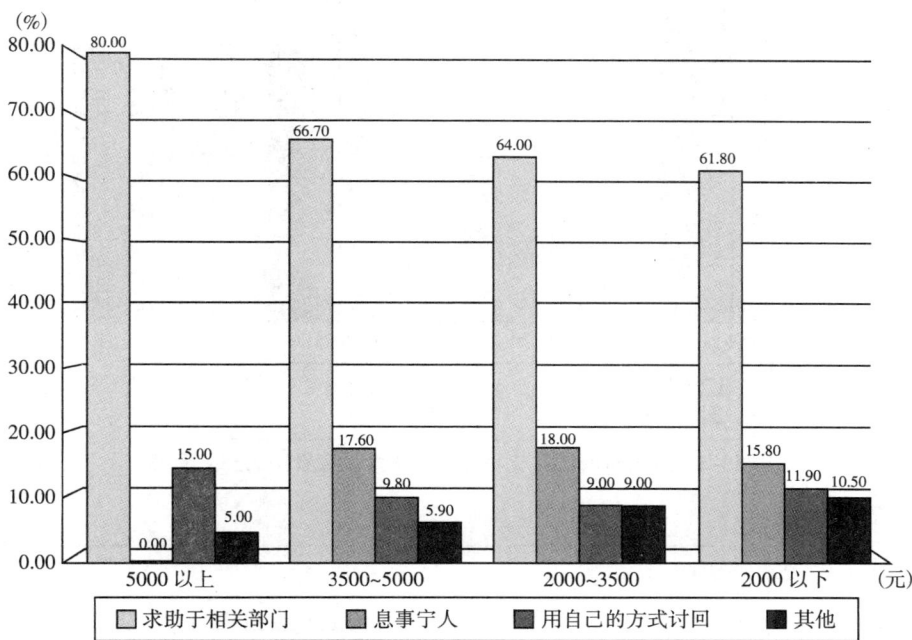

图 13-4 被调查者的维权意识和收入情况的交叉图表

在图13-5中，x轴为被调查者的文化程度，y轴为被调查者对子女教育的看法的百分比，为了接下来叙述方便，现设：变量1为希望孩子好好学习；变量2为学习不是很重要，应该有一技之长；变量3为孩子过得快乐就好；变量4为其他。

变量1在初中及以下文化水平的人中占70.1%，在高中文化水平的人中占61.7%，而在专科和本科及以上的人中分别占45.3%、46.8%，相差甚小。可以很明显地看出，文化水平越低的人越希望孩子好好学习。

变量2在初中及以下文化程度的被调查者中占10.3%，在高中文化水平的人中占16.7%，在专科的人中占32.1%，在本科及以上的人中占19.1%。只有在专科中比重很大，可以看出，专科中的一部分被调查者也希望子女像自己一样有一

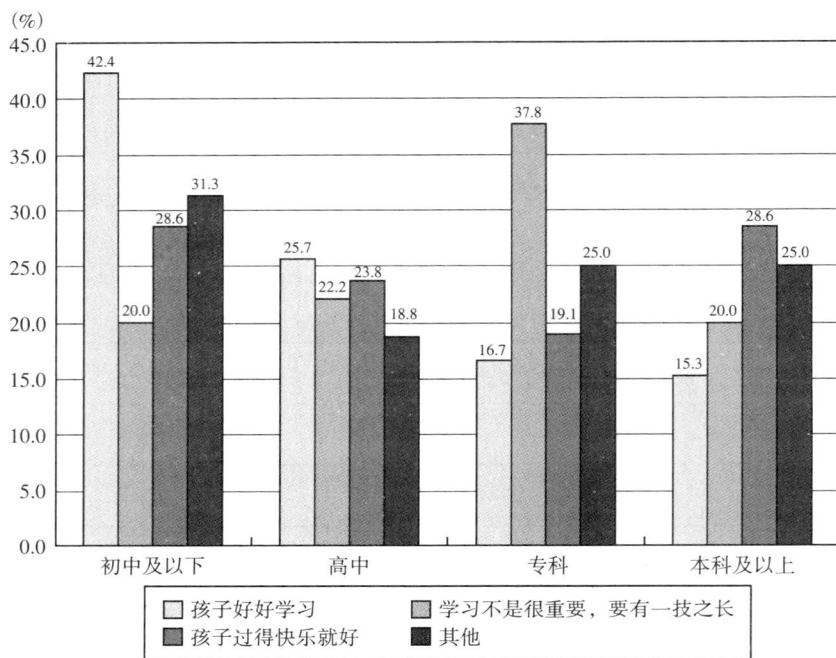

图 13-5　被调查者的文化程度和对子女教育看法的交叉图表

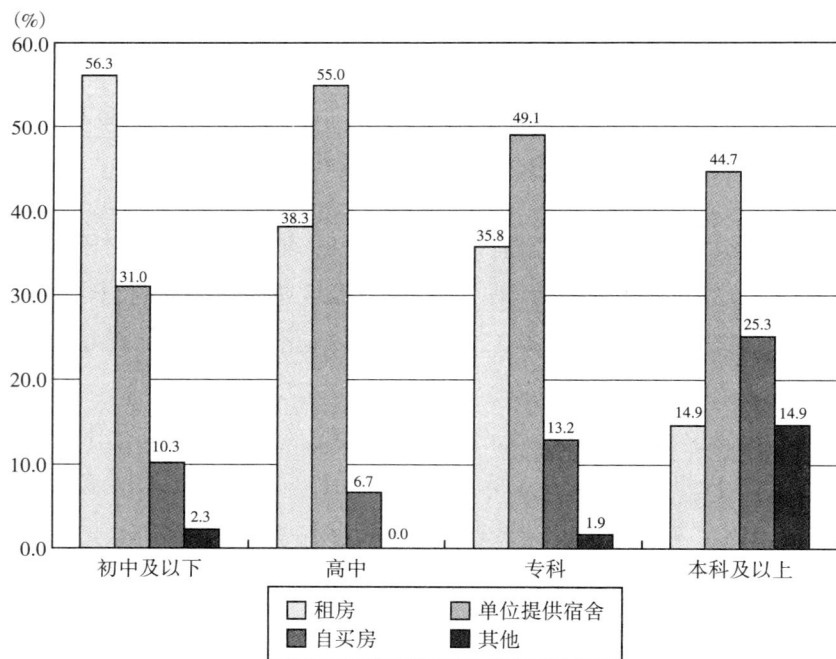

图 13-6　被调查者的文化程度和住房情况的交叉图

技之长，而不认为学习重要。

变量 3 则可以看出，学历越高的被调查者，越希望孩子过得快乐就好，不对孩子做过多要求。

变量 4 在整体中所占比例都不影响问题整体的提出。

就住房情况来看，学历越高租房情况越少，学历越低租房情况越高，在初中及以下学历的被调查者当中租房者高达 56.3%。

（3）调查对象对宏观生活满意度的分析。调查问卷的第三部分采用李克特 5 级量表法，请被调查者对自身的住房条件、自身健康、就业状况等七项生活问题的满意情况进行打分。所采用的五级满意情况评分：5 分代表很满意，4 分代表比较满意，3 分代表一般，2 分代表不满意，1 分代表很不满意。

表 13-5　新生代农民工对生活问题的满意度

评价项目	最小值	最大值	均值	平均差	最终排名
自身健康	1	5	3.63	1.548	1
子女教育	1	5	3.22	1.431	2
休闲娱乐	1	5	2.97	1.415	3
住房情况	1	5	2.85	1.422	4
医疗条件	1	5	2.81	1.427	5
就业状况	1	5	2.61	1.414	6
收入情况	1	5	2.57	1.548	7

由表 13-5 可知，被调查者对自身健康最满意，其次为子女教育。最不满意的是收入情况，其次是就业状况。满意度为 2.57、2.61。显然这是近年来最需要为内蒙古新生代农民工乃至全国的新生代农民工解决的问题。

由图 13-7 可以看出被调查者的收入情况与生活各项指标的关系，且由图 13-7 中可看出新生代农民工对收入情况最不满意，所以本研究针对新生代农民工的收入情况做了与其他生活指标相关关系的分析，即是否缴纳医疗保险、出行方式的不同、是否愿意放弃农村户口、定居时间长短。图表 13-7 只留下了各个问题中与收入情况相关性大的选项，已达到脉络清晰的效果。即已缴纳医疗保险的被调查者、定居五年以上的被调查者、与出行是开私家车的被调查者在月收入高的区间中所占的比例大，而不缴纳医疗保险、不愿放弃农村户口、短暂务工没定居以及出行多乘公共交通的人普遍为低收入人群。这再次说明了一个问题：

新生代农民工的收入情况在很大范围影响了其生活质量以及各项生活指标的满意度。

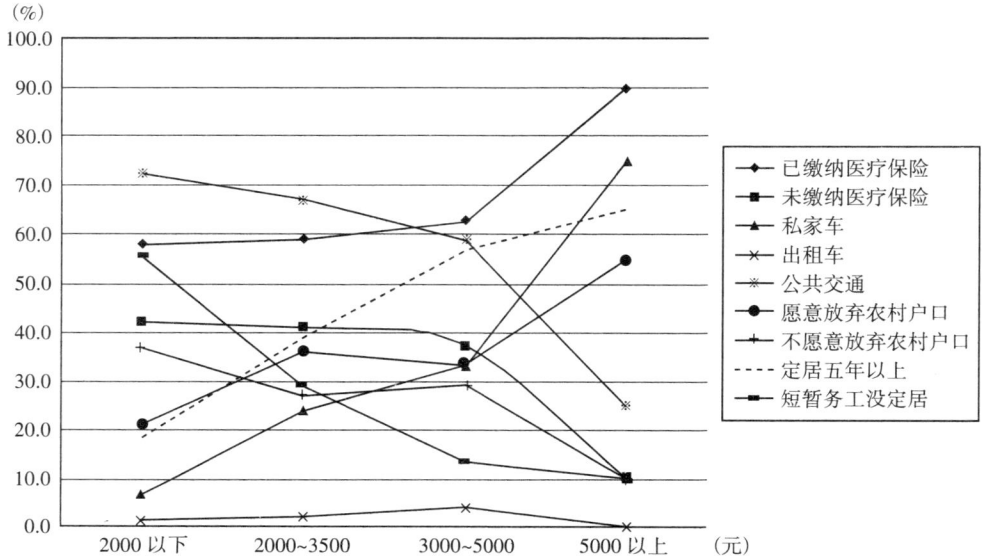

图 13-7 被调查者的收入与生活各项指标相关关系的折线图

（4）收入情况与生活各项满意度的相关系数分析。本次调查数据主要来自第一手调查数据，运用相关分析法分析现阶段内蒙古自治区新生代农民工的收入情况对其生活的各个方面的影响。对不同类型的变量采用不同的相关系数来度量，常用的相关系数主要有 Pearson 简单相关系数、Spearman 等级相关系数和 Kendall 等级相关系数、和谐系数等。本书采用 Pearson 相关系数，其公式如下：

$$r = \frac{\sum (x_i - \bar{x})(y_i - \bar{y})}{\sqrt{\sum (x_i - \bar{x})^2 \sum (y_i - \bar{y})^2}}$$

相关系数的绝对值越大，相关性越强，相关系数越接近于 1 或-1，相关度越强；相关系数越接近于 0，相关度越弱。一般总体满意度和分项满意度指标之间不应出现负相关系数。图 13-8 由散点图定性地判断出收入情况与各项生活指标所存在的相关性，并且利用相关分析的思想，可以用生活各项指标的满意度与收入情况的相关系数，从而得到收入情况对哪个分项指标具有更大的影响作用。因此，计算新生代农民工的收入情况与各项生活指标之间的相关系数（见表 13-6）。

表 13-6　调查对象的不同生活指标与收入情况的相关性

项目	收入情况 r
住房情况	0.987
医疗条件	0.982
休闲娱乐	0.962
子女教育	0.901
就业状况	0.809
自身健康	0.755

注：各 r 检验 $p < 0.05$。

由表 13-6 可知住房情况与收入情况的相关系数最大，故建立如下一元线性回归模型进行深入研究。

三、一元线性回归模型的建立

1. 一元线性回归模型的基本假定

收入情况与住房情况的一元线性回归分析的模型 $Y = a + bX + \varepsilon$。Y 因变量——收入情况满意度各个层次的总分；X 自变量——住房情况满意度各个层次的总分；ε 通常是随机地选取的，是一个不可预测的随机变量，为随机误差项；a、b 为回归系数；为保证回归分析的有效性和作为对自变量关系进行检验判断的依据，所以对一元线性回归模型做了以下几个基本假定：①因变量 Y 与自变量 X 间有线性相关关系；②自变量是随机的或给定的（本回归是给定的），假设因变量是随机的，(本回归中 X 是非随机的)，对于一个给定的 X 值，Y 的期望值 $E(Y) = a + bX$；③$E(\varepsilon) = 0$；④对于所有的 X 值的方差都相同，则对于给定的 X 值，Y 的方差都相同；⑤误差项是一个服从正态分布的随机变量，且相互独立，即它所对应的与其他 X 值对应的不相关，对于一个特定的 X 值，它所对应的 Y 值与其他 X 值所对应的 Y 值也不相关。

2. 一元线性回归方程

基于上述假定，用 Y 的期望值作为 Y 的估计值，记为 $\hat{y}$，对于一个给定的 X 值，Y 的期望值为 $E(Y) = a + bX$。由于公式中参数 a、b 未知，所以只能根据样本数据去估计，通常用估计值 $\hat{a}$ 和 $\hat{b}$ 分别代替 a 和 b，得到经验回归方程：$\hat{Y} = \hat{a} + \hat{b}_x$。

3. 一元回归方程中参数的确定

（1）作散点图，如图 13-8 所示。

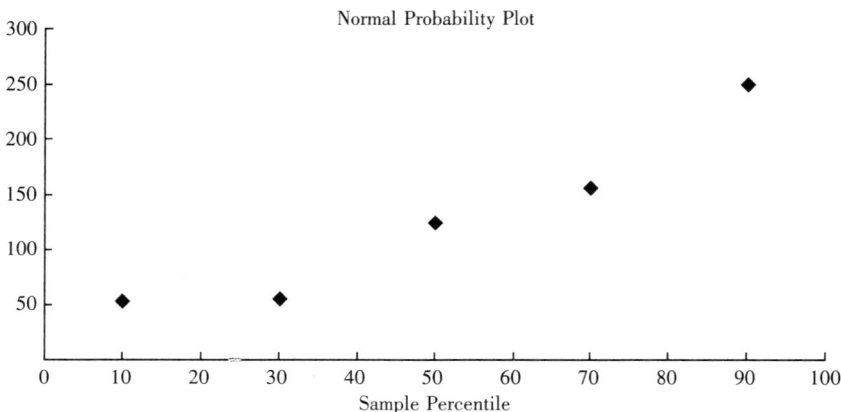

图 13-8　收入情况与住房情况的散点图

由散点图粗略判断，收入情况与住房情况之间存在线性关系，且相关系数 $r^2 = 0.907$，说明收入情况与住房条件有较高的线性关系。

（2）利用最小平方法求参数。计算参数的方法有很多，统计中最常用的是最小平方法（最小二乘法），因为用最小平方法拟合的直线来代表 X 与 Y 之间的关系与实际数据的误差比其他任何直线都小。最小二乘法是使因变量观测值与估计值之间的离差平方和达到最小求和的方法，即：

$$Q = \sum (Y_i - \hat{Y}_i)^2 = \sum (Y_i - (\hat{a} - \hat{b}Y_i))^2$$

得出：$\hat{a} = 31.395$；$\hat{b} = 0.681$

回归方程：$Y = 31.395 + 0.681X$

4. 一元线性回归模型的检验

为了进一步确定收入情况和住房情况的相关性，还需用统计方法对回归方程进行检验。一元线性回归模型的检验可以分为拟合优度检验和显著性检验。本书回归使用的是拟合优度检验。

判断回归模型拟合程度大小常用指标是判断系数 r^2：

$$r^2 = \frac{SSR}{SST} = \frac{\sum_{i=1}^{n} (\hat{Y}_i - \overline{Y})^2}{\sum_{i=1}^{n} (Y_i - \overline{Y})^2}$$

（SSR——回归平方和　　SST——总离差平方和）

判定系数 r^2 是一个回归直线与样本观测值拟合优度的相对指标，反映了因变量的波动中能用自变量解释的比例。（$0 < r^2 < 1$）r^2 越接近 1，拟合优度越好，可用表 13-7 中的数值进行检验。

表 13-7　用以检验的数据

编号	收入情况 Y	住房情况 X	回归拟合值	$(\hat{Y}_i - \bar{Y})^2$	$(Y_i - \bar{Y})^2$
1	52	47	63.402	4070.185	5655.04
2	124	64	74.979	2727.033	10.24
3	249	288	227.523	10064.7	14835.24
4	156	224	183.939	3219.314	829.44
5	55	80	85.875	1707.756	5212.84
合计	636	703	635.718	21788.99	26542.8

据表 13-7 计算 $r^2 = 82.09\%$，说明住房情况差异性的 82.09% 能被收入情况和住房情况之间的线性关系解释，所以对拟合模型满意。

四、多元线性回归模型

回归分析是确定两种或两种以上变量间相互依赖的定量关系的一种统计方法，其目的在于通过一些变量的已知或设定值，去估计和预测另一些变量的总体均值。按照涉及的自变量多少可分为一元回归分析和多元回归分析，按照自变量和因变量之间的关系类型可分为线性回归分析和非线性回归分析。据调查分析得出，内蒙古新生代农民工的收入情况与住房情况、休闲娱乐、就业状况有关，且大部分成线性变化，因此本研究采用多元线性回归方法。

1. 多元回归分析模型的建立

由于 Y 因变量与 X 自变量 X_1、X_2、X_3 之间存在线性关系，所以建立多元线性回归分析的模型：$Y = \beta_0 + \beta_1 X_1 + \beta_2 X_2 + \beta_3 X_3 + \varepsilon$

其中：

Y 表示新生代农民工对就业状况的满意度；

X_1 表示新生代农民工对住房情况的满意度；

X_2 表示新生代农民工对子女教育的满意度；

X_3 表示新生代农民工对收入情况的满意度。

β_0 是一个不可预测的随机变量，称为回归常数：β_i（$i = 1$，2，3）为 Y 对 X_i

的回归系数。

2. 对多元线性回归模型的分析

表 13-8 Logistic Regression

	Logistic Regression
Multiple R	0.999
R Square	0.999
Adjusted R Square	0.999
Standard Error	0.579
Observed Value	5

样本判定系数 R^2，其取值在 [0，1] 区间内，R^2 越接近 1，表明回归拟合的效果越好；R^2 越接近 0，表明回归拟合的效果越差；R^2 也可被称为可决系数。拟合优度用于描述回归方程对样本观测值的拟合程度。

从表 13-8 可以看出，模型的 R^2=0.999，所以模型拟合程度较高。

表 13-9 ANOVA（方差分析表）

Model	df	SS	MS	F	Significance F
Regression	3	3494.864	1164.955	3469.015	0.012
Residual	1	0.336	0.336		
Total	4	3495.2			

由表 13-9 回归模型的方差分析表可以看出，F 值表示拟合方程显著性，F 越大，表示方程显著，Sig（显著性概率）为 0.012，拟合程度也较好，整体效果的 F 检验通过。

表 13-10 Coefficients（回归系数）

	Coefficients	Standarderror	t Stat	P-value
Intercept	9.377	0.858	10.930	0.058
住房情况	0.745	0.023	32.292	0.020
子女教育	0.459	0.021	21.702	0.029
收入情况	-0.393	0.017	-22.245	0.029

在表 13-10 中，在给定的显著性水平等于 0.05，且住房情况、子女教育、收入情况所对应的 t 统计量分别是 32.292、21.702、-22.245，相应的 P 值分别为 0.020、0.029、 0.029，说明拟合各方面较好。

3. 多元线性回归模型的检验

使用残差分析进一步检验回归模型的拟合度。

残差分析的基本方法是由回归方程作出残差图，通过观测残差图，以分析和发现观测数据中可能出现的错误以及所选用的回归模型是否恰当；在残差图中残差点比较均匀地落在水平区域中，说明选用的模型比较合适，回归方程的拟合度越高（见表 13-11）。

表 13-11　残差结果

Observed Value	Estimate Y	Residual	Standard error
1	56.43417104	−0.43417	−1.498440305
2	47.87817993	0.12182	0.420433603
3	93.77930859	0.220691	0.761665031
4	35.15362828	−0.15363	−0.530212267
5	13.75471215	0.245288	0.846553938

（1）根据表 13-11 做出回归拟合值的残差图，如图 13-9 所示。

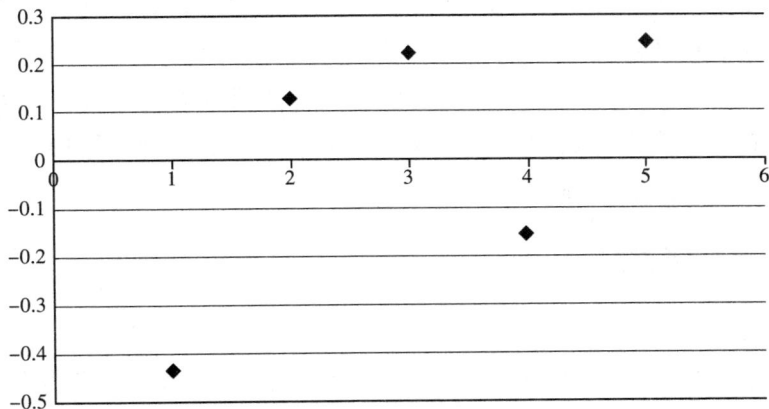

图 13-9　残差

由图 13-9 可以看出，残差点比较均匀地分布在水平带状区域中，说明选用的模型比较合适。

（2）通过计算相关系数 r^2，$r^2 = \dfrac{\sum (Y_i - \hat{Y})^2}{\sum (Y_i - \overline{Y})^2}$ 进一步检验回归模型的拟合效

303

果。r^2 越大，残差平方和就越小，从而回归模型的拟合效果越好。

表 13–12　回归结果

编号	回归拟合值	残差	$(Y_i-\hat{Y}_i)^2$	$(Y_i-\bar{Y})^2$
1	56.434	0.434	49.479	43.56
2	47.878	0.122	2.315	1.96
3	93.779	0.22	1969.523	1989.16
4	35.154	0.153	202.959	207.36
5	13.755	0.245	1270.586	1253.16
合计	247	1.174	3494.862	3495.2

计算相关系数，$r^2=0.999$，相关系数较大，所以回归模型拟合效果较好。

4. 多元线性回归模型的确定

综合上述检验可知，就业状况与住房条件、收入情况和子女教育建立的多元线性回归模型成立。因此，得出回归模型的方程：

$$Y=9.377+0.745X_1+0.459X_2-0.393X_3$$
$$（32.291）　（21.701）　（-22.245）$$

在其他条件不变的情况下：①新生代农民工对住房情况的满意度每增加 1 分，其对就业状况的满意度就会增加 0.745 单位的分值；②新生代农民工对收入情况的满意度每增加 1 分，其对就业状况的满意度就会增加 0.459 单位的分值；③新生代农民工对子女教育的满意度每增加 1 分，其对就业状况的满意度就会减少 0.039 单位的分值。

五、结论及讨论

1. 结论

本研究以设计有针对性的问卷和量表为主要方式，收集了内蒙古自治区新生代农民工对宏观生活满意度的分析资料，采用一元线性回归模型和多元回归方程建模方式建立模型，模型整体拟合指数达到要求，内容效度与建构信度较高，并进行了影响效果比较。由数据拟合结果显示，各个生活指标对生活满意度的新影响：①新生代农民工的收入情况影响了其各方面的生活情况。②新生代农民工的受教育程度影响其收入情况、对子女教育的看法甚至出行方式。③新生代农民工中在城市定居时间久的人月收入普遍高于短暂务工者。如进城市务工的人有 83%

最主要的目的是挣钱，有30%的人也有学习知识技能的意识，但是其他选项的都只占了小部分。他们当中没遇到过不公正待遇的只有34%，但他们中有65%会选择求助于相关部门，只有15.7%选择息事宁人，不予追究，这说明大多数人的维权意识还是有的。④他们的娱乐活动只与收入情况有关系，与别的问题都不会相互影响。⑤他们中享受到政府提供的服务最多的是子女义务和医疗保障，很少有其他方面比如知识培训之类的服务。

2. 建议

新生代农民工的收入问题是影响其生活质量、生活水平、生活态度的至关重要的变量，新生代农民工自身应努力学习知识技能，提高其收入情况，从而提升对宏观生活的满意度。政府所提供的服务太少、太单一了，所以也应当积极调整政策让新生代农民工享受更多的保障，提高其对宏观生活的满意度，从而以一种积极的态度去工作、生活。

3. 模型的改进

在模型建立的过程中，问卷设计的科学、合理的重要性被逐渐认识。问卷回收的有效程度大大影响了数据的分析，导致了在建立分析计算的过程中，变量太少，建立的模型太过单一。还由于时间、人力等原因的限制，完全依据随机性原则进行抽样，不能科学准确地推断新生代农民工的总体情况。

附　录

说明：

1. 本调查所使用的统计软件为 SPSS18.0。

2. 数据处理方法：（1）Pearson 简单相关系数；

（2）最小平方法（最小二乘法）；

（3）SSR——回归平方和 SST——总离差平方和。

3. 问卷设计：新生代农民工对宏观生活的满意度问卷包括三个部分：

第一部分是对被调查者的个人情况进行调查，包括性别、年龄、文化程度、婚姻状况等。

第二部分是对被调查者的住房条件、自身健康、医疗条件、子女教育、休闲娱乐、就业状况以及收入情况等现状的调查，每个部分有 3~4 个问题，以达到分析更切实的目的。

第三部分是采用李克特 5 级量表对被调查者自身宏观生活的（上述自身健康等问题）满意度评价进行调查。

附件

亲爱的朋友：

您好！我们为了切实解决新生代农民工融入城市的问题，现正在进行新生代农民工对宏观生活满意度的调查，需要了解您的相关情况，我们会就下面一系列问题对您进行提问，因此期待您的配合！您不必写出您的名字，所有的个人资料都会严格保密，本调查将只以统计结果形式公布，敬请放心！谢谢您的帮助！

请在您所选的"○"内打"√"。

1. 您的性别？（单选题＊必答）

○男　　　　　　　○女

2. 您的年龄？（单选题＊必答）

○18 岁以下　　　○18~23 岁　　　○24~29 岁　　　○30~35 岁

○35 岁以上

3. 您的文化程度？（单选题＊必答）

○初中及以下　　　○高中　　　　　○专科　　　　　○本科及以上

4. 您现在的婚姻状况？（单选题＊必答）

○已婚　　　　　　○未婚　　　　　○离异　　　　　○其他

5. 您现在的家庭人口有（　　）个人？（填空题＊必答）

6. 家庭有经济来源的劳动力有（　　）个人？（填空题＊必答）

7. 您目前出行最常用的交通工具？（单选题＊必答）

○公共交通　　　　○出租车　　　　○私家车　　　　○其他

8. 您目前的住房情况？（单选题＊必答）

○租房　　　　　　○自买房　　　　○单位提供宿舍　○其他

9. 您目前是否在务工地定居？（单选题＊必答）

○短暂务工没有定居　　　　　　○一年以下

○一年至五年　　　　　　　　　○五年以上

10. 如果让您放弃农村的土地而获得目前所在城市的非农户口，您是否愿意？（单选题＊必答）

○愿意　　　　　○无所谓　　　　○还没有想好　　　○不愿意

11. 您希望在城市定居的主要理由？（选三项并按重要程度排序）（多选题＊必答）

□城市收入高、生活水平高

□孩子有机会接受更好的教育

□城里人有退休工资和社会保险等保障

□城市文化生活丰富

□已经不能适应农村的生活方式

□家里已经无地可种

□做城里人有身份、受尊重

□工作机会多、发展空间大

□其他

12. 您对由于户口问题而可能得不到所在地诸如住房、医疗、教育等应有待遇有何看法？（单选题＊必答）

○自己本不属该地人，无所谓

○没有办法，愿意一直忍受

○所在地应该积极调整政策，让农民工享有最大限度权益

○其他

13. 您目前个人月收入？（单选题＊必答）

○2000 元以下　　○2000~3500 元　　○3500~5000 元　　○5000 元以上

14. 您每月平均消费情况？（单选题＊必答）

○1000 元以下　　○1000~2000 元　　○2000~3000 元　　○3000 元以上

15. 您目前使用的手机价格区间？（单选题＊必答）

○1000 元以下　　○1000~2000 元　　○2000~3000 元　　○3000 元以上

16. 您目前的职业类型？（单选题＊必答）

○国家机关事业单位人员　　　　○商业、服务业劳动力

○专业技术类　　　　　　　　　○农牧林渔业

○私营企业主个体户　　　　　　○产业工人

○生产运输工作人员　　　　　　○待业

○其他

17. 您目前的就业途径？（单选题＊必答）

○自己找或经熟人介绍　　　　　○通过网络或媒体

○学校或劳动职业机构介绍　　　○其他

18. 您与现工作单位是否签订劳动合同？（单选题＊必答）

○没签，但有口头约定　　　　　○签了书面合同

○没签书面合同，也没有口头约定

19. 您工作中是否遇到不公正待遇，遇到过哪些？（单选题＊必答）

○打骂等人身攻击　　　　　　　○没有好的劳动条件和劳动保障

○恶意拖欠或克扣工资　　　　○没遇到过

○其他

20. 您外出工作的目的？（最多选三项）（多选题＊必答）

□挣钱　　　　　　　　　　□学习知识技能

□刚毕业出来锻炼自己　　　□体验城市生活

□争取永久在城市就业和定居　□想出来看看

21. 您经常参加娱乐活动吗？（单选题＊必答）

○经常　　　　　○偶尔　　　　　○很少　　　　　○从不

22. 您平常休闲娱乐的方式是？（最多选三项）（多选题＊必答）

□外出旅游　　　□朋友聚会　　　□打牌　　　　□上网

□看书　　　　　□逛街　　　　　□其他

23. 您希望能参加哪些有组织的文化活动？（最多选择三项）（多选题＊必答）

□看电影、看演出　　　　　　□参加文体类比赛或文娱活动

□参加知识技能培训　　　　　□提供阅览室、借书等服务

□参加社会公益活动　　　　　□爬山、旅游等户外活动

□其他

24. 您是否已缴纳医疗保险？（单选题＊必答）

○是　　　　　　　○否

25. 您目前受到了政府提供的哪些方面的公共服务？（多选题＊必答）

□就业培训，提高就业技能　　□户籍改革，变成市民

□住房保障　　　　　　　　　□医疗保障，方便看病

□子女义务教育　　　　　　　□其他服务

26. 您对子女教育的看法？（单选题＊必答）

○希望孩子好好学习，出人头地　○学习不是很重要，应该有一技之长

○孩子过得快乐就好　　　　　○其他

27. 当您的合法权益受到伤害时，您会怎么做？（单选题＊必答）

○求助于相关部门　　　　　　○息事宁人，不追究

○用自己的方式讨回，不看后果　○其他

28. 您认为的健康标准是？（单选题＊必答）

○身体没有病　　　　　　　　○身体健康，心理健康

○不胖不瘦，身体强壮　　　　　○能吃能睡无大病

29. 请您为自己现状的以下选项的满意程度打分：1 分为很不满意，2 分为不满意，3 分为一般，4 分为满意，5 分为很满意（打分题请填 1~5 数字，＊必答）

住房情况_____

医疗条件_____

子女教育_____

就业状况_____

休闲娱乐_____

自身健康_____

收入情况_____

参 考 文 献

［1］David Freedman，Robert Pisani，Roger Purves，Ani Adhikari. 统计学（现代外国统计学优秀著作译丛）［M］. 第 2 版. 魏宗舒，施锡铨译. 北京：中国统计出版社，1997.

［2］Frederick J. Gravetter，Larry B. Wallnau. 行为科学统计［M］. 第 7 版. 王爱民，李悦等译. 北京：中国轻工业出版社，2008.

［3］Gudmund R. Iversen，Mary Gergen. 统计学（基本概念和方法）［M］. 吴喜之等译. 北京：高等教育出版社，2000.

［4］M.R. 斯皮格尔，L.J. 斯蒂芬斯. 统计学（全美经典学习指导系列）［M］. 第 3 版. 杨纪龙，杜秀丽，姚弈，赵媛媛，梁志彬译. 北京：科学出版社，2002.

［5］Terry Sincicb. 例解商务统计学［M］. 第 5 版. 陈鹤琴，罗明安译. 北京：清华大学出版社，2001.

［6］W.G. 科克伦. 抽样技术［M］. 张尧庭，吴辉译. 北京：中国统计出版社，1985.

［7］William Navidi. 统计学：科学与工程应用［M］. 杨文强，罗强译. 北京：清华大学出版社，2007.

［8］埃维森. 统计学基本概念和方法［M］. 吴喜之，熊怀羽译. 北京：高等教育出版社，施普林格出版社，2000.

［9］暴奉贤，陈宏立. 经济预测与决策方法［M］. 广州：暨南大学出版社，1991.

[10] 布莱洛克. 社会统计学 [M]. 傅正元等译. 北京：中国社会科学出版社，1988.

[11] 陈启杰. 市场调查与预测 [M]. 上海：上海财经大学出版社，2004.

[12] 程士富，杜金柱. 统计学 [M]. 北京：中国统计出版社，2009.

[13] 戴维·R. 安德森，丹尼斯·J. 斯威尼，托马斯·A. 威廉姆斯. 商务与经济统计. 第 7 版 [M]. 张建华，王健，冯燕奇等译. 北京：机械工业出版社，2000.

[14] 戴维·S. 穆尔. 统计学的世界. 第 5 版 [M]. 郑惟厚译. 北京：中信出版社，2003.

[15] 都云程，卢献华. 中文搜索引擎现状与展望 [J]. 中文信息学报，1999（3）.

[16] 杜子芳. 抽样技术 [M]. 北京：中国统计出版社，2004.

[17] 杜子芳. 市场调查实务 [M]. 北京：中国财政经济出版社，2004.

[18] 杜子芳. 市场调查实务学习指导 [M]. 北京：北京中电电子出版社，2005.

[19] 冯丽云. 现代市场调查与预测 [M]. 北京：经济管理出版社，2000.

[20] 冯利英. 统计调查方法的应用 [M]. 北京：中国财政经济出版社，2010.

[21] 冯士雍，倪加勋，邹国华. 抽样调查理论与方法 [M]. 北京：中国统计出版社，1998.

[22] 高铁梅. 计量经济分析方法与建模 [M]. 北京：清华大学出版社，2009.

[23] 何宁，吴黎兵. 统计分析系统 [M]. 武汉：武汉大学出版社，2005.

[24] 何晓群. 现代统计分析方法与应用 [M]. 北京：中国人民大学出版社，1998.

[25] 黄良文. 社会经济统计学原理 [M]. 北京：中国统计出版社，1996.

[26] 黄润龙. 数据统计与分析技术：SPSS 软件使用教程 [M]. 北京：高等教育出版社，2004.

[27] 黄孝俊. 市场调查分析 [M]. 杭州：浙江大学出版社，2002.

[28] 黄英，张志. 统计学方法与应用 [M]. 武汉：中国地质大学出版社，2011.

[29] 贾俊平，何晓群，金勇进. 统计学 [M]. 北京：中国人民大学出版社，

2000.

　　[30] 简明，金勇进，蒋妍. 市场调查方法与技术 ［M］. 北京：中国人民大学出版社，2004.

　　[31] 蒋萍. 市场调查学习指导与习题 ［M］. 上海：上海人民出版社，2008.

　　[32] 金勇进. 抽样技术. 第 2 版 ［M］. 北京：中国人民大学出版社，2011.

　　[33] 柯惠新，丁立宏. 市场调查与分析 ［M］. 北京：中国统计出版社，2000.

　　[34] 李小红. 新生代农民工就业问题研究 ［D］. 山西大学硕士论文，2010.

　　[35] 李子奈，潘文卿. 计量经济学 ［M］. 北京：高等教育出版社，2000.

　　[36] 刘圣荣. 农村居民生活满意度研究 ［D］. 曲阜师范大学硕士论文，2008.

　　[37] 刘晓利. 统计学原理 ［M］. 北京：北京大学出版社，2007.

　　[38] 刘玉玲. 市场调查与预测 ［M］. 北京：科学出版社，2004.

　　[39] 茆诗松，周纪芗. 概率论与数理统计学 ［M］. 北京：中国统计出版社，1996.

　　[40] 倪加勋，袁卫，易丹辉，蔡志洲. 应用统计学 ［M］. 北京：中国人民大学出版社，1993.

　　[41] 倪加勋. 调查概论 ［M］. 北京：中国财政经济出版社，2004.

　　[42] 庞皓，杨作廪. 统计学 ［M］. 成都：西南财经大学出版社，2001.

　　[43] 庞皓. 计量经济学. 第 2 版 ［M］. 北京：科学出版社，2010.

　　[44] 齐庆伟. 关于新生代农民工婚恋问题的调查报告 ［D］. 安徽大学硕士论文，2012.

　　[45] 钱伯海，黄良文. 统计学 ［M］. 成都：四川人民出版社，1998.

　　[46] 邱东. 国民经济统计学 ［M］. 大连：东北财经大学出版社，2005.

　　[47] 水延凯. 社会调查教程. 第 3 版 ［M］. 北京：中国人民大学出版社，2003.

　　[48] 王孟成. 潜变量建模与 Mplus 应用：基础篇 ［M］. 重庆：重庆大学出版社，2014.

　　[49] 王庆石，卢兴普. 统计学案例教材 ［M］. 大连：东北财经大学出版社，1999.

　　[50] 王振龙. 时间序列分析 ［M］. 北京：科学出版社，2007.

　　[51] 吴喜之. 非参数统计 ［M］. 北京：中国统计出版社，1999.

［52］吴喜之. 统计学：从数据到结论［M］. 北京：中国统计出版社，2004.

［53］谢家发. 调查数据分析［M］. 郑州：郑州大学出版社，2011.

［54］徐国祥. 统计预测与决策［M］. 上海：上海财经大学出版社，1998.

［55］徐经泽. 社会调查理论与方法［M］. 北京：高等教育出版社，1994.

［56］徐井岗. 市场调查与预测［M］. 北京：科学出版社，2004.

［57］徐阳，张毅. 市场调查与市场预测［M］. 北京：高等教育出版社，2005.

［58］易丹辉. 数据分析与 E-Views 应用［M］. 北京：中国统计出版社，2002.

［59］易丹辉. 统计预测——方法与应用［M］. 北京：中国统计出版社，2001.

［60］袁卫，庞皓，曾五一，贾俊平. 统计学［M］. 北京：高等教育出版社，2005.

［61］曾五一，肖红叶. 统计学导论［M］. 北京：科学出版社，2007.

［62］詹姆斯·D. 汉密尔顿. 时间序列分析（当代经济学教科书译丛）［M］. 刘明志译. 北京：中国社会科学出版社，1999.

［63］张文彤. SPSS11 统计分析高级教程［M］. 北京：北京希望电子出版社，2002.

［64］中华人民共和国教育部高等教育司. 统计学［M］. 北京：高等教育出版社，2000.

［65］周敏宏. 市场调查案例教程［M］. 北京：北京大学出版社，2008.

［66］朱胜. 市场调查方法与应用［M］. 北京：中国统计出版社，2004.

［67］佐尔坦·肯尼西. 统计的未来［M］. 张译厚，张宏性，何晓群，傅德译. 北京：中国统计出版社，1998.